本书为2018年教育部高教司协同育人项目
"创新创业孵化基地服务平台及案例库建设"
（项目编号201801166024）成果

应用型大学

"专创融合"

理论与实践研究

孙桂生 于 苗 编著

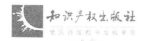

知识产权出版社

全国百佳图书出版单位
一北京一

图书在版编目（CIP）数据

应用型大学"专创融合"理论与实践研究/孙桂生，于苗编著．—北京： 知识产权出版社，2020.10

ISBN 978-7-5130-7144-4

Ⅰ.①应… Ⅱ.①孙… ②于… Ⅲ.①大学生—创业—教学研究 Ⅳ.①G647.38

中国版本图书馆 CIP 数据核字（2020）第 163087 号

内容提要

本书重点阐述了专业教育和创业教育（简称"专创"）的关系，主要包含了"专创"融合教育的相关主体、内容与方法、运行机制与课程建设等相关内容。本书致力于解决如何开展高校"专创"融合教育？如何提升"专创"融合教育的时效性？如何通过"专创"融合教育，提升大学生创新创业能力等相关问题。该书可作为从事创新创业教育相关工作的教师和学生的参考用书。

责任编辑：许 波　　　　　　　　　　　责任印制：孙婷婷

应用型大学"专创融合"理论与实践研究
YINGYONGXING DAXUE "ZHUANCHUANG RONGHE" LILUN YU SHIJIAN YANJIU

孙桂生 于 苗 编著

出版发行：	知识产权出版社有限责任公司	网 址：	http://www.ipph.cn	
电 话：	010-82004826		http://www.laichushu.com	
社 址：	北京市海淀区气象路 50 号院	邮 编：	100081	
责编电话：	010-82000860 转 8380	责编邮箱：	xubo@cnipr.com	
发行电话：	010-82000860 转 8101	发行传真：	010-82000893	
印 刷：	北京中献拓方科技发展有限公司	经 销：	各大网上书店、新华书店及相关专业书店	
开 本：	720mm×1000mm 1/16	印 张：	14	
版 次：	2020 年 10 月第 1 版	印 次：	2020 年 10 月第 1 次印刷	
字 数：	215 千字	定 价：	68.00 元	

ISBN 978-7-5130-7144-4

前　言

2015 年，国务院办公厅颁布了《关于深化高等学校创新创业教育改革的实施意见》《关于大力推进"大众创业万众创新"若干政策措施的意见》《关于发展众创空间推进大众创新创业的指导意见》等系列文件，强调了国家实施创新驱动发展战略、推进高校创新创业教育改革的必要性。在大数据、互联网、云平台以及物联网等现代信息技术飞速发展的背景下，如何进一步完善人才培养质量标准、创新人才培养机制、健全创新创业教育课程体系、改革教学方法和考核方式、强化创新创业实践、改革教学和学分管理制度、加强教师创新创业教育教学能力建设、改进学生创业指导服务、使高校创新创业教育与专业教育共融共生、长足发展，是摆在高校教育教学工作面前一项紧迫而重大的课题。基于此，我们编写了《应用型大学"专创融合"理论与实践研究》，旨在推动高校"专创融合"教育更好更快的发展，提高人才培养质量。

本书是教育部高教司协同育人教学内容和课程体系改革项目："专创融合的双创教育生态体系构建与研究"研究成果之一（课题项目编号：201702038073）。本书以国务院、教育部下发的一系列文件为指导，紧紧围绕高等教育的人才培养目标，以培养学生创新精神、创业意识和创新创业能力为宗旨，以近几年高校进行"专创融合"教育的经验为素材进行编写。在编写过程中，对于内容的取舍与安排方面，力求理论紧贴前沿、知识紧贴实际、措施紧贴问题，充分吸收国内外高校"专创融合"教育的先进经验和最新的研究成果。我们编写了导论、应用型大学专业教育与创新创业教育的关系、"专创融合"的实施与运行机制、"专创融合"的相关主体与角色任务、"双创"教育融入专业教育的内容与方法、"专创融合"的教育体系与课程建设、应用型大学"专创融合"的典型案例、商科类"专创融合"的实践探索 8 个章节的内容，前 6 个章节是"专创融合"教育的基础理论部分，后 2 个章节是"专创融合"教育的理论应用部分——国内外高校"专创融合"教育典型案例和实践探索。本书在编写过程中，力求语言精练、文笔流畅、通俗易懂、多章一体、互为关联、重点突出、观点明确，内容富有时代特征。

本书由孙桂生负责策划，孙桂生负责第一章至第七章编写，于苗负责第八章编写，最后由孙桂生统稿完成。在本书的编写过程中，参考和借鉴了众多国内外专家、学者的相关著作、论文及研究成果，谨在此向作者、译者表示由衷的感谢！同时，对于知识产权出版社的领导和编辑的鼎力支持和精心指导，也一并表示衷心的感谢！

由于编者水平有限，加之我国高校的创新创业教育改革还处于探索阶段，书中错误和不足之处在所难免，恳请读者批评指正。

目　录

第一章　导　论

近年来，随着高校毕业生人数的不断增加，大学生就业难的问题应势而成为国家、高校和社会都需要面对并迫切需要解决的难题。2019年，有834万应届毕业生从各级各类高校毕业，走上工作岗位，高校毕业生就业压力持续增长。在我国经济已由高速增长阶段转向高质量发展阶段的大背景下，在转变发展方式、优化经济结构、转换增长动力的攻关期，转换高校人才培养模式、缓解高校毕业生就业压力成为国家和社会高度重视的教育问题。"问题是创新的起点"，为解决大学生就业难的问题，国家推出"大众创业、万众创新"政策措施。

各高校创新创业教育的不断深入开展，为培养"大众创业、万众创新"生力军起到了显著作用。但作为一个时代新的产物，创新创业教育在实践中也存在着诸多问题。如创新创业教育的定位比较模糊，一些应用型高校把创新创业教育纳入团委部门进行管理，把它视为思想政治工作；创新创业教育与专业教育存在"两张皮"的现状，二者处于疏离状态；创新创业教育流于形式，缺少创新创业教育的实践平台，光讲授，没实践，不出成果，以至于仅仅将创新创业停留于口号；缺少创新创业教育的合格师资队伍，相关课程基本由非专职教师兼任，师资不足、不优，以致创新创业教育的主体（学生）也缺乏激情、缺少科学指导，创新创业教育从认识到行动都缺乏深入展开等。可以说，这些问题正以实践之弊呼唤创新创业教育的优化和提升。

上述问题的存在，是受多重因素影响的复杂过程。其中，由于高校人才培养模式主要以专业教学为主，还未能将创新创业教育有效地融入进去，是导致当前创新创业教育实效性差的一个重要原因。目前，有一些高校多以比赛、讲座等形式开展创新创业教育，人为地疏离了创新创业教育与专业教育二者之间的关系。然而，实践证明高校在推进创新创业教育的过程中，以专业教育作为依托，在专业教学中融入创新创业教育，可以有力提升学生的创新创业能力。当前，深化创新创业教育改革已成为应用型高校加快本科教育改革的迫切需要，这就要求我们对创新创业教育与专业教育的有机融合有一个全方位认识。由此可以看出，研究二者有机融合的实践探索显得尤为重要。

创新创业教育作为一门新兴学科，兼顾实践性和创造性。应用型高校在探索其与专业教育有机融合的过程中，要充分考虑到它所具有的特质，在人才培养方案设置、教师配备、实践平台等方面对创新创业教育与专业教育进行系统设计，实现二者的深度融合。

第一节　研究背景、意义及研究的切入点

一、研究背景

在当前经济社会转型升级和创新驱动发展的背景下，创新创业教育已经成为世界高等教育改革和发展的必然选择。国务院办公厅 2015 年 5 月印发的《关于深化高等学校创新创业教育改革的实施意见》中指出："高校创新创业教育是国家实施创新驱动发展战略、促进经济提质增效升级的迫切需要。"2017 年，国务院印发《关于强化实施创新驱动发展战略进一步推进大众创业万众创新深入发展的意见》，在更大范围、更高层次和更深程度上推进"大众创业、万众创新"。近年来，我国高校在创新创业教育融入人才培养全过程方面进行了大量的探索与实践，取得了一定的成绩。但是，由于长期以来传统教育理念的影响，在具体实施中还存在一定的误区，创新创业教育与专业教育"两张皮"现象仍较为突出。在本科专业人才培养方案、课程内容、课堂教学和课程评价等关键要素上，实质性融合不够，创新创业教育与专业教育有机融合的应用型创新人才培养模式

尚未真正形成。在当今"大众创业、万众创新"的社会发展潮流下，开展创新创业教育与专业教育深度融合的探索与实践，是以应用型创新人才为培养目标的高校的必然选择。

二、研究意义和价值

（一）研究的理论价值

党的十八大明确提出实施创新驱动发展战略，通过创新推动创业。创新驱动发展战略对高校提出了新的要求——提供能够适应创新驱动的创造知识，而创新创业教育作为应用型高校教育教学的组成部分，注重对学生的实践能力和创造性思维的培养，显然与创新驱动息息相通。近些年，创新创业教育的深入普及，无论是对应用型高等院校的转型发展，还是推动教育领域内创新驱动发展战略的实施，都起到了重要作用。因此，研究创新创业教育与专业教育有机融合的理论价值意义重大，具体体现在如下方面。

第一，丰富高校教育改革理论，为当下应用型高校教育改革提供有益借鉴。

第二，立足创新驱动发展战略，有益于解决应用型高校专业设置中融入创新创业教育的改革难题。

第三，创新应用型高校人才培养模式和理论，使应用型高校人才培养与时俱进。

第四，打破传统应用型高校转型发展模式，丰富高等院校转型发展理论。❶

本书通过对创新创业教育与专业教育有机融合的实践研究，厘清二者的关系，摆正二者的位置，在此基础上指出：应用型高校要适当调整人才培养方案，将创新创业能力的培养融入专业教学中，使创新创业教育发挥出最大的作用。本书还研究了创新创业教育与专业教育有机融合，有利于优化创新创业教育的理念和方法，对当下中国高等教育发展具有较高的理论价值。

---

❶ 闫健，刘玉威，武海滨.高校创新创业教育与专业教育融合机制研究 [J].教书育人（高教论坛），2017（10）：24—26.

（二）研究的现实意义

研究应用型高校创新创业教育与专业教育的有机融合，对当下中国高等教育的现实意义集中体现在三个方面。❶

1. 引领应用型高校的转型

目前，应用型高校的转型过程中还普遍存在两个极端：要么过度强调实践能力，忽视学生个人素质的培养；要么就是过度依赖专业学习，弱化了学生创新能力的引导。在高等教育中纳入创新创业教育很大程度上引领了高校转型。创新创业教育的实质就是创新人才培养机制，在专业教育的基础上培养具有创新意识、创业能力的个人。创业是就业的一种非常直接有效的方式，创新创业的目的就是以创新促进创业，以创业带动就业。这个方面所解决的也正是高校转型所面对的重要问题之一。创新创业教育是应用型高校转型的切入点，与专业教育的结合则是具体的实施手段。

2. 推进高等教育的改革

高等教育在发展过程中，一直以传授给学生知识和技能的专业教育为主要任务，随着专业教育的不断丰富和积累，整体体系已经较为完善。但是，在当前的社会经济发展及对高等教育的要求之下，专业教育的教育理念教学方式、课程体系、考核模式以及师资等已经远远不能适应市场对人才的需求，不能满足大学生创新创业的需求。实施创新创业教育，将学生的创新精神与创业能力置于人才培养的主要内容之中，是对专业教育之外的人才培养领域的拓展，是对时代发展的全方位变化的适应。这要求教育教学活动不仅要围绕专业教育活动展开，还要注重培养学生的创新能力等素质；要求高等教育的任务不是培养单纯的就业者，而是培养岗位的创造者，使学生能够成为具有学习能力、创造能力以及坚定的人格品质的高层次综合型人才。在对学生进行专业教育的基础上，将创新创业教育进行有机融合，产生合理有效的全新教育体系，是推进高等教育改革的重要途径。

3. 推动创新型应用人才的培养思路

近年来，各高校都在通过深化教育改革、提升师资队伍水平、建设资

---

❶ 曹英慧. 高职院校创新创业教育与专业教育融合研究 [J]. 现代职业教育，2018（19）：65–69.

源平台等多种方式积极探索创新型应用人才的培养模式。而创新创业教育的出发点和落脚点就是结合专业教育以促进学生的全面发展，激发学生独立思考的创新精神，提高解决问题的实践能力，全面提升学生的综合素质。这与创新型应用型人才的培养特征相一致。《关于深化高等学校创新创业教育改革的实施意见》提出，"到 2020 年建立健全课堂教学、自主学习、结合实践、指导帮扶、文化引领融为一体的高校创新创业教育体系，人才培养质量显著提升，学生的创新精神、创业意识和创新创业能力明显增强，投身创业实践的学生显著增加。"深化和实现创新创业教育的这一过程，实际上正是对创新型应用人才培养思路的探索和推动，创新创业教育在专业教育中的深度融合可以说是培养创新型应用人才的重要举措之一。

三、研究的切入点

高等教育发展的核心任务是提高人才培养质量。衡量质量的标准，就应用型高校而言，就是其"产品"能够适应经济发展方式转变的要求。如同经济发展不能只要 GDP，还必须兼顾民生、环境、资源一样，本科教育也不能只是学科知识的灌输，而必须兼顾学生的独立人格、自由精神、公民意识等整体素质的培养。改革本科教育，突破传统学科本位，以实质性开展创新创业教育与专业教育的深度融合和有机融合作为切入点，在经济发展方式转变的时代背景下，可谓天时地利。这一时代背景及由此产生的社会需求，尤其是在就业问题、劳动者素质问题变得不仅普遍而且十分突出时，创新创业教育聚集了前所未有的目光，借力于这一机遇，应用型高校应当顺势而变，抓住创新创业教育理念的内核，走出传统学科体系框架的路径依赖，重新定位人才培养目标，并以此统领专业知识，构建课程体系，促进教学模式、教学态度和教学方法的改变。

将"专创融合"教育作为应用型高校本科教育改革的切入点，其现实意义在于本科教育改革的路径设计有了向度，有利于突破本科教育局限于学科知识体系的传统学科本位，使素质教育的推进具有更加清晰的目的性和实际操作性，由此能够贯穿于人才培养的全过程，将学生的学习能力、生存能力和发展能力的获得根植于素质教育之中。❶ 本科教育的这场改革，或许具体的路径尚待摸索，但前行的方向是清晰而明确的。

（一）关于创新创业教育与专业教育关系的理解

正确解析创新创业教育，是抓住本科教育改革切入点和关键。作为高等教育自身改革和历史的逻辑推演使然，创新创业教育与创业培训和创业活动，三者密切相关，却并不是一回事。应用型高校的创新创业教育并不是要将所有的学生培养成"老板"，或者教会学生如何成为"老板"，不是单纯地进行创业知识的传授和创业技能的训练，而是将创业作为一种精神、一种能力、一种素质的育成过程。也就是说，创新创业教育的题中应有之义是"育人为本"和"以人为本"，其指向是培养健全人格，即受教育者事业心和健康、独立人格的育成，内涵是学生的学习能力、生存能力和发展能力的培养。实质上，创新创业教育是对素质教育的一种新的认证，是素质教育的深化和具体化。因此，创新创业教育是专业教育的引领，又以专业教育为深层根基。换句话说，创新创业教育并非时下多数高校在专业教育之外的技能训练，而是一种教育理念、一种指向，是应用型本科高校人才培养方案的顶层设计。以这种对创新创业教育的理解去审视那些事实上存在的支配我们教育观念和日常操作全部行为的范式，去思考、重构专业教育的框架体系，从课程建设入手，抓住教育教学管理的各个环节，使之贯穿于本科人才培养的全过程。

（二）创新创业教育与专业教育相结合的几个关键点

第一，创新创业教育融入专业教育时应注重适应社会经济的发展趋势。将社会经济发展特别是区域社会经济发展的基础、特点、动态、方向乃至法律政策等制度性环境纳入教学体系中，使教学内容反映社会需求，适应社会需求，搭建起课堂与企业、教学与经济的互动链接，使学生的生存能力、发展能力在潜移默化中增长。

第二，创新创业教育融入专业教育应该是一个帮助学生成长、开发学生主体精神的价值引导过程，"成长""开发"的核心是健康人格的培

---

❶ 巩丽霞.应用型高校本科教育改革的思考——基于创新创业教育与专业教育相结合的探讨 [J].国家教育行政学院学报，2011（9）：43-46.

养。这种体现着创新创业精神的本科教育所培养的创业型人才或应用型人才，绝不是仅仅追求利益的"经济人"，而更应该是具有责任感的人。因此，培养社会责任感、公德意识、对社会公正和社会正义的认同、信仰以及善于协作的能力是教育的落脚点。融入专业教育的创新创业教育，其"创"不是不讲规则或轻视规则，而是应当突出对法律、道德、规律规则的崇尚和遵守，让受教育者形成规则意识。因为没有基本的规则意识，受教育者就无法成为合格的社会公民，更谈不上为经济发展方式的转变做出贡献了。

第三，创新创业教育融入专业教育的意义在于突破传统学科本位的思维定式。我国高校沿袭了几十年的专业教育模式，其最大的弊端就是过于注重学科体系，知识结构单一，重知识而轻心智。近年来，随着我国高等教育大众化的进程，各高校顺势而变，形成了研究型和应用型的不同办学定位。以应用型人才为培养目标的高校，不仅其专业设置紧跟市场的需要，而且其课程的选择及课程内容的设计都围绕着职业的需求，学科"壁垒"更狭，"灌输"更甚，教学成了某科知识的叠加和技能操练，让学生在 4 年的时间里掌握尽可能多的专业知识和技能成为教学的目标，而轻慢了一般性知识的教育（即通识教育）。虽然也有承载通识教育的公共基础课，但多是走马观花。大学办学的终极目标和根本使命是培养人，培养健全的人。因此，以"专创融合"为理念的本科教育改革必须回归"育人"的根本使命，在为学生奠定专业、学科基础的同时，帮助学生建构知识的有机关联，通过广博的学识使他们学会思考、推理、比较和辨析，进而转"识"成"智"，提升他们的洞察、选择、整合和集成创新能力，即生存能力和发展能力。

第四，贯彻"专创融合"教育的理念在于注重学习能力的培养和思维方式的训练。当今科技进步日新月异，经济社会结构日趋复杂，即使是专门人才，也是建立在综合基础上的专门人才。贡献于社会，需要善于学习，以不断汲取知识，增长才干。因此，以"专创融合"教育为理念的本科教育，在有限的 4 年里，不应该完全是知识的灌输，而更应该立足于"授人以渔"，即强调"吾将上下而求索"的精神，注重思考力的训练、学习能力的培养、学习方法的传授。

第二节　研究的主要内容与观点

一、研究的主要内容

（一）"专创融合"的基础理论

一是从应用型大学专业教育的定位与特征、应用型大学专业教育的优劣势分析、应用型大学专业教育的发展趋势3个方面介绍了应用型大学专业教育与创新创业教育的关系。

二是从"专创融合"的层次和难点问题、"专创融合"的实施模式和"专创融合"的运行3个方面叙述了"专创融合"的实施模式与运行机制。

三是从"专创融合"的管理主体及其角色任务、"专创融合"的实施主体及其角色任务和"专创融合"的"外部"主体及其角色任务3个层面论述了"专创融合"的相关主体与角色任务。

四是从"双创"教育融入专业教育的内容与方法。

五是从"专创融合"教育体系建设、"专创融合"课程体系建设和"专创融合"课程开发方法3个方面介绍了"专创融合"的教育体系与课程建设的内容。

（二）"专创融合"理论实践应用

一是从理念与模式、课程与教学和案例分析3个视角分别介绍了中国的黑龙江大学和温州大学，以及美国百森商学院3个不同应用型大学"专创融合"的典型案例。

二是从"专创融合"人才培养体系、课程教学体系和实践育人体系等三个层面介绍了北京联合大学商务学院"专创融合"的实践探索。

二、研究的主要观点

（一）厘清"专创融合"的含义、功能和发展方向

通过对国务院、教育部下发文件的深入学习，结合高校近几年创新创业教育的实践，科学界定了"专创融合"的含义，即"专创融合"一是创新创业教育与专业外在组织建制的融合；二是创新创业教育与专业内在知识建制的融合。由于专业的组织建制建立在专业的知识技能建制基础上，因此，创新创业教育与专业教育在知识技能层面的融合才是其最根本的含义。

"专创融合"的功能是指创新创业教育与专业教育深度有机融合应有的作用。一是创新创业教育与专业教育有机结合，培养出既懂专业知识又具有创新能力的优秀技能型人才，为经济社会发展提供强有力的人力资源支持；二是"专创融合"这种人才培养方式能够帮助学生找到专业知识和创新创业实践的结合点，以长远的眼光深化专业知识，明确专业知识未来发展的方向；三是"专创融合"是现代教育的发展趋势。

（二）辨析专业教育与创新创业教育的关系

专业教育讲究"学有所长"。由于社会分工日益细化，不同领域之间的区隔和壁垒越来越严实，高校为提高人才与社会的匹配度，在推进素质教育的同时，一直在强化专业教育。专业教育是以专业理论、专业知识和专业技能培养为内容的教育，是为社会某领域进行有针对性的人才培养，其课程内容、培养方式和培养目标均具有鲜明的差异性。简言之，就是强调"学有所长"，在某一领域成为专家，而不是通才。由此可见，"学有所长"是专业教育被社会普遍承认并得以发展的合法性所在。

创新教育重在"学会创新"。创新教育是培养学生的创新意识和创新思维，创新教育在高校专业教育领域中一直存在，因为没有创新，不管什么专业、什么行业都无法发展。

创业教育重在"学创事业"。创业教育则是丰富了创新实践的内容，创造事业是创新创业的重点。创业教育强调将创新意识和创新思维落实到具体的创业实践之中，即创造事业。高校学生是创业教育的对象，他们正处于学习知识和提高能力的黄金阶段，"学创"是他们区别于其他一般创

业者的最大不同。因此，高校创业教育重在教学生具备创造事业的理念、思维和能力。

专业教育是创新教育、创业教育的基础；创业教育是专业教育完善的有效途径；创新教育对专业教育具有促进作用；创业教育更加注重学生的创新性和创造新财富能力的培养，创新教育更加注重学生的创新意识、创新思维与创新能力的培养。创业教育是创新教育的思想基础，创业教育是创新教育的具体化、行为化，是创新教育的价值诉求。

通过分析国内外高校"专创融合"的经验做法，总结了"专创融合"3种实施模式，即专业嵌入模式、跨专业联合模式和社会化合作模式。❶专业嵌入模式是以专业教育为基础，在专业教学体系之中按照各专业的特点增设相关的创新创业教育内容。此种模式具有创新创业教育与专业教育融合的渗透性强、结合度高的特点，也是专业教育中嵌入创新创业的最基础的方式。跨专业联合模式是一种不再局限于专业边界、面向创新创业教育的专业技能、管理知识、企业、市场环境认知的横向联合培养模式，联合学科或者院校进行多级联动更好地实现不同资源的优化配置和调度，促进不同类教有资源的通畅流动和共享。这一模式极大地促进了院校、学科、专业之间的学术互动、师生交流和项目合作。社会化合作模式是创新创业教育与专业教育深度融合的最高层次，由高校、企业、非营利性机构、政府部门等各方开展专业创新创业的实践活动。该模式与前述两种模式不同，以真实的市场为背景、以项目为驱动，整合政府基金、风险投资、孵化器、科技园、企业等各方的资源，实现创新创业教育资源网络化，为学生的创新创业实践活动提供基地和平台，开展创新创业实践的一站式咨询服务，便于学生进行实战操作，最终达成学校、企业、政府和学生多方联动共赢的良好局面。

（三）界定了"专创融合"相关主体角色任务

"专创融合"管理主体按照层次不同，分为教育行政管理部门、高校行政管理部门和高校教育教学管理部门。教育行政管理部门的角色任务是

---

❶ 张锦文．创新创业教育与高校专业教育的融合发展机制研究 [J]．黑龙江教育学院学报，2018（37）：16–18．

加强创新创业教育与专业教育融合的战略规划和突出政策的针对性与有效性。高校行政管理部门的角色任务是完善创新创业教育与专业教育融合组织模式，更新创新创业教育与专业教育融合内容和改进创新创业教育与专业教育融合方式。高校教育教学管理部门的角色任务是开设创业培训课程、充实创业教育师资和多样化开展创业实践教育。

"专创融合"实施主体按照职责不同，分为教师和辅导员。教师的角色任务，一是以人为本，培养学生全面发展的素质；二是内外兼修，抓好道德与能力素质两个基础；三是紧跟时代，将大局意识贯通于具体育人环节；四是革故鼎新，力争在传统教育教学方式上找突破。辅导员的角色任务，一是创新创业精神的培育者；二是创新创业知识的传播者；三是创新创业工作体系的服务者。

"专创融合""外部"主体分为企业、行业协会和社会进行阐述。企业的角色任务，一是构建创新创业教育体系；二是构建创新创业实践体系；三是构建创新创业训练体系；四是构建创新创业指导体系。行业协会的角色任务，一是给高校营造良好的创业环境；二是能推进我国高校教学管理的改革；三是能有效地引进学生创业的风险资金。社会的角色任务，一是打造专业化社会服务机构；二是提高社会融资获取性；三是完善社会合作机制。

（四）规范了"专创融合"的内容和方法

在"双创"教育理论与机制融入专业教育方面分 3 个方面进行规范，一是"双创"教育理念与思维融入专业教育方面，在提出了将创业教育的个性化、应用性、创新性和国际视野 4 个理念与思维融入专业教育；二是在"双创"教育理论与机制融入专业教育方面，提出了通过创新创业教育和创新实践活动，促进理论知识向专业能力转化，使不同专业背景的学生具备开创性和个性，具有首创和冒险精神，具有技术创新、团队协作、创办企业及运营管理能力，旨在将学生培养成复合型高素质人才；三是在"专创融合"人才培养方案的构建方面，提出了高等院校要打破传统单一专业教育的人才培养方案，领会并把握《关于深化高等学校创新创业教育改革的实施意见》（国办发〔2015〕号）精神实质，从顶层设计出发，制定人才培养方案，全程化、全方位、多角度地对创新创业教育进行科学规划和具体落实。需要教学、学生管理、就业、团委等诸多部门组织协同配合实施，将创新创业教育引入专业教育培养的各个环节。学校要出台鼓励师生开展创新创业实践活动的政策，将创新创业教育纳入新的绩效考评体系之中，指导教师工作，激发学生学习的积极性。

在"双创"教育课程与教法融入专业教育方面分4个方面进行规范。一是在"双创"课程体系融入专业教育方面，首先是将创新创业内容融入通识课程教学；其次是将创新创业实践融入专业课程教学。二是在"双创"教育课程融入专业教育方面，首先是将创新创业教育课程融入专业人才培养方案，在专业培养计划中独立设置创新创业教育必修课或选修课；其次是将创新创业教育内容融入专业课程内容，在专业课程中采取渗透的方式融入创业意识、创业能力和素质的课程内容；最后是将创新创业教育课程体系融入专业课程体系，以便所开设的创业教育课程与专业课程按照教育内容形成一体化的专业教育课程体系。三是在"双创"教育教学方法融入专业教育方面，提出了案例教学、体验教学、双导师教学、课内外竞赛和实践教学等多种教学方法融入专业教育。四是在"双创"教育评价方式方法融入专业教育方面，提出了CIPP模型、BP神经模型、平衡记分卡等评价方式方法融入专业教育。

在"双创"教育资源与服务融入专业教育方面分3个方面进行规范：一是在"双创"教育师资队伍融入专业教育方面，提出要明确全体教师创新创业的教育责任和培养教师队伍的实践教学能力；二是在"双创"教育实践平台融入专业教育方面，提出搭建知识空间平台、打造创客空间平台和打造孵化空间平台等融入专业教育；三是在"双创"教育指导服务及其资源融入专业教育方面，提出在激发创新创业意识、培养创业能力和孵化创业企业等提升创业指导服务的针对性。

（五）提出了"专创融合"的教育体系与课程建设方法

1. "专创融合"教育体系建设

在管理体系方面分管理体系、实施体系和保障体系3个方面进行阐述。在管理体系方面，从基础知识标准、系统能力标准、人际团队能力标准、个人能力、职业技能和职业道德标准等方面对人才培养的质量标准进行阐述；从人才培养的教学机制和学生自主学习的机制两个方面对人才培养的机制方案进行阐述；从制定必要的标准和规定、形成管理体制，建立"四方"合作的产教融合、校企合作育人的体制，产教融合、校企合作育人的机制的形成等方面对管理体制进行阐述。

在实施体系方面分课程体系、教学方法体系、评价体系和实习实践平台体系4个方面进行阐述。一是在课程体系方面，从通识通修类课程、创新创业基础课程、专业课程、跨专业跨学科交叉课程、创新创业实践课程、第二课堂等方面进行阐述；二是在教学体系方面，从课程教学和活动开展两个方面进行阐述；三是在评价体系方面，从教育环境基础、教育资源投入、教育过程行动和教育成果绩效4个方面进行阐述；四是在实习实践平台体系方面，从建立创业社团平台、建立学科竞赛平台、建立创新开放实验室平台、建立创新开放实验室平台、建立专业实习实践基地平台、建立大学生创业孵化园（基地）、建立学生创业工作室、学院创业中心、学校创业园三级联动的创业基地平台、建立各级创业服务平台等方面进行阐述。

在保障体系方面分系统化指导服务体系、长期性政策保障体系和师资队伍3个方面进行阐述。一在系统化指导服务体系方面，从举办创业赛事、提升育人功效，丰富社团活动、营造创业氛围，加强学校孵化基地建设、提高成活率，依托校外创业实践基地、促进落地生根，强化基础性工作、提供持续化信息服务等方面进行阐述；二是在长期性政策保障体系方面，从健全政策体系、推进创新创业教育精细化，优化资源配置、推进创新创业教育系统化，加强保障责任制、推进创新创业教育专业化，充分利用社会资源、推进创新创业教育多样化等方面进行阐述；三是在师资队伍方面，从加强顶层设计、完善学校育人体系，形成"三合一体"培养体系、建设稳定骨干队伍，以课程为核心、发展教师专业能力，加强"产学研"转化、引领示范，完善体制机制、创新评价体系等方面进行阐述。

2."专创融合"课程体系建设

在"专创融合"课程群建设方面，提出了"通识性"创新创业教育、"专业性"的创新创业指导、"实践性"的创新创业训练3个层次梯度式课程体系。

在"专创融合"课程体系设计方面，从增加创新创业课程的比重，建立多层次、立体化的课程结构，增强课程教学方法灵活性和针对性等方面进行阐述。

在"专创融合"课程开发方面，根据不同课程的特点，提出交叉融合法、结构分解法和点上植入法等方法进行课程开发。

（六）分析国内外"专创融合"典型高校的经验做法

1. 分析美国百森商学院"专创融合"的课程体系

百森商学院经典的创业教育课程体系是该校教师根据学校的具体情况并经过多次修改开发的，既是教师智慧的结晶，又是发挥教师自主性和创新性力量的体现。主要特点包括以下3个方面：一是精准定位的创业课程设计理念；二是系统性与完整性相结合的创业课程模块体系；三是探究性与科学性相结合的创业课程教学方法。

2. 分析中国的黑龙江大学"专创融合"的教学模式

一是优化本科人才培养方案，将创新创业教育与专业教育相融合。在专业总学分中，设8个创新创业教育必修学分。其中，课堂教学4学分、实践教学4学分，未修满8学分者不予毕业。各教学单位均在人才培养方案中专门设置创新创业教育项目，设计具有专业特色的创新创业教育学分实现途径，校院两级拓展创新创业教育学分实现途径累计达137种和6种，切实突出专业教育教学中创新创业教育特色；二是依托专业课程、通识课程、辅修课程3个平台，将创新创业课程与专业课程教学相融合；三是搭建创新创业项目训练、创新创业实践基地和开展创新创业竞赛三个载体，将创新创业实践与专业实践教学相融合。

3. 分析中国的温州大学"专创融合"的教学模式

以培养岗位创业者为导向的创业教育新体系的本质是，将创业教育理念与内容融入人才培养全过程，提升全体在校生的创新意识、创业精神和创业能力；核心是培养区域经济社会发展需要的既懂专业又善创业管理的高素质复合型应用人才。在创业教育理论研究与实践探索过程中，温州大学开展了"点—线—面"逐层递进、"创业教育＋专业教育"的创业教育实践，从创业教育通识课程体系、创业人才培养模式构建、创业教育与专业教育融合、岗位创业实践基地建设、岗位创业运行机制、创业教育专化师资建设 6 个方面进行改革探索，注重顶层设计与整体推进的结合，成功地构建了以岗位创业为导向的人才培养新体系。

4.分析了中国的北京联合大学商务学院"专创融合"人才培养模式

北京联合大学商务学院在创新创业人才培养的探索与实践中，坚持"五位一体、全程联动"的培养模式。"五位一体"即"课堂教学＋小组实训＋社团大赛＋校园孵化＋校企联动"，"全程联动"即"培养过程联动＋学校与社会联动"，形成学中干、干中学，发现问题、反馈问题、解决完善的闭环良性循环。

第三节 "专创融合"的提出、功能与发展方向

一、"专创融合"的提出

2010 年，教育部发布《关于大力推进高等学校创新创业教育和大学生自主创业工作的意见》。自此，创新创业教育实践获得了长足的进展。在政策上，上至中央下至地方，都对创新创业教育做了系统安排。在中央层面，先是国务院办公厅于 2015 年印发《关于深化高等学校创新创业教育改革的实施意见》，对高等学校创新创业教育改革提出了明确要求。紧接着，国务院于 2018 年印发《关于推动创新创业高质量发展打造"双创"升级版的意见》，主张通过加强高等学校学生创新创业教育与培训，持续推动创业带动就业的能力升级。在地方层面，各省也都出台了相关文件，对本省高等学校创新创业教育改革进行了部署。在职业教育实践层面，高职院校的创新创业教育工作取得了不俗的成绩。截至 2017 年，入选教育部深化创新创业教育改革示范高校的高职院校达 20 余所，在始于 2016 年的全国创新创业典型经验高校评选中，也先后有 20 多所高职院校上榜。但是，创新创业教育实践也面临诸多挑战。其中，"与专业教育结合不紧"是创新创业教育"不可忽视的问题"之一。在新时代背景下，探索将创新创业教育与专业教育融合的途径，是推进高等院校创新创业教育工作的重要课题。

（一）"专创融合"的含义与目的

澄清创新创业教育与专业教育有机融合面临的问题有两个前提，一是界定创新创业教育与专业教育融合的含义，二是廓清创新创业教育与专业教育融合的目的。前者比较容易理解，此处不再赘述，这里对后者稍作解释。融合实践的问题之所以是"问题"，就在于其不利于融合目的的实现。从这个角度讲，不阐述清楚创新创业教育与专业教育融合的目的，就不可能发现融合实践存在的问题。

1. 含义

从理论上来说，创新创业教育与专业教育融合的基本含义应该是指，经过融合之后，创新创业教育的过程与专业教育的过程是一个过程。或者说，同一个教育过程，从专业教育的角度来看，它是专业教育；从创新创业教育的视角看，它是创新创业教育。怎么理解这一界定呢？这得从"专业教育"的"专业"含义来进行解读。"专业"有两层含义：其一是指作为一种学习类别的专业，这是专业的外在组织建制；其二是作为知识和技能形态的专业，这是专业的内在知识建制。相应地，"专创融合"理应有两层含义：一是创新创业教育与专业外在组织建制的融合；二是创新创业教育与专业内在知识建制的融合。由于专业的组织建制建立在专业的知识技能建制基础上，因此，创新创业教育与专业教育在知识技能层面的融合才是其最根本的含义。

2. 目的

倡导"专创融合"的最终目的是培养学生的创新精神、创业意识和创新创业能力。其直接目的有两个：一是提高创新创业教育的知识和技术含量，二是面向全体学生开展创新创业教育。先看第一个目的。《关于推动创新创业高质量发展打造"双创"升级版的意见》明确将高校创新创业教育视为"推进创业带动就业能力升级"的一种举措。高校创新创业教育若想发挥这一作用，就必须确保创新创业教育具有较高的专业知识和技术水平，因为唯有如此，才能使得学生将来能够凭借所学的知识和技术创业，从而带动就业。然而，要想保证创新创业教育的知识和技术水平，就要实现创新创业教育与专业教育在知识技能层面的融合。再看第二个目的。高等教育是一种专业教育，要求创新创业教育与专业教育融合，就意味着创新创业教育应该面向全体学生。事实上，这也是政府文件的明文要求。结合专业的两种含义及其关系，不难得出这样的认识：创新创业教育与专业教育融合的根本目的是，面向全体学生实现创新创业教育与专业教育在知识技能层面的融合。

（二）高校"专创融合"实践的问题

回溯近几年来高校创新创业教育实践，不难发现，高等院校在创新创业教育与专业教育融合上虽然有着比较亮眼的表现，但这种表现背后则暗藏着不容忽视的问题。

首先，在外在组织融合的层面上，创新创业教育与专业教育融合的一个重要体现就是创新创业教育被融入专业人才培养全过程。从实践来看，我国高等院校已经比较普遍地将创新创业教育纳入专业人才培养方案，开设了"创业基础"等专门的创新创业类理论和实践课程，实施了创新创业教育活动，并开展了相关评价。从这个角度讲，我国高校已经比较好地实现了创新创业教育与专业教育在组织层面的融合。同时，由于创新创业类课程一般是作为必修课面向全体学生开设的，这种方式还实现了面向全体学生开展创新创业教育的目标。这些都是值得肯定的，但这种融合方式的特点，就是与专业知识和技能的学习毫无关系。因此，这种融合的实现不是建立在创新创业教育与专业内在知识建制融合的基础上的。

其次，在内在知识融合上，高等院校也有一定的进展。这生动地体现在高等院校学生的创业项目中。许多学生的创业项目并不是开个网店之类的简单商业项目，而是依托自己所学习的专业知识和技能，凭借自己与伙伴们研发的专业技术和产品创办新企业。如温州职业技术学院"专业共建—技术研发—创新创业"三位一体，培养新技术应用创新创业人才的创新创业教育实践，就较好地实现了创新创业教育与专业教育内在知识融合。显然，在创新创业教育与专业内在知识建制的融合上，高等院校一般是以项目研究的方式实现的。这种方式虽然实现了创新创业教育与专业内在知识建制的融合，却只是面向部分学生而不是全体学生。

总而言之，高等院校创新创业教育与专业教育的融合并没有完全实现其目标。高职院校做到的只是通过创新创业教育与专业外在组织建制的融合实现了创新创业教育面向全体学生的目标。在内在知识技能层面，创新创业教育与专业教育融合实践仍然只是面向部分精英学生。因此，高校创新创业教育与专业教育融合实践的真正问题是，如何基于创新创业教育与专业教育在内在知识技能层面的融合，达成创新创业教育面向全体学生的目标。

二、"专创融合"的功能

（一）"专创融合"有利于培养优秀人才

随着企业的转型升级、科学技术的不断进步，以及互联网、大数据、云计算和人工智能的广泛应用，用人单位要求毕业生不仅要掌握一门专业知识，更要有解决企业实际问题的能力，富有创新精神、拼搏精神、团队精神、领导能力、社交能力、表达能力和社会责任感等各种优秀品质。美国有关方面曾统计过各大学毕业生入职年薪，前 10 名基本是清一色的理工大学。但对比 2015 年之后的薪资情况时却发现，那些以通识教育见长的大学，如哈佛大学、普林斯顿大学就挤进了前 10 名，并超越了以工科、商科为主要特色的大学。收入虽然不是衡量毕业生价值及大学水平的唯一标准，但至少可以说明通识教育的重要性，用人单位还是看重学生的各种优秀品质的。由此可见，高等院校要打破传统的单一专业教育的培养模式，在专业课程中嵌入有利于发展学生的创新思维、批判思维等综合素质的创新创业指导训练课程，从而使创新创业教育与专业教育有机结合，培养出既懂专业知识又具有创新能力的优秀技能型人才，为经济社会发展提供强有力的人力资源支持。

（二）"专创融合"有利于专业教育的发展

社会进步需要不断创新，创新则要求对专业知识进行拓展和延伸。专业知识是基础，创新是发展方向，只有将两者有机结合，才能让专业知识找到应用方向。美国考夫曼基金会主席卡尔·施拉姆他的《创业教育》（*Entrepreneurship Education*）中就非常赞同将创新创业教育和专业教育结合起来，这也正是对育人本位理论的支持。这种人才培养方式能够帮助学生找到专业知识和创新创业实践的结合点，以长远的眼光深化专业知识学习，明确专业知识未来发展的方向。

（三）"专创融合"是现代教育的发展趋势

爱因斯坦曾说过，大学教育的价值不在于记住许多事实，而在于训练大脑会思考。随着人工智能的发展，人们不需要记住许多固有的知识内容，因为随时可以到网上查阅到相关知识。人工智能机器可以存储和识别大量已有的知识，在知识记忆及积累方面可以替代甚至超越人脑。由谷歌公司研发的阿尔法狗（AlphaGo）人工智能机器，在职业围棋比赛中战胜了九段职业围棋选手李世石，说明未来人工智能机器有可能比人脑更快速地解决问题。国内外多家创业团队正在将人工智能技术与医疗、金融、制造、零售和保险等行业相结合，未来人工智能将严重冲击劳动密集型产业，改变全球经济生态。阿里巴巴前董事局主席马云在2017年一场大数据峰会上指出，如果学校继续用以前的教学方法教学，那么今后我们的孩子可能找不到工作。时代的进步，要求高等院校的教学核心以创新创业教育为统领，着重培养学生的创新思维能力，以适应未来科技进步对岗位的新需求，而不是大学毕业后只能做机器就可以轻松应对的工作。

三、"专创融合"的发展方向

"专创融合"的发展必然遵循一定的体系建构取向、教育模式取向和知识生产取向。具体而言，可以从历史到当下的发展方式变迁、国际到国内的关联、主导理性的更迭等宽广视角对其进行充分理解和把握。

（一）由"依附性"到"整体性"的体系建构取向转变

在结构主义看来，任何事物的存在都会有一定的结构，结构的组织形式决定了其具备了什么样的功能。当结构不能发挥其特有的功能时，结构就失去了其存在的意义。❶借用结构主义的观点追问，创新创业教育未发挥预期功能时其结构是否存在问题或是否有重构的必要性？答案无疑是肯定的。不同于美国创新创业教育学科内发展的理性自觉，我国创新创业教育发展初始就有两种取向：一是与学校传统专业教育进行机械的联结。尽管国家层面极力倡导创新创业教育与专业教育的融合，但由于传统教育结构自身的稳定性，创新创业教育介入后仅能依附于专业教育表面而存在，

---

❶ 高宣扬.结构主义［M］.上海：上海交通大学出版社，2017：72-73.

造成"两张皮"的局面；二是独立于传统教育体系结构之外"另起炉灶"，仅通过点状的创新创业教育使个别学生受益，创新创业教育成为专业教育的附庸，违背了教育发展的整体性规律和创新创业教育普及化原则，创新创业教育效能较低。同时，当前创新创业教育研究与实践取向的惯性思维也是多从创新创业教育自身结构的完善角度考量，如创新创业课程教学体系、实践体系、运行体系完善等，忽略了教育系统有机体对创新创业教育体系的规定性，创新创业教育功能的发挥只能落入空想的"窠臼"。为规避以上取向的弊端，"专创融合"体系的建构应采用整体性的思维方式，将"专创融合"置于整个"大教育"系统中进行思考，厘清教育系统内各相互作用、相互联系的诸要素的层级序列关系，在满足经济社会发展需求、学生发展的创新创业广泛性和个别化需求的基础上，建构创新创业教育与专业教育一体化的内部结构。

（二）由"泛在"到"学科支撑"的教育模式取向转变

创业教育的发端最早可追溯至 20 世纪 40 年代的美国。迄今，美国也是公认的创业教育模式最为成熟的国家。回溯美国创业教育的发展历史可知，创业教育最早发起于美国大学的商学院，从仅开设创业学课程到开展创业学学位教育（培养创业学本科生、硕士研究生、博士研究生），最初是一种精英化的专业教育，创业学逐渐发展成为一个成熟学科。随后，美国经济社会的发展对高校创业教育的普及化提出了现实需求，创业学专业教育为美国高校创业教育从商学院辐射到其他学院提供了坚实的基础。美国高校正是以传统商学院开展创业学专业教育的"聚焦模式"（Focused model）为基点，先后衍生出以商学院和管理学院为中心，面向全校学生开展创业课程和创业项目的"磁石模式"（Magnet-model）及在学校层面成立创业教育委员会，面向全校学生的，以提升学生创业精神和创业意识为目标的"辐射模式"（Radiant-model）。[1][2] 由此可见，美国创新创业教育发展轨迹是以学科为依托培养专业化人才到提

---

❶ 梅伟惠. 美国高校创业教育模式研究 [J]. 比较教育研究，2008（5）：52-56.

❷ 孙惠敏，陈工孟. 全球创新创业教育研究报告 [M]. 北京：经济管理出版社，2016：14-15.

升全校学生创新创业意识及能力，即创新创业教育实现了由"学科支撑"到"泛在"到面向全校专业和师生的模式转换，现存的所有模式都有创业学学科的支撑。然而，我国高校的创业教育从一开始就呈现出专业教育与普及教育"双轨并进"的布局，缺少在商学院内部"自生长""自成熟"的专业发展过程。❶ 缺乏学科支撑而直接"泛在"到全校范围的创新创业教育，犹如在不稳固的根基之上建大厦。在此种情形下，跃进式发展势必会阻碍其普及程度，尤为关键的是会影响其普及效果，难以达成理想意义上的创新创业教育普及。至今，我国高校"专创融合"尚处于探索期，没有统一的教育理念或模式。随着创新创业教育理论成果的丰富和实践探索的深入，对创新创业教育规范化和学科依托的诉求愈加强烈，通过创新创业教育学科化支撑创新创业教育模式创新，即探索"学科支撑"的教育模式将是我国"专创融合"的重要路径选择。

（三）由"科学理性"到"实践理性"的教育理念取向转变

科学理性力图用特有的概念、定律和理论来整理观察事实，它以有效的控制行动和可预见的结果为导向，对人类行为活动有一种内在的约束力。科学理性在自然科学上"战无不胜"，进而成为所有学科知识生产的方法论。我国高校"专创融合"课程模式深受科学理性的主导，例如，多数通识课程都具有精确性、可操作性的特点，试图用课程教学达成学生创新创业行为的变化。然而，创新创业涉及"默会""难言"等高级心理活动，实践性是其核心特征，仅通过知识性的通识课程设置很难达成创新创业教育的目标。实践理性指向人类改造世界的实践活动，是人类在改造世界的实践活动中所表现出的思想和行为特征，特指人的思维能力、实践自控力和实践行为准则，是主体对如何改变世界的实践活动的观念性掌握；实践理性作为人类对自身与世界的关系"应如何"和人"应当怎么做"问题的关键掌握与解答，是主体观念掌握外在世界观念，处理人与世界的关系的最高形式。实践理性主导的知识生产对培养学生创新创业实践性能力为核心的创新创业教育具有适切性，可有效规避学术化创新创业教育范式带来的负面效应，理应成为创新创业教育知识生产的主导理性。实践理性

---

❶ 王占仁."广谱式"创新创业教育导论［M］.北京：人民出版社，2012：374-375.

导向的课程要求理论知识与实践知识相结合、创新创业知识与专业知识相融合，强调学生、教师与创新创业情境的交互，课程组织具有跨学科、结构化、实践化的特点。同时，课程的更新与实施必然要求课程内容与经济社会发展的对接、有创业实践经验和专业教师等构成的来源多元化的教师团队的组建、政校企协同育人的人才培养模式变革等，对教育管理者和课程开发与实施者提出了新的挑战。

第二章　应用型大学专业教育与创新创业教育的关系

第一节　应用型大学专业教育及其发展趋势

一、应用型大学专业教育的定位与特征

应用型大学专业教育是以培养知识、能力和素质全面而协调发展，面向生产、建设、管理和服务一线的高级应用型人才为目标定位的高等教育，是高等教育体系的重要组成部分。其定"性"在行业，定"向"在应用，定"格"在复合，定"点"在实践。对专业特征的清晰认识和准确定位，将有助于应用型大学专业教育高效、有序地进行专业建设，有助于制定一系列合理的培养方案。❶专业人才培养模式主要由价值取向、培养目标、课程、教学及评价五大基本要素组成，以价值取向为基点，以目标为导向，以课程为载体，以教学为途径，以评价为保障。这五大基本要素相互依存，彼此制约。依据应用型大学专业教育的科学内涵及专业人才培养模式的要素分析，应用型大学专业教育的特征主要体现在以下五个方面。

（一）专业价值取向体现行业性

应用型大学的共同特点是定位于注重为行业发展服务。早在20世纪60年代，德国就创建了应用科技大学，这类大学定位于满足行业需求、理

---

❶ 史秋衡，王爱萍. 应用型本科教育的专业特征［J］. 职业技术研究，2018（28）：
29-31.

论和实践相结合，并立足于应用研究和开发，以服务区域经济为宗旨。与之相类似，我国应用型大学多是为了满足地方经济社会发展需要而产生的，并受到地方政府的大力支持。其地方特色鲜明，服务角色清晰，地方产业发展导向明确。应用型大学根据地方经济结构及其发展趋势、当地市场的人才需求，结合本校的教学、科研实际，有针对性地设置专业，主要为地方或行业培养大批急需的应用型人才，并在地方化发展战略中彰显自己的特色，从而实现高等教育与区域经济发展的良性互动和双赢共生。

当前，应用型大学教育与区域社会经济发展的关系已日趋密切，其与行业的结合正在向深度和广度发展。应用型大学教育的生命力取决于学校专业设置依托区域和行业，积极主动为区域社会经济发展和行业发展服务的能力。因此，应用型大学教育的专业价值取向应是区域基础上的行业性，其专业设置应加强与社会相关行业企业的合作，充分考虑到毕业生的社会适应性。在专业设置时，既要准确把握地方经济发展的现状和发展趋势，了解行业中的职业岗位及其就业前景等，又要主动、灵活地适应行业企业的用人需求，并依据行业发展进行动态调整。此外，鉴于行业的通用性，在区域的基础上应以国际行业标准为主导，培养高标准应用型人才，推动区域社会经济发展的国际化水平。

综上可见，应用型本科教育既要立足区域，又要着眼行业，在专业设置时，要自觉把为地方社会经济发展和行业发展培养一线应用型人才作为发展的目标和价值取向，整合学校教育资源与区域资源，实现高等教育与区域社会经济的协调发展。

（二）专业设置目标体现应用性

应用性是应用型大学教育的特色和优势，也是其专业设置的核心思想。应用型大学教育必须根据地方社会经济发展的实际需要，优化学科专业结构和人才培养模式，以面向应用作为专业建设的指导思想。

应用型大学教育的专业培养目标是培养面向生产建设、管理、服务一线的高级应用型人才。其理论依据是高等教育的分类定位。联合国教科文组织批准的《国际教育标准分类法》（1997 年修订稿），主要是根据培养人才的职能——培养目标来分类的。该分类法将第三级教育（高等教育）分为两个阶段。❶第一阶段（序数5）相当于专科、本科和硕士生教育；第二阶段（序数6）相当于博士生阶段。第一阶段分为5A、5B两类，5A类是理论型的，5B类是实用技术型的。5A类又分为5A1与5A2，5A1按学科分设专业，为研究做准备，5A2按行业分设专业，培养各行各业的高级专门人才。潘懋元教授在此分类的基础上，对我国高等教育进行了分类，分别是综合性研究型大学（相当于5A1）、多科性或单科性的应用型大学或学院（相当于5A2）、多科性或单科性的职业技能型院校（相当于5B）。应用型大学的准确定位，使学校能够合理选择自己的发展空间和确定自己的发展目标。应用型大学培养的高级应用型人才，既不同于综合性研究型大学所培养的理论性人才，也不同于职业技能型院校所培养的实用性技能人才。其不仅能掌握现代社会生产、建设与服务一线从事管理和直接操作的各种高级技能，还具有将高新科技转化为生产力的能力，即具有设计与开发能力。

随着科技的蓬勃发展，产业结构调整加速，社会对人才的需求日益呈多样化特征，尤其对既有扎实理论基础又有较强实践能力的高级应用型人才的需求更为迫切。根据原国家劳动和社会保障部"2005年第四季度部分城市劳动力市场供求状况分析"资料，商业和服务业人员、生产运输设备操作工既是用人需求的主体，又是求职人员集中求聘的职业。从供求状况对比来看，商业和服务业人员、生产运输设备操作工的需求较大，其求人倍率均大于1，为1.06；特别是高级工、高级技师和高级工程师，其求人倍率分别高达2.34、2.25、2。可见，人才结构性失衡的现状要求高校改变人才培养类型，加大高级应用型人才培养力度。从人才市场和行业需求出发，加强专业设置的应用性，不断开辟出新专业，建构"适销对路"的专业或专业群，是应用型大学专业教育课程体系建设的关键。应用型大学专业教育的生命力，一定程度上取决于学校专业设置是否面向地方和行业需求。英国的多科技术学院、美国的高级专业学院、日本的技术科学大学、德国的应用科技大学、澳大利亚的理工大学等专业设置都体现了这一特征。

---

❶　潘懋元.分类、定位、特点、质量——当前中国高等教育发展中的若干问题［J］.福建工程学院学报，2005（2）：103-108.

（三）专业的课程设计体现复合性

应用型大学专业教育所培养的人才规格是复合性应用型人才，主要体现在以下几个方面：学生具有以通识为基础的深厚专业理论和可供广泛迁移的知识平台，具备较强的终身学习能力和职业转换适应能力，有进一步发展的后劲；学生具备用知识和技术解决生产、服务、管理一线问题的实际应用能力和创新能力及社会适应能力；学生具备必要的人文素养、科学精神、道德素质和心理素质，具有创新精神、团队精神和敬业精神。

课程设置要服务于专业所要培养人才的规格。应用型大学专业教育的专业课程设计必须体现高级应用型人才的培养规格。如德国为适应经济和技术对复合型人才的需求，其应用科技大学的课程体系结构分为基础教育体系、专业课程体系和论文完成3个阶段，而且强调只有通过基础课程阶段后的中间考试，学生才能进入专业课程教学阶段以保证学生具备较宽厚的基础理论知识；同时，在课程设置上非常重视实践教学，实验室练习课和专业实习环节的比重较大，要求毕业设计及毕业论文必须能够解决某一生产实际问题。法国的大学尤为注重基础性教育，第一年是基础理论教育，第二年是专业课、实验课和实习课，第三年是毕业设计和生产实习；大学以其独特的专业理论课和实践课把培养学生的理论修养、专业能力和实践才能较好地结合起来。❶

我国应用型大学专业教育的课程设计应依托学科面向应用，课程体系包括基础理论课程、专业理论课程、实践课程和素质课程。这一课程体系建设的基本原则：通过科学设计和优化基础课程，注重专业基本理论知识的系统性、基础性，以此保证学生具备较宽厚的基础理论知识；加强专业课程，主要进行专业深化和拓宽专业面的教学，提升学生的专业素质，将基础理论与专业理论有机结合，使学生"精专"与"博通"并举；突出实践课程，强调培养学生知识和技术的应用能力，强调培养学生解决实际问题的专业能力；注重以通识课程为主的综合素质拓展课程，加强培养学生的综合素质。

此外，应用型大学专业教育在课程设计体系中要链接与融合行业标准

❶ 王前新，刘欣，喻永庆．国际视野下的专业应用型本科教育发展模式 [J]．荆门职业技术学院学报，2007（10）：32-37．

所需的专业或高级职业证书课程内容，使大学生在校期间取得学历证书的同时，也取得相应的资格证，为求职就业奠定基础。

（四）专业的培养过程体现实践性

应用型大学专业教育是以培养应用型人才为目标。实践在培养应用型人才的过程中起着重要的作用。应用型大学专业教育的实践性教学环节主要是课内外结合、校内外结合，实验、实训和实习相结合。一方面，专业课教学内容的针对性和实用性不断加强，在进行理论教学的同时注重实际技能的培养，课程还设置了实践教学课程，以巩固课堂所学理论知识，提高实践应用能力；另一方面，实践性突出体现为产学研结合，即学校与企业结合，共同培养各行各业的一线高级应用型人才。

产学研结合要充分发挥实践的主导性，以"研"为突破口。一方面，应用型大学应积极主动地参与到行业的技术研发中，帮助行业解决生产过程中的具体问题，既要培养学生的实践能力和创新能力，又要凸显和增强学校教师的科研实力；另一方面，应用型大学还应主动加强与科研机构的联系，及时了解最前沿的科技信息、研究成果，提高师生科研素养。此外，应用型大学在教学过程中也要坚持产学研结合，实行高校与行业企业互动，促使高校不断增强自身优势，提高教育教学质量。如德国"双元制"充分体现了校企紧密结合培养人才的特色，其应用科技大学不仅注重培养过程的实践性，而且十分注重与行业企业的合作，由行业主导整个实践教学过程。美国、加拿大的"合作教育"，日本的"官产学合作教育"，英国的"三明治式"合作教育等，也都强调行业企业的作用。中国应用型大学在专业人才培养过程中也逐步加强实践环节，注重与企业的结合。一是有利于将实践教学和理论教学紧密结合，使学生尽早地将理论学习有效地应用于工作实践，以便将来能够顺利地适应工作；二是有利于学校在专业设置、课程建设、教学改革等环节与行业企业开展全方位合作。

产学研结合要求将应用型人才培养计划与企业的用人机制相融通。只有如此才能使学生在具备一定的学术能力后，有机会到企业工作，并体验和熟悉工作环境，接受针对职业生涯的实践培训。这体现了学校更加主动地与企业相结合，更加关注社会和学生的实际需求，以就业为导向，将学校的教学与社会实践工作相结合，提高学生对社会的适应能力。可见，应用型大学要紧密依托当地政府与企业，积极寻求校企合作，建立产学研密切结合的运行机制。

（五）专业的人才评价体现多元化

时代观决定人才观，人才观决定评价观。应用型大学专业教育培养的是复合应用型人才，因而，其人才评价应体现多元化。如德国有严格的考试制度：理论课考试要求严格，保证了学生的质量；实践中与企业紧密结合，学生在企业实习，最后由实习企业给予严格的考核评定；学校还聘请企业的技术人员进行课堂教学并参与对学生的考核。中国对应用型人才已开始改变过去以精英教育评价为唯一标准，也逐步关注市场需求，依据市场所需人才的规格来衡量教育质量。可见，为了更好地培养应用型人才，应用型大学专业教育的人才评价标准和方式也要与时俱进地改变。

应用型大学专业教育应采用多元化评价方式。首先是评价主体的多元化。应用型大学专业教育的人才评价应立足高校，引入社会评价机制，建立由实习单位、用人单位、行业团体、技能鉴定机构共同参与的人才质量社会监控体系，形成一种全方位的质量考核与评价方式。其次是评价内容的多样化。要彻底改变传统的过于注重知识评价学生质量的做法，实行知识、能力、技能的综合考核，建立以应用能力为主的质量评价体系。不仅要重视培养与学习的结果，而且要重视思维与进步的过程。最后是评价方法的多样化。采取定性评价与定量评价相结合的方法。总之，人才评价的多元化，既有利于应用型大学人才质量的提高，也能更好地满足社会经济发展的需求。

明晰应用型大学专业教育的特征，能更好地培养出高级应用型人才，进一步发挥高等教育的社会服务功能，使应用型大学专业教育能够真正成为行业与地方社会经济发展的积极推动力，逐渐走入社会经济发展的中心。

二、应用型大学专业教育的优势和劣势分析

（一）应用型大学专业教育的优势

1.应用性突出的培养目标

应用型大学专业教育是以应用为主的普通教育，而与普通学术型高

校的学科教育模式相区别。就其价值特性看，突出专门性、实践性和应用性，强调厚基础、宽专业、多方向、人本位，培养具有一宽（基础学力宽厚）、二高（较高的综合素质和专业能力）、三强（就业能力强、创业能力强、发展能力强）的鲜明特色和复合能力的专业应用型高级人才。

2. 面向市场的专业设置

专业设置面向市场，强调面向区域经济发展，根据工业和企业界不断变动的职业和岗位群需求设置灵活性专业。突出行业特色，培养市场急需的专业人才，从而使学生就业前景广阔。

3. 岗位指向性的课程体系

课程体系以提高职业岗位应用能力为导向，在课程设置上既有不同专业或专业方向所需的共同知识和共同技能，又有某一专业或某一专业方向特定的知识和技能。要构建"大平台＋小模块"的理论教学体系。大平台包括公共课平台和专业基础课平台，以大专业领域实际工作岗位群所需要的知识能力和基本素质为主线，确定专业人才培养的校级公共基础教育平台、大类专业技术基础教育平台、专业方向的模块化课程系列。小模块指专业方向模块，这是按市场需求灵活设置的一个弹性模块。

4. "四结合"实践教学体系

应用型专业教育的实践教学体系是一个课内外结合，校内外结合，实验、实训、实习相结合，分散与集中相结合，由基本技能训练到专业技能训练再到综合技术运用、创新能力训练的递进式、开放式的实践教学体系。这一体系包括3个层次：基本技能层、专业工作能力层、工程实践与创新能力层。

5. 能力为主的考核评价体系

应用型高级人才的培养，实施的是一种以能力为本的教育，其人才考核与评价的方式也要改变传统的仅凭一张试卷成绩评价学生质量的做法，实行知识、技能和能力的综合考核，建立以应用能力为主的质量考核和评价体系。考核体系要引入社会评价机制，建立由产学实习单位、用人单位及行业团体和技能鉴定机构共同参与的人才质量监控体系，形成一种开放式、灵活性、个体性的质量考核与评价方式。

（二）应用型大学专业教育的劣势

1. "双师双能型"教师数量比较匮乏，不能满足正常的教学需求

"双师双能型"教师，是指教师资格、工程师资格兼具，教学能力、工程实践能力兼备的教师。现今的高等教育需要同时掌握理论知识和专业技能的教师，实践教学能力极为重要。除了理论授课的教师以外，还需要讲授实验课程的教师和辅助学生完成实验的实验师，而我国大多数地方高校的教师，都是从研究型大学毕业的高才生，虽然具备扎实的理论基础，但是缺乏相关行业的实践经验和专业技能，几乎没有任何到相关企业工作的经历，所以很难在实战中指导学生，实践教学的师资力量有待提高。按照教育部对应用型大学"双师双能型"师资不低于专任教师队伍人数的50%的要求，目前，应用型大学教师队伍中"双师双能型"教师仍有较大缺口，而且教师的素质和质量也良莠不齐，有些教师缺乏经验，职业素养有待提高，无法满足实际教学要求，因此影响应用型人才培养质量的提升。

2. 目标定位有偏差

应用型大学专业教育在培养目标和专业建设方面存在着以下问题：过分追求专业的数量，缺少质量保障；过分追求学生的数量，缺少质量保障；过分追求人才的成长速度；过分追求学校的排名，发展方式模仿部属高校或老牌本科院校，又期待得到地方政府、社会、市场的认同和支持，陷入了进退两难的境地。应用型本科院校过分看重就业率、考研率等定量的人才质量标准，对于就业质量和考研，学校方面缺少全面的评估。部分高校在新增专业时缺少师资力量、实验设备、图书资料等人才质量保障的关键因素。

3. 实践教学流于形式

培养应用型人才的重点是要锻炼学生的动手能力，实践课程的设置必须科学合理。实践教学达不到足够的比例，或者只是流于形式，学生动手能力的培养就无法落实。目前，我国应用型院校在实践教学的设置上，仍然存在比例严重偏低的问题，实践教学平均仅为理论教学的20%左右。以北京工商大学为例，其信息与计算机科学专业的培养方案中，理论学时为2482学时，实践教学的学时为394学时，实践教学学时为理论教学学时的16%。在所安排的实践教学学时中，还有相当一部分内容是以演示性实验

为主，非常缺乏与实际相结合的综合性实验。校外实践也往往由于外部条件不足、实践教学方案设计不合理、实习指导教师不足等原因，而无法培养学生的动手能力。在检测学生对知识的掌握和运用情况时，往往对以教师为主的教学方式进行考核，在传统的教学方式下，很难发挥出学生的主观能动性，制约学生的思维向外延伸，阻碍学生自身的独立性和创新性。

4.质量评价体系不完善

人才培养质量是当今高等教育研究中的热点问题之一，也是一个很复杂的社会问题。如何描述人才培养质量就是一个复杂的问题，如何评价人才培养质量更为复杂。目前，衡量人才培养质量的主要指标体系有毕业生就业率和考研率、社会服务能力、办学资源与条件、学生的创新精神和实践能力等，缺少对学生健康成长、德育、思维方式等文化内涵方面的考量。

三、应用型大学专业教育的发展趋势

（一）课程设置更贴近市场需求

应用型大学专业教育在培养社会发展生力军方面，有着更加重要的地位。针对当前的就业市场发展状况，专业教育工作会在课程设置方面做出一些改变，设置出更多贴近市场需求的课程，为学生将来的就业和创业奠定基础，并且满足社会经济发展的需求。很多院校的专业教育人员已经开始着手这方面的工作，比如关注国家产业的政策变化，分析产业调整结构的趋势，从而对学校外环境给予的机遇有着更好地把握。随着一些新型职业和新型行业的出现，不少学校都设置了新型专业，比如市场营销和策划，会展策划等，这些都是为文科性质经济管理专业设置的课程。如果这种课程设置是一种战略性的思考，不但容易取得不俗的业绩，更会在制度创新方面发挥突破性的优势。另外，在设置新课程的时候，一些传统过时的旧课程应该得到合理的废弃，整合教学资源，优化教学体系，才能更好、更高效地实现教育目标。

（二）形成技能为主导的教育体系

应用型大学专业教育面对当前社会发展对人才提出的新要求，更加重视实践技能的培养，在未来的几年中，会逐渐形成以技能为主导的教育教学体系，不断提升学生的专业实践技能，这样才能保证教育工作更好地适应社会的发展，也让学生能够尽快适应就业环境。技能主导的教育教学体系的基本框架应该包括这些内容：教学实践类型、教学实践的队伍、教学实践的方法、实践教学具体内容、教学的环境、教学评价等。这需要在未来逐渐完善。随着时间的推移，教育人员会根据实践情况对教学内容和教学时间，有一个详细的分解和规划，从而形成一个较为独立和完整的教育教学体系。其重点是要有一个针对性较强的教学评价机制，包含对学生的评价，对教师教学的评价，对院系的评价，对学校的评价，以及对实践教学中心的评价。在未来的几年中，应用型大学专业教育还会将技能主导教育教学体系的内外关系进行理顺，优化内外环境，将教学目标精细化，将实践环节与活动具体化，逐渐形成一个适合本国国情，满足社会发展需求的专业教育体系。

（三）更加重视对学生的激励

教育工作不单单要体现教师教学，还要激发学生自主学习的主观意识。因此，专业教育需要在未来的发展中，运用各种不同类型的方式，激励学生学习的积极性，培养其自主学习的意识，促使学生学好本专业，并锻炼好实践技能。国家在激励学生学习方面已经做出了很明晰的示范，设置了国家奖学金和省级奖学金，此外还有励志奖学金等。在此基础上，高等院校还应该设置一些属于专业特有的奖学金，激发学生学习的动力，进而能够更加有效地开展各项教育活动，尤其需要设置一些实践技能类比赛，鼓励学生参与，以奖学金作为比赛奖励，这样会在一定程度上激发其学习的动力。

（四）加强师资队伍的建设工作

专业教育发展瓶颈还有师资队伍问题。在当前高校的专业教育中，缺少具备双重素质的教师，这种类型的教师要具备很高的理论素质和较强的实践素质。因此，在未来的几年中，学校将强化师资队伍的建设工作，增加各种培训活动，提升教职人员的综合素质，运用多种多样的培训形式，比如短期培训、中期培训、合作研发、课题研究等，以丰富教师的理论知识，锻炼其实践技能，建设出有着综合素质的教师队伍。另外，应用型专业的教育工作，会朝着优化师资构成的方向发展，通过引进更多综合素质高的教师或者采用兼职教师的方式，来丰富教师队伍的构成。教学实践要求经管专业的教师必须具备较高水平的实践技能，学校可以邀请一些在企业岗位上工作成绩突出的人员，在实践课程的教学活动中，用其亲身经历做展示教学，这样能更有效地提升教育质量。

第二节 应用型大学创新创业教育及其发展趋势

一、应用型大学创新教育的内涵与特征

随着科学技术的突飞猛进和知识经济的迅速形成，创新越来越为世界各国政府所普遍重视和大力倡导。创新是一个民族的灵魂，是一个国家兴旺发达的不竭动力。创新的关键在人才，人才的成长靠教育。只有教育水平提高了，科技进步和经济发展才有后劲。创新教育的提出正是社会经济活动对于人的要求在教育领域的反映。如何通过教育促进整个社会的创新行为，培养具有创新意识和创新能力的国民，已经成为世界各国教育界共同关注的课题。为此，我们必须明确创新教育的内涵，探讨和研究创新教育在实践过程中所具有的特征，从而更加科学、有效地推进创新教育，开发学生的创新潜能。

（一）创新教育的内涵

创新教育的提出是社会经济活动对创新人才的要求在教育领域中的反映。因此，要全面和正确地理解创新教育的内涵，就有必要对创新概念进行深入探讨。

创新是知识经济时代大力弘扬的理念。知识经济首先是一种经济形态，对创新的理解只能从经济学范畴里探源，根据经济学理论进行解读。与创造的词源不同，创新是一个外来词，是从英文 innovate（动词）或 innovation（名词）翻译过来的。根据韦氏词典中的定义，创新的含义有

两点：引入新概念、新东西和革新。❶ 也就是说，"革故鼎新"（前所未有）与"引入"（并非前所未有）都属于创新。

简单地说，创新就是产生某种新的东西。对于个体而言，即人通过自己的积极思维对已有的知识要素、新的知识要素进行新的组合，从而提出新的想法，或者形成新的解决问题的方法，或者创造出新的东西。对于社会而言，创新就是赋予资源以新的创造财富的价值。20 世纪初，被公认为"现代创新之父"的美籍奥地利经济学家 J.A. 熊彼特首次将创新视为经济增长的内生变量。熊彼特认为，创新就是建立一种新的生产要素组合的生产函数，新组合包括以下内容：①引入一种新产品或提供种产品的新质量；②采用一种新的生产方式；③开辟一个新的市场；④获得一种原料或半成品的新的供给来源；⑤实行一种新的企业组织。从熊彼特关于创新理论的论述里不难发现，"新的或重新组合的或再次发现的知识被引入经济系统的过程"称之为创新。❷

对上述定义，可以从以下 3 个方面作进一步的分析。

第一，从创新的含义看，熊彼特给创新定义了 3 种不同层次的要素，创新既包括了"首创""前所未有"的创造，也包括了对原有的重新组合和再次发现的革新，只不过前者属于最高层次的创新，后者则是较低层次的创新。

第二，从创新活动的领域看，在熊彼特提出的新的生产要素的组合中，创新既包括了观念、思想的创新，也包括了技术、产品的创新，还包括了制度、组织的创新等。它实际上涵盖了精神生产领域、物质生产领域和社会生活的方方面面。

第三，对于创新过程，熊彼特提出必须把知识"引入经济系统"才算完成。也就是说，创新不仅意味着产生新的经验、新的认识，它还意味着将新的认识、新的思想推向实践。完整的创新过程应该是改造主观认识和变革客观世界相统的过程。

通过以上分析，不难发现，创新实际上包含了两个层面的内容：一是

---

❶ 李京文.迎接知识经济新时代 [M].上海远东出版社，1999：99.

❷ 刘洪涛.国家创新创新系统（NIS）[M].西安交通大学出版社，1999：8.

对作为经验的、认识的、思维的、精神的观念世界的改造（创造、革新）；二是对作为产品的、组织的、制度的、物质的现实世界的改造。人在自然进化过程中形成了理性思维能力的萌芽和使用工具能力的萌芽，前者使人拥有了创造观念世界的能力倾向，后者则使人拥有了创造现实世界的能力倾向。这一种创造性倾向经过劳动的促进和强化，就可以由潜能转变为人创造世界的现实能力。❶

创新既是一个过程，也是一种结果。就过程而言，创新涉及对现有的知识和信息不断做出新的组合，涉及对解决问题新方法的选择和检验，涉及对既成现实所可能存在的疑难的敏锐反应。就结果而言，创新就是发明、发现、创造艺术作品、形成新观念、创建新理论等。

廓清了创新的概念之后，创新教育的内涵还必须建立在对教育的新的理解上。我们通常所谈论的"教育"实际上可以区分为宏观和微观两个层面，即作为系统的教育和作为活动的教育。在活动的层面上，教育是由"教"与"学"两类相互依存的活动复合构成的。❷

在教的活动中，教育者是教的主体。这是指：①教育者是活动的承担者，负有促进受教育者成长的责任，受教育者是其认识、帮助的对象；②教育者的"教"是投射着、蕴含着其主观意趣的活动，它反映了教育者对诸如"什么是理想人格""什么知识最有价值"等主观价值选择和价值预设；③任何教育活动都必然包含着一定的目的性，而这种目的性是在教育者以自身的活动来引发和促进受教育者的身心按照预定方向发展的过程中体现的。离开了教育者及其有目的的活动（教的活动），也就不存在教育活动。

在学的活动中，受教育者是学的主体。这是因为：①学习者在学习中不是任由教育者摆布、改造的物，而是具有自己自由意志和人格尊严的活生生的人；②任何的学习都是一个积极主动的建构过程，学习者不是被动的信息接受者，而是事物意义的主动建构者；③学习者的知识、能力和素养不是通过外部力量来模塑的，而是在学习者自主活动和主动建构中，能

---

❶ 武天林. 马克思主义人学导论［M］. 中国社会科学出版社，2006：78-79.

❷ 叶澜. 教育概论［M］. 人民教育出版社，1999：11.

动地生成的。通过自主活动和主动建构，学习者的创造力、潜能和个性等得以表征，凝结在活动的过程和结果上。同时，在活动中，学习者的智趣、潜能、天资等又得以进一步发展和丰富。

在教与学的关系中，教育者和受教育者互为主客体和条件。一方面，教育者是学习者学习所必须的条件和客体之一，只有在教育者积极引导、帮助下，学习者才能有效地建构事物的意义，促进自身的发展；另一方面，学习者也是教育者开展活动必不可少的条件，没有学习者，教育者的主体活动就没有指向的对象；离开了学习者的自主活动和主动建构，外在的影响就不可能转化为学习者内在的才能、素养，学习者的身心也无法获得发展。

重视教育者的主体性，是为了突出教育者的积极引导对学习者自身发展的重要作用。否认教育者的主体地位，实际上就是把教育活动简化为学的活动，等同于个体的发展过程。没有教师的引导、帮助的个体发展，缺乏必要的深度和广度，不能称其为教育过程。强调受教育者的主体性，是为了强调教育必须关注学习者的经验世界和智慧发展水平，着眼于学习者内在成长动机的唤醒，其发挥天赋。❶不承认受教育者的主体性，就是将学习者看作是知识的容器，而不是具有自己的意志、情感和富有能动精神的人，就有可能使教育活动退变为强制的、粗暴的灌输过程。

基于教与学、教育者主体与受教育者主体相统一的教育，对于学生而言，就是潜能的显发、精神的唤醒，主体性的弘扬、个性和独特性的彰显；对于师生共同而言，就是情感的交流、经验的共享、观念的共生、成长的引领。在新的教育内涵的视角下，创新教育就是培养和提升学生的创新意识，引导学生通过积极自主的活动将创新的意识、创新的思想付诸实践，从而不断挖掘和开发个体创新潜能的过程。

从上述分析出发，进一步将创新教育与传统教育相对比，我们还可以发现它的一些基本属性。一是去"精英化"。与传统教育旨在培养少数精英的定位不同，创新教育是面向全体学生的教育。每个人都具有创新的潜能，而每个人的创新潜能都可以通过适当的教育获得开发，因而创新教

❶ 周鸿.论创新素质教育的意蕴及其研究的问题 [J].西南师范大学学报（人文社科版），2002（1）：38-43.

育应以开发全体学生的创新潜能为任务，而不是仅仅着眼于培养少数的精英。二是去片面化。与传统教育，尤其是应试教育片面强调学生应试能力发展不同，创新教育是培养"完整的人"的教育。学生创新潜能的实现涉及个体的智能、知识、人格等诸多方面，因而创新教育就绝不是单纯的创新技能或创新思维能力教育，而是促进学生全面发展的教育。三是去守旧化。与传统教育注重知识的接受和积累不同，创新教育是以促进学生创新潜能发展为目标的。创新是立足于现实并不断否定、超越现实的过程，因而创新教育就不应该是以知识传承为取向的教育，而应该将引导学生在原有知识文化的基础上不断开拓、创新作为其主要的价值追求。由此可见，对于创新教育的认识不能只停留在教育方法改革或教育内容增减的层面上，而必须站在全面性、结构性的教育改革和革新的高度，对其进行把握和理解。

创新教育是通过教育这种社会有组织有计划的活动形式，在教育活动过程中构建具有创造性、实践性的学生主体活动形式，通过学生主动参与、主动实践、主动思考、主动探索和主动创造，从而培养学生的创新意识，并有意识地将潜存于个体身上无意识的或潜意识的创新潜能引发出来，以自己的实践活动实现创新的思想，从而实现社会整体的创新行为，实现社会的知识创新、科技创新和制度创新等。从这个意义上说，创新教育是素质教育的核心内容之一。中共中央、国务院《关于深化教育改革，全面推进素质教育的决定》明确指出，要全面深化教育改革，为实施素质教育创造条件；并且强调，实施素质教育，就是要全面贯彻党的教育方针，以提高国民素质为根本宗旨，以培养学生的创新精神和实践能力为重点。

因此，在对创新教育的认识与理解上，就不能仅仅停留在培养创造力或创造性思维的层次上，它应当包括丰富的内容。从构成上看，个体的创新品质可以分为创新的智力品质和创新的非智力品质。创新的智力品质包括创新的创造性思维、创新的能力素质、创新的知识素质；创新的非智力品质包括有利于创新思维和活动的情感、意志等。

（二）创新教育的特征

创新教育是师生共同活动的过程，是深化学生创新意识，促进学生创新潜能不断实现和发展的过程。这一过程是通过一定的有利于学生创新潜能开发的教育内容（创新教育内容）和教育手段等中介来相互发生作用的。教师、学生、创新教育内容和教育手段，构成了创新教育过程的基本要素。这些基本要素的内在联系和相互作用构成了完整的创新教育系统。创新教育具有以下特征。

1. 高扬教育者的主体性

从创新教育是一种培养人的社会活动来看，教育者是这一活动的组织者和指导者，他对学生创新的方向、内容和方法起着决定作用。从创新教育是一种凝结着教师主观价值判断和价值预设的活动看，教师自身的倾向、意趣和价值观等，都会对创新教育活动的方向、过程和结果产生着深远的影响。从创新教育是不断开发个体创新潜能的过程看，教育者在教与学的活动中处于知与不知、能与不能、会与不会等矛盾的主要方面，教师在创新方面知、能、会才有可能教会学生去创新。如果教育者不懂、不能和不会创新，那就必然没有可能使受学生学会创新。❶

由此可见，为了促进学生创新潜能的不断实现和发展，就必须高扬教育者的主体性，充分发挥教育者的主体作用。这就要求教育者，一是要形成创新教育的基本信念，即相信每一个学生都有创新的潜能，都能通过适当的教育获得开发，因而创新教育是面向全体学生的教育；同时，又认识到不同个体创新潜能的实现与发展，有类型和层次上的差异，因而创新教育必须注重学生的个性、独特性，因材施教。二是要掌握创新教育的教学策略和艺术。如善于提问，引发学生的思考；善于与学生沟通交流，了解学生的个性、经验；延迟判断，允许学生有思考的时间等。

2. 彰显受教育者的主体性和个性

创新潜能的实现就是通过人改造自然的活动，创造人化自然的活动来塑造自身，从而使人的主体性在自然界中得以显现。因而，创新是一个灌注着人主体精神的自由自觉的活动。从个体的角度而言，创新潜能的实现就是个体不同于他人的主体精神的外化，从而使主体的个性和独特性在对象上得以表征。因而，创新又是一个蕴含着体现着主体独特个性的活动。由此可见，创新教育应当在两个方面体现出创新的本质要求。一是充分发

❶ 周鸿.论创新教育过程的特征 [J].教育评论，2002（6）：29–32.

挥学生的主体精神。这就要求创新教育确立学生主体的教育观，在教育过程中，引导学生主动参与、自主活动。创新从本质上说就是主体的自我开拓、自我完善、自潜能才能得以丰富和发展。只有充分调动学生的主动性和积极性，才能使学生的创新潜能得以显现。二是培养学生的独立的个性。创新就是人的个性与独特性的张扬，是一个人不同于他人的主体精神的对象化与外化。在教育过程中，要注重课堂教学中问题情境的学生个体的差异性、独特性，依据学生的志趣、特长加以引导，使学生的个性得以张扬。只有充分调动学生的主动性和积极性，才能够使学生的创新行为得以表现。因此，在创新教育中，要把学生当作一个完整的生命体，而不仅仅是认知主体。在教学中，应当把传授知识的过程变成为学生探究知识的过程，使学习具有探究性。

3. 突出教育过程的开放性

创新从根本上说是人立足于现实，从新的视角、新的方式，用新的组合展现出新的理想。在创新教育的过程中，学生的主体精神力量要得以显现，个性独特性要得以外化，就需要有一个开放的教育。创新教育的开放性就是在教育过程中始终把学生看作处于不断发展过程中的学习主体，看作一个身心两方面处在不断构建升华过程中的人；始终把教学过程当作一个动态的变化的，不断生成新质的过程。开放的教育过程需要创造一个高度自由的思维时间和实践空间，通过学习主体生动活泼、主动的自由活动，使其主体作用得以充分发挥。

学生身心发展的开放性和教学过程的开放性，集中体现在教学活动过程中学生的自主性上。学生在课堂上的智力活动，一方面是掌握人类知识的内化过程，另一方面是通过自己的主动活动将已有的个性品质表现出来的外显过程。内化是外显的必要条件，外显行为取决于其内化的程度。因此，创新教育的开放性就是教师在学生内化知识的过程。这里必须强调：①科学结论的条件性，即教育者要力求使学生相信任何一种科学结论都是有条件的，一旦条件变化了，结论也会随之而变化；②开放式课堂讨论，即课堂教学应当努力创设一个让学生能积极主动参与教育教学过程，并乐于、敢于表现自己所知、所想、所能的民主氛围，以利于共同进行知识的发现、创造和分享；③求异的思维风格，即学生的思维活动应当既表现出一种批判性思维风格，也表现出一种发散性思维风格，前者是对既有的或传统的方式的否定，后者则是个体对新颖性和多样性的追求。三是活动的自由表现，即课堂教学应当为学生提供一个自由活动的空间，为学生展开自由想象、进行创新活动提供良好的条件。

4. 体现课堂活动的实践性

马克思在《关于费尔巴哈的提纲》中指出："人应该在实践中证明自己的思维的真理性，即自己思维的现实性和力量，亦即自己思维的此岸性。"实践是人的存在方式之一。创新教育强调实践性具有多重的含义：一是只有通过实践，创新的思想才能转化为现实；二是只有通过不断地实践，人的创新意识和能力才能得到培养；三是实践为人们的创新提供必要的问题情境，因为任何一种有意识、有目的的行为，都发生于一定的环境之中，都是针对特定的问题。有问题要解决，人们才会千方百计地想办法，以满足自己解决问题的需要，以获得一个对于个体和社会都满意的行动结果。

创新教育体现实践性，关键在于在教育过程中呈现问题情境。人的发现、发明、创作和创造是在不断地遇到现实问题中产生并形成的。人类的创新史可以验证这一点。问题的存在是由人的活动所遇到的挫折与失败引起的，是与人自身的行为与行为者主观思维中的不足而引起的。德国有一位造纸厂的工人，一次因粗心大意弄错了配方，出了一批不能书写的废纸而遭解雇。无奈之中，这位不甘失败的工人对这种废纸的性能进行研究，发现其吸水性特别好。于是，这位工人廉价买下了这批废纸，切成小块出售，并称为"吸水纸"，并且申请了专利。可以说，这位工人因绝境而"发明"了"吸水纸"。这位工人之所以因祸得福，正是在于困境下产生的求变通的意识和品质。在这里，创新不是发明，而是改变用途。纸还是原来的纸，只不过发现了它的新用途，使之具有新的使用价值，成为社会所需要的产品。

二、应用型大学创业教育的内涵与特征

创业教育从 20 世纪 90 年代末在中国兴起之后，引起了理论界的广泛关注和热烈讨论，并由国家主导在实践领域取得了一系列突破和进展，在

高等教育领域特别是大学生就业创业教育领域掀起了一场新的改革浪潮。然而，在创业教育理论研究和实践探索进行得如火如荼的同时，在某些微观领域、特殊领域，一些人对于创业教育存在不存在、有没有必要等问题不置可否、心存疑惑，这阻碍了创业教育的全面深入开展。

（一）创业教育的内涵

1989 年，在北京召开的"面向 21 世纪教育国际研讨会"首次提出了"Enterprise Education"的概念，其原本语义是"事业心和开拓技能教育"，后被翻译成为"创业教育"，这一提法逐渐固定下来并得到了国际社会的普遍认同，即为人们现在意义上普遍使用的"创业教育"。

联合国教科文组织提出："创业教育，从广义上来说是指培养具有开创性的人，它对于拿薪水的人同样重要，因为用人机构或个人除了要求受雇者在事业上有所成就外，正越来越重视受雇者的首创、冒险精神，创业和独立工作能力以及技术、社交、管理技能。"该定义首次从范围界定、培养目标、基本功能、教育内容等方面对创业教育作了初步阐释，拉开了创业教育理论探究和实践探索的帷幕。之后 10 年，由联合国教科文组织亚太地区办事处主导，先后在泰国等地召开相关主题国际会议，对创业教育进行了全面而深入的探讨。由此，创业教育在国内外开始越来越受到政府、高校和企业等社会各界的重视和关注，有关创业教育内涵的讨论也陆续展开。

在国外，以具有典型性和借鉴价值的美国为例，其创业教育已经走过了"零星探索、逐步完善和合法化 ❶" 3 个发展阶段，在实践上形成了较为健全完备的教育体系，在认识上对创业教育的理解也相对一致。其中，比较有代表性的是杰弗里·蒂蒙斯关于"设定遗传代码"的观点。他认为，真正的创业教育应当面向未来，应当着眼于为美国的大学生"设定创业遗传代码"，以造就"最具革命性的创业一代"作为其价值取向。❷ 该观点是针对实践中出现的"企业家速成"的功利做法和理论界存在的狭义创业教育观而提出的，是一种广义的创业教育观，旨在通过培养大学生的创业素质、创业精

---

❶ 牛长松.美国创业教育的发展历程及启示 [J].职业技术教育（理论版），2007（1）：88-91.

❷ 杰弗里·蒂蒙斯.战略与商业机会 [M].北京：华夏出版社，1999：4-12.

神，促进社会经济和个体素质的持续健康发展。

除此之外，还有许多学者以自己独特的视角对创业教育的内涵进行界定，如戈尔曼·汉伦和金提出创业教育是产业和经济发展的重要推动力，巴查德提出创业教育是一种新的教学模式，科林和杰克则认为创业教育是提供学生具备认知创业机会能力的一种教育过程。他们还都就创业教育的内容表达了自己的看法，如"创新意识、创新思维、创新能力和创新人格""思维方式和行为模式""创业意识、创业思维、创业技能等各种创业综合素质"。❶ 可以看出，虽然上述立论的出发点各不相同，但是对创业教育内容的看法却比较一致，都认为要培养包含学生创业心理、创业技能等要素在内的综合素质，这也从侧面反映出广义创业教育观已经成为西方世界的主流。

在国内，创业教育大体经历了创业教育进入中国、创业教育的试点与发展、创业教育的全面推进与新发展3个时期，对其概念内涵的理解也经历了正、反、合3个阶段的逻辑演进。

第一个时期，颇具代表性的是胡晓风等的创见，其对创业教育的性质、宗旨、原则、目标、内容都有非常丰富的论述，如"创业教育就是在人生历程之中进行创造和职业相结合的教育""创业教育以培养合理的人生为宗旨""全面教育是创业教育的基础和核心"，提出"培植生活力""培养劳动能力""发挥创造力"的创业教育内容，将创业教育的原则总结为"科技、教育、经济三结合""德育为本、创业为用""学问与职业一贯"。不难发现，这些观点的视野宏大开阔，对于创业教育有着整体的、体系的思考，其中闪烁着"以人为本""人的全面发展"等先进理念的光芒。

第二个时期，由于在工作中存在着创业教育就是教学生"创办企业"的片面认识，在理论上就集中表现为对该片面认识的批判，但这种批判还仅停留在"破"的层面上，只说明了"什么不是创业教育"，还没有在"破"的基础上把"什么是创业教育"完整准确科学地表达出来。虽然如此，"破"为"立"打好了基础，其中也不乏许多有远见、有价值的论断，

---

❶ 任路瑶，杨增雄．创业教育：教育的第三本护照——国外创业教育研究综述［J］．教育学术月刊，2010（11）：17-20.

如"创新和创业两者在内容在本质上是相通的，创新是创业的先导和基础，创业是创新的载体和表现形式，创业的成败取决于创新的程度。""创业教育是创新教育的进一步延伸和实用化，是一种更高层次的素质教育。""提出理解创业教育概念的四个原则：目标多重性、对象广泛性、学科边界模糊性、教学方法实践性。"这些观点从不同角度一定程度上揭示了创业教育的本质。

第三个时期，经过上一个阶段的反思和争论，学界对创业教育的认识回归科学和理性，走出了僵化理解、片面理解创业教育的误区，提出了理念先进、体系严整、行之有效的创业教育思想、模式和方法，呈现出从广义到狭义再到广义、从人本主义到工具理性再到价值理性、从面向生活到应对就业再到人的全面发展的理论发展趋势，丰富和发展了创业教育概念的内涵。如"以岗位创业为导向"❶的战略选择，"广谱式"创业创新教育对"大教育观"的深化❷，"经由就业走向创业"教育体系的建构，对"创新精神、创业技能、创业教育链、知识创业"❸等创业核心问题的观察，都显示出创业教育内涵发展的上述理论动向。

国外、国内创业教育发展分别划为 3 个时期只具有相对意义，而且国内创业教育内涵"正、反、合"的理论进路也是概念的逻辑演进。在实践中，这些思想可能是同时存在、互相重叠甚至交替出现的，做出上述分析是为了我们更好理解把握创业教育的内涵。综上所述，笔者认为大学生创业教育是面向全体大学生，以创业精神培养为核心，以创业知识、创业技能、创业能力教育为基础，通过通识教育、专业教育和实践教育等方法，提高大学生创业综合素质的教育实践活动。

（二）创业教育的特征

1. 创业教育目标的多重性

创业教育的目标可以分成三个层次体系：第一层次是通过学习了解创业（learn to understand entrepreneurship）；第二层次是通过学习成为具有创

---

❶ 黄兆信，曾尔雷，施永川等. 以岗位创业为导向：高校创业教育转型发展的战略选择 [J]. 教育研究，2012（12）：46-52.

❷ 王占仁."广谱式"创新创业教育导论 [M]. 北京：人民出版社，2012：1，145.

❸ 徐小洲，张敏. 创业教育的观念变革与战略选择 [J]. 教育研究，2012（5）：64-68.

业品质、精神和能力的人（learn to become entrepreneurial）；第三层次是通过学习成为经营企业的创业家（lean to become an entrepreneur）。

第一类目标侧重对创业有个全面的了解，尤其了解创业者和创业在现代经济和社会中所起的作用。这是创业者未来创业生涯的起点，由于接受了有关创业的知识，创业将成为一个人未来职业的一种选择。

第二类目标是培养个体成为具有创业特性的人。这种教育既要满足受教育者个体在现有组织和职业中创造价值的需要，又要满足受教育者在变革的环境中不断变更工作的需要，培养他们的创业式思维、进取心、创造力、冒险的愿望、抽象思维以及抓住新的机遇的能力。

第三类目标是使个体成为经营管理企业的创业者。个体可以通过在校园的环境里开办小企业获得开办企业和成为一个创业者所需要的经验和技能。教育对象大都是一些有志创业和再创业的人。

创业教育目标的差异性表明创业教育可以取得多样的目标，但设计创业教育项目时，目标明确是十分重要的。

2. 创业教育对象的广泛性

创业教育的对象极其广泛。在学校系统中，从最初的商学院扩展到小学、初中、高中、大学本科、研究生，直到成人教育和培训的所有层次。美国在1971年只有17所大学和学院开设创业课程，到2005年已经有1600多所学校开设创业教育课程或开展创业项目。在学校系统之外，创业教育的对象既包括一些初创企业业主，也包括那些处于不利地位的待业或失业群体。很多国家的创业项目的对象是失业、半失业的弱势群体，通过对他们的指导、培训和资金支持，帮助他们创立企业。如英国王子基金会启动的青年创业国际计划（Youth Business International，YBI）、法国的青年挑战计划、日本的青年自立·挑战计划等。

此外，创业教育的对象还包括那些需要和企业家合作，为企业家提供服务的银行家、咨询师、会计、政府官员、律师和保险代理等。

3. 创业教育学科边界的模糊性

在创业精神是可以通过教育和培训来培养的共识之下，创业教育内容的发展是基于那些成功创业需要的各种需求基础上发展起来的。由于目标、对象的不同，创业教育课程内容是多种多样的。从创业教育的内容可以看到创业教育和其他学科，如经济学、管理学、社会学等学科之间边界的模糊性，道德、伦理、信任和文化等内容都被纳入了创业课程中。

在中学阶段，创业课程主要整合到其他学科之中，如经济、商业、历史、心理学和社会学等。在大学里，创业学课程最初设置在商学院和工程学院中，现在已发展为独立的专业内容，大致可分为3个方面：创业学基础课程、创业经济学和创业社会学课程。基础课程主要是从心理学、商业史、社会学、经济学等多学科视角，围绕创新过程和创新模式所著的经典著作和文章，如熊彼特、德鲁克、蒂蒙斯、肯特等人的著作。创业经济学主要从经济学的角度在资源有限性和不确定的环境下发现机会和利用机会的理论和实践课程，如新企业创建、企业管理、战略规划、技术变革和创新、创业融资、国际企业以及企业发展等内容。创业社会学指从心理学、社会学的角度来研究创业，如创业家精神培养、社会关系网对创业活动的影响、制度和文化对创业的影响、创业的人力资源、家族创业、创业者角色和地位、妇女创业、创业伦理等方面的内容。

4. 创业教育教学方法的实践性

几十年来，创业教育者在不断地探索区别于一般管理教育的强调理论与实践互动的灵活多样的教学和学习模式。如英国德比大学创业管理中心的戴维教授基于他自1997年以来的创业教育教学实践，提出了在本科生和研究生创业课程中采用以机会为核心的学习模式，并与问题解决为核心的学习及行动研究等学习方式相结合。其他的教学或学习方法，如以团队为核心的经验性学习、基于理论的活动学习、案例研究、见习和指导制学习、商业咨询、模拟创业、研讨会、设计商业计划书、创业计划大赛等。总之，创业教育的目标决定了蕴涵在其教学方法中的资源整合性与创新性外化为灵活多样的现实模拟为主的教学形式。

三、应用型大学创新创业教育的优势和劣势分析

（一）应用型大学创新创业教育的优势

1. 知识全面，综合素质较高

应用型大学教育资源丰富、学科设置多元、知识结构全面，有着多样

化的教学形式和人才培养模式。除了较为完善的理论知识体系外，应用型大学还拥有较好的、具有自身特色的实践基地。此外，应用型大学对学生的综合素质和能力也有着更为全面的培养。在创新创业过程中，全面、系统的理论知识，独具特色的实践基地及自身较高的综合素质，可以帮助学生更好地进行实践活动。

2. 国家政策倾斜，外部环境良好

2015年3月5日，李克强总理在政府工作报告中指出，推动大众创业、万众创新，鼓励所有社会成员进行创业。2015年3月11日，国务院办公厅印发《关于发展众创空间推进大众创新创业的指导意见》，部署推进大众创业、万众创新工作，并在财政支持、公共服务、投资融资机制等方面予以支持。针对高校大学生创业难的问题，政府同样提供了一系列优惠政策。例如，2003年5月，国务院办公厅在《关于做好2003年普通高等学校毕业生就业工作的通知》中规定，凡高校毕业生从事个体经营的，除国家限制的行业外，自工商部门批准其经营之日起，1年内免交登记类和管理类的各项行政事业性收费；之后，还出台了比较具体的有关收费优惠的政策，包括扩大创业教育试点范围、建立创业孵化基地、设立大学科技园以及创业孵化机构、实施创业税费减免、小额担保贷款等，为高校大学生创业创造了和谐的外部社会环境。

（二）应用型大学创新创业教育的劣势

1. 教育体系不完善，缺少专业教师

目前，大部分院校都增设了创新创业相关课程，但大多为选修课，专业性和重视程度远不及公共课和专业课，亟待提高。此外，大部分院校并没有专业的教师支撑这一学科，创新创业课程的任课教师通常为其他专业教师兼任，缺乏创业实践经验，创新意识不足，无法将理论与实际相结合，很难对学生有实质性的指导。而既有理论教学经验又有企业创新创业实践经验的教师少之又少，院校也无法长期聘用校外专家任课，因此师资欠缺成了创新创业教育推行的一大障碍。

2. 教学内容不新颖，缺少自身特色

创新创业教育是一种实践与理论紧密结合的教育模式，但从现有创新创业课程的教育形式和内容来看，大部分院校采用的仍是传统的书本式授课方式，内容以通识性为主，偏重理论知识，缺乏实践环节，并且课程间关联性小，未形成课程体系。此外，院校未能将创新创业课程的理论知识与自身特色相结合，内容过于单一陈旧，对学生很难有针对性的帮助。

3.发展平台不成熟，缺少企业支持

创新创业教育的实行缺少平台的支撑与企业的支持。虽然各大院校纷纷建立了创新创业实践基地，但大部分都无法吸引到较大的投资，缺少资金与推广导致项目无法达成。理念与现实脱节，违背了建立创业园的初衷。同时，缺少相关的优惠政策与明确的需求表达导致企业参与度低，也是创新创业教育实施过程中的一个难点。

四、应用型大学创新创业教育的发展趋势 ❶

（一）面向全体学生是主流趋势

教育部于2010年和2012年分别颁发文件强调"创业教育要面向全体学生"，各高校也通过多种方式积极贯彻"面向全体学生"的教育理念，从创新创业教育的目标和对象对其做出解读，认为"面向全体学生"是以培养所有学生的创新创业观念、知识和能力为目标，重点在于创业意识启蒙和创新精神、创业意识和创新创业能力的普及。事实上"面向全体学生"的创新创业教育有更广阔的科学内涵，如有学者提出的"广谱式"和"全校性"创新创业教育，就是"面向全体学生"理念的深化和具体化。有些学者将"面向全体学生"的创新创业教育分为初级、中级和高级3个发展阶段。有些学者认为，以数量增长为核心目标的初级阶段已经结束，当前正处在以组织转型为目标的中级阶段，应该加快深化改革的步伐，尽快过渡到高级阶段，实现理念置顶、和谐共存、创建生态系统的核心目标。

（二）形成特色鲜明的教育模式是重要途径

高校创新创业教育的特色模式主要有"校本模式""区域模式"和

---

❶　王占仁.中国创业教育的演进历程与发展趋势研究［J］.华东师范大学学报（教育科学版），2016（2）：30-38.

"行业模式"3类。高校在坚持"校本模式"的同时，主要呈现出向区域特色和行业特色发展的趋势。未来各高校的创新创业教育要形成"三位一体、特色鲜明"的模式。各高校创新创业教育模式要将"校本、区域和行业"3方面有机结合，统筹协调、紧密联系，以实效性作为创新创业教育模式选择的判别标准，形成具有鲜明特色的创新创业教育模式，使创新创业教育的效果最大化。"三位一体、特色鲜明"模式的核心在于"利益契合、准确定位"。高校结合实际，积极探索研究与区域特色、行业特色融合的利益契合点，让地方政府、企业通过"官产学"合作的形式积极参与创业教育，为创业教育提供资源，并构建高校自身发展与区域经济和行业共同进步的良性互动机制，整合校内外资源，最终实现区域特色、行业特色与高等教育的协调、互动和可持续发展。

（三）完善教育体系是实现纵深发展的关键

创新创业教育体系的核心是课程教育体系和实践教育体系，发展的方向是通过"课程实践化、实践课程化"，实现从"知行并重"到"知行融合"的跨越。创新创业教育课程教育体系的实践化，包括"课程内容实践化"和"教学方法实践化"两个方面。"课程内容实践化"是指教学内容要与创新创业实践紧密结合，在创新创业教育课程中增加创业实践内容。在增加创新创业实践内容的同时，也不能弱化理论知识。创新创业教育课程内容实践化不等于"去理论化"，不能将理论与实践对立起来，而应将二者有机融合，通过实践案例来丰富理论知识，通过理论知识来指导创新创业实践。"教学方法实践化"是指在教学中综合运用开放式、互动式、研讨式、案例式等多种实践取向的教学方法。在课程教学中，综合运用模拟教学、活动教学、体验教学、案例教学等方式，增加学生的创新创业实践体验，这可以在一定程度上弥补创新创业实践教育体系覆盖率低的不足。通过创新创业实践，学生学习的创新创业理论知识得以运用，也在实践中积累创新创业的相关经验。创新创业实践教育体系包括竞赛、园区和活动等载体。当前，应该在科学规划基础上，完善现有载体、探索新型载体、强化育人功能，实现创业实践教育体系的规范化发展。一要科学规划，将创新创业实践教育与专业实践教育有机结合，在内容、形式、师资、管理和保障等方面参照"课程"体系的标准去建构和完善。二要转变实践教育观念，使学生和教师正确看待创新创业实践的目的和意义。三要规范实践教育过程，突出强化实践教育的育人功能。四要完善实践教育考核方式，轻结果评比，重能力培养。

（四）构建系统化协同推进的支持体系是有力保障

创新创业教育是一项系统工程，需要体制机制、师资队伍、社会资源等多个因素作为支撑保障。

1. 成立大学生创新创业教育专门机构，完善体制机制

创新创业教育越深入发展，对于机构和制度保障的要求越强烈。建立专门的大学生创新创业教育机构，并健全制度、理顺机制是未来发展的趋势。具体而言，要结合自身特点成立大学生创新创业学院或中心，把创新创业教育和大学生自主创业工作纳入学校重要议事日程；要理顺领导体制，建立健全由教学、就业、科研、团委和大学科技园等部门参加的创新、创业教育和自主创业工作协调机制；要统筹校内资源，整体规划和协调创新创业教育、创新创业基地建设、创新创业政策扶持和创新创业指导服务等工作，明确分工，确保人员、场地和经费投入。

2. 打造"三师型"师资队伍

要重点建设、完善师资队伍结构中的"3种类型"：理论型的校内专职教师、综合型的校内外兼职教师、实践型的社会兼职教师。教师必须具备"3种素质"：能讲课，拥有"广而深"的专业知识；能咨询，拥有"精而专"的实践技能；能实战，拥有"丰而强"的创新创业阅历和能力。

3. 构建科学化、规范化具有可行性的产学联盟支持系统

产学联盟是一种全新的合作形式，包括各高校之间的高校联盟以及企业间的企业联盟。产学联盟支持系统的构建有3个原则，即利益契合、优势互补、资源整合。它包含5个子系统，即作用系统、平台系统、组织保障系统、机制保障系统和过程控制系统。产学联盟通过作用系统推动高校和企业相互合作，具体合作途径则通过平台系统实现通过组织保障系统和机制保障系统确保产学联盟的有序有效运行；通过过程控制系统对合作支持系统进行控制，对创业教育提供资源、实践经验和研究支持。

第三节　专业教育与创新创业教育的区别与联系

一、创新教育与创业教育的区别与联系

（一）区别

"创新"一词在中国最早出现在《南史·后妃传·上·朱高祖殷淑仪》中，它的含义是创立或创造新的事物。1912 年，美籍奥地利经济学家熊彼特在《经济发展理论》一书中提出了"创新理论"，认为创新就是建立一种新的生产要素组合的生产函数，新组合包括引入的新产品或新质量、新方法、新市场、新的材料来源、新的组织形式等。现代创新的概念有了新的发展，根据人们解决问题的新颖、独特程度的不同，可以将创新分为 3 个层次。第一层次是初级创新，主要指对本人来说是前所未有的，不涉及社会价值，中、小学生的绘画模型制作等大都是这一层次的创新。第二层次为中级创新，主要指经过模仿或改革，在原有的知识和经验的基础上重新组织材料，产生有一定社会价值的产品。目前，社会生活、生产中多数发明、创新，是这一层次的创新，它已成为社会文化、科学和生产力发展的巨大力量。第三层次是高级创新，即创造，指经过长期的研究、反复的探索所产生的非凡的创造，它可以是一项从无到有填补空白的活动。因此，第三层次的高级创新有可能为国家、社会、人类做出巨大贡献，甚至形成某一领域划时代的局面。如爱因斯坦的"相对论"、牛顿的"万有引力定律"等。也有学者认为，创造是人类心理活动的最高级过程，是包括兴趣、情绪、意志、性格和意识等各种心理活动在最高水平上的综合反映。总之，创新的含义既指"无中生有"（产生出以前没有的新事物），又指"有中生新"（对现有的事物进行变革使其更新成为新的事物），它显然比"创造"更宽泛，创新包含创造，创造是高层次的创新❶。

---

❶ 李春玉 . 创新教育新解［J］. 通化师范学院学报，2007（6）：49-51.

关于创新教育，不同的人从不同角度提出了不同的看法。前中央教育科学研究所阎立钦所长认为，创新教育是以培养人的创新精神和创新能力为基本价值取向的教育。❶ 朱永新教授认为：创新教育是培养学生创新能力，进而实现新的发现发明、新的思想和理念、新的学说与技术以及新的方法等一切新事物的教育。吉林省教育科学院栾传大教授认为，创新教育培养学生创新意识、创新精神、创造思维和创造能力，其目的是培养创造型人才。此外，还有人认为创新教育也称创造教育或创造性教育。综上所述，创新教育是以培养人创新素质为目标的教育活动。这里的"人"包括所有的人，但主要指青少年学生。这里的创新素质是人的整体素质的重要组成部分，它与人的先天素质、思想政治道德素质、科学文化素质、身心素质等共同构成人的整体素质。创新素质包括创新精神和创新能力两个方面。创新精神包括创新意识和创新品质。创新意识包括创新需要、创新动机、创新兴趣、创新信念和创新理想等；创新品质包括创新的自觉性、积极性、坚持性、独立性与合作性，创新情感和意志等。创新能力包括创新感知能力、创新想象能力、创新思维能力和创新实践能力等。创新感知能力是指从不同一般的崭新的视角去认识事物的能力；创新想象能力是指对已有的表象进行独特的加工组合而产生新形象的能力；创新思维能力是指用崭新的思路和对策思考问题的能力；创新实践能力是指能把新的思想、观点贯彻到实践中而产生新产品的能力，其中"产品"可以是物质的，也可以是精神的。

"创业"在《辞海》中解释为"创立基业"，也就是创立一项事业的基础，然后不断壮大与发展它。创业就是开创新的事业，同时也包括公司内部创业和创办新的企业。在英文中，创业与创业者是一个词。有的学者认为创业是发现、捕获机会并创造出新的产品，实现其潜在价值的过程。总之，"创业"是指创办自己的企业，自己当老板。

在"面向 21 世纪教育国际研讨会"上，柯林·博尔提出"创业教育是培养人事业心和开拓能力的教育"。进而有的学者认为创业教育是传授创业知识，培养人的创业个性和开发创业能力的教育。《牛津现代高级英

---

❶　阎立钦. 培养创新能力，推进素质教育［N］. 中国教育报，1999-4-17（4）.

汉双解词典》中对创业教育这样解释："第一，进行从事事业、企业、商业等规划活动过程的教育；第二，进行事业心、进取心、探索精神、冒险精神等心理品质的教育。"总之，创业教育是指挖掘学生的潜能，以开发学生创业基本素质，培养学生创业综合能力为目标的教育。它包括创业基础知识和创业技能的传授，也包括创业能力和健康创业心理品质的培养，以及进行创业实践的训练等，其核心是培养学生的创业意识、创业精神、创业技能和创业能力。

创新教育注重的是对人的思维与发展的基础和总体把握，而创业教育则着重于生产力的转化，知识和智慧的物化及其在此基础上实现人的自我价值。所以，创新教育是创业教育的基础，创业教育是创新教育的深化和具体化。

（二）创业教育与创新教育的关系

创业教育与创新教育的目标都是培养适应市场经济和转型社会的合格人才，内容都是落实在社会价值和个人价值的实现上，职能都是集中反映时代发展的特征和要求，途径都是学校、家庭和社会三方面的有效结合。创业教育与创新教育侧重点不同，创业教育更加注重学生的创新性和创造新财富能力的培养，创新教育更加注重学生的创新意识、创新思维与创新能力的培养。创业教育是创新教育的思想基础，创业教育是创新教育的具体化、行为化，是创新教育的价值诉求。由此可见，创业教育与创新教育常常是动态融合及相互影响的，这对创业教育成功开展至关重要。

正确认识和处理创业教育与创新教育的关系，能够真正抓住创业教育的核心。创业教育以学生创业意识、创新精神与创新创业能力培养为核心，高校实施创业教育必须同时抓好创新教育，否则，创业教育就失去了土壤和根基。高校应建设一支数量适宜、结构合理的高水平创新型教师队伍，营造宽松、民主、自由、开放和进取的创新教育氛围，正视失败，宽容失败，要建立创新教育运行机制，加大产学研结合的力度，在科研、生产的实践中，培养学生的创新精神和实践创新能力。正确认识和处理创业教育与创新教育的关系，能够有效提升创业教育的质量。创新教育是一种更高层次的素质教育。创业教育不仅要引导创业者成为一个终身学习者，不断学习创业知识，提升创业能力，掌握创业技巧，还要引导创业者成为一个自我改造者，成为一个自我创新者，想创业仅靠努力学习、看成功案例是不行的，成功难以复制，只有创新才能成就事业。创新是一个民族进步的灵魂，是一个国家兴旺发达的不竭动力。正确认识和处理创业教育与创新教育的关系，能够适时把握创业教育的侧重点。在创业教育开展的初期阶段，必须强化创业意识、创业理念和创业能力教育，在创业教育开展过程中必须强化创新意识、创造精神和创新思维，二者兼备又必须有所侧重。

二、专业教育与创新教育的区别与联系

（一）专业教育与创新教育的区别

创新教育就是以培养人们创新精神和创新能力为基本价值取向的教育。创新精神主要由创新意识、创新品质构成。创新能力则包括人的创新感知能力、创新思维能力、创新想象能力。从两者的关系看，创新精神是影响创新能力生成和发展的重要内在因素和主观条件，而创新能力提高则是丰富创新精神的最有利的理性支持。实施创新教育就是要从培养创新精神入手，以提高创新能力为核心，带动学生整体素质的自主构建和协调发展。而创新精神和能力不是天生的，它虽然受遗传因素的影响，但主要在于后天的培养和教育。创新教育的过程，不是受教育者消极被动的被塑造的过程，而是充分发挥其主体性、主动性，使教学过程成为受教育者不断认识、追求探索和完善自身的过程，即培养受教育者独立学习、大胆探索、勇于创新能力的过程。因此，在教学过程中，要致力于培养学生的创新意识、创新能力及实践能力。

专业教育是针对专业知识或职业能力对学生进行教育教学，具有"标准化"的特征，是一种成熟的教育形式。专业教育可以使学生系统地了解、掌握本专业或与本专业相关的各种基础知识、基础理论和基本技能。学生通过专业教育，学习理论知识和实践技能，掌握扎实的专业知识，为未来从事本专业相关工作做好充分准备。但是随着我国经济结构转型和市场需求的不断变化，专业教育的弊端逐渐显露出来，如传统专业教育的课程设置雷同、缺乏自主性，课程质量不高、课程总体结构不合理、发展缺乏灵活性等。

（二）专业教育与创新教育的联系

专业教育与创新教育都是为了培养具有创新精神和创新能力的高素质人才，不能把二者剥离开来，专业教育与创新教育之间存在密切联系。

1.专业教育是创新教育的基础

创新教育需要有具体的方向，而方向来源于专业素养。发现问题是以专业知识为保障的，专业教育为创新教育提供理论基础。创新教育都是在某一专业领域开展的，需要有一定的专业支撑，良好的专业教育是创新教育的基础。如果创新教育脱离了专业教育，就像大树失去了根系，不会枝繁叶茂。创新教育依赖于先进的科学技术和深厚的文化底蕴，只有有了坚实牢固的专业教育基础，创新教育才可能潜移默化地实现。专业教育也因为创新教育的融入而更具活力。

2.创新教育对专业教育具有促进作用

通过开展创新教育，一方面可以培养学生创新意识、创新思维、创新精神、创新品质和创新能力；另一方面，促使学生能够把专业知识应用到实践中去，了解专业现实需求，运用创新性的专业知识去解决实践中的新情况和新问题，从而激发学生学习专业的兴趣和动力，从而强化专业教育。没有创新教育，专业教育就容易与社会脱节，其成果也可能无法得到高效地转化。

专业教育是理论基础，创新教育是实践应用，两者不能相互取代，而是相互促进、相辅相成、相互依赖，并不是强调某一方面就要忽略另一方面。创新教育应该与专业教育相融合，并且要渗透到专业教育当中去。

三、专业教育与创业教育的区别与联系

（一）专业教育与创业教育的区别

专业教育是随着学科分化和职业分化而产生的，它的目的很明确，就是为人的谋生做准备。所以，它满足的是人或社会的工具性和实用性的需要。大学专业教育的内容主要是教授一些专业范围中的应用性知识，以使受教育者接受了专业教育之后能从事相关专业的实际工作。专业教育的目的在于专业知识的传授和技能的训练，为学生能尽快参加社会生产实践做

准备，所以，专业教育所培养的是某一行业或者专业领域的专家。在 19 世纪，大学对专业教育持反对态度。这主要是因为它不符合当时在大学中占统治地位的自由教育思想。自由教育的目的是发展人的思维、心灵和精神，它主要满足人的体验性、表现性的人文需要。从自由教育的观点出发，专业教育被看成是一种狭隘的教育，它被现实利益所左右，因而无助于促进人精神和心灵的发展。但从 19 世纪后半叶，专业教育在大学中已经成为一种不可逆转的趋势。到 19 世纪末 20 世纪初，专业教育思想已经在大学中逐步树立起来。

创业教育是以培养创业人才为目标的教育，它教会学生适应社会，使学生通过教育，获得自我创业的精神和技能、自我发展的能力和方法及主动适应社会的就业观念和心理品质。当今的高校毕业生将不再仅仅是求职者，还将成为工作岗位的创造者。创业教育的目的就是把培养学生的创业精神与创业能力置于中心地位，教育过程紧密围绕培养学生创业精神、能力而展开，把学生培养成具有视野开阔、主动发展、反应敏锐、勇于实践、敢于挑战，有坚强的意志力、充沛的精力、强烈的事业心和组织管理才能的人才。创业教育虽然是反对唯知识、片面强调知识的教育，但不排斥知识教育和专业教育，而且必须依赖知识教育与专业教育。

（二）专业教育与创业教育的联系

1. 专业教育是创业教育成功的基础

创业教育不能脱离专业教育而孤立地进行，创业教育必须建立在专业教育基础之上，不能游离于专业教育之外开展纯技能性的训练活动。专业的基础知识和基本理论是学生创新精神、创业意识与创业能力生成的根基，脱离专业教育的创业教育会停留在单纯的技能和操作层面，让创业教育成为无源之水、无本之木。毕竟大学实施专业教育和创业教育的目的都是为了培养人，都是为了培养具有创新精神和实践能力的高素质人才。所培养的人才只有具备创新精神，才能符合新时期经济社会发展所需的人才规格；只有具备了实践能力，才能适应科技成果转化为生产力过程越来越快、知识和应用结合越来越紧密的发展趋势。

2. 创业教育是完善专业教育的有效途径

创业是提高社会发展科学化水平的需要，是提高社会就业率的需要，是学生走向生活的需要。创业教育包括创业意识、创业精神、创业品质、创业能力培养4个方面。专业教育培养人才的内容也在发生着变化，随着社会的发展，人们的工作岗位及工作内容时刻都在发生变化，在一个岗位上"从一而终"的时代一去不复返了，这就要求专业教育的内容也要发生变化，变化的内容往往与强调培养人才适应社会发展的多样性和创新性有关。创业教育在与专业教育结合的过程中，能够及时反映本学科专业领域的前沿知识，及时反映本学科专业与相关交叉学科专业的前沿信息，以及相关行业和产业发展的前沿成果，便于专业的及时完善和深化。

3. 创业教育根植于专业教育，范围又超越专业

经济发展方式依赖专业知识的传播、利用和创新，在这种情况下，根植于专业教育的创业教育要在专业知识和专业理论学习的基础上，更加强调受教育者创新意识、创业精神的培养，创业能力、创业素质的生成。当然，创业教育的着眼点是为了使教育更好地适应社会、经济、文化发展的现实状况，彻底改变教育脱离时代、社会、生活的弊端，使教育更加贴近现实，更加贴近人生，使培养对象的生活质量更高，人生更加完美。

4. 创业教育和专业教育都是人才培养的主要举措

创业教育体现的是时代特征，注重综合能力，专业教育体现的是职业分工，注重专业知识。创业教育落脚点是社会实践性，创业教育的基本内容决定它除了要使受教育者形成良好的心理素质和个性特征以外，还要使之具有较强的实际工作能力和动手操作能力，使之成为未来社会的强者和创造者。从这个意义上说，创业教育的功能就是培养人的终身发展能力，使人学会学习、学会做事、学会合作、学会生存，这些功能与专业教育所倡导的专业能力和实践能力的培养是相通的。

第三章 "专创融合"的实施模式与运行机制

第一节 "专创融合"的内容、问题与难点

一、"专创融合"的内容

创新创业教育的实施不能脱离专业教育，有了专业教育的支撑，更容易开展创新创业教育。因此，为了实现应用型本科人才培养模式，需要把创新创业教育和专业教育进行融合。

（一）教学理念的融合

通过转变和优化教育观念，形成"专业＋创新创业"融合型的教育理念。[1]一是改变传统单一的专业教育理念。传统专业教育的产生源于社会分工导致的学科分化，强调"学科本位"和"岗位本位"，侧重于专业知识的传授和技能培训，忽视综合素质培养，其弊端已经显现出来。因此，这种教育观念需要改变。创新创业教育是以培养创新创业人才为目标，使学生具有创新精神、创业品质及创新创业能力，是现阶段弥补专业教育不足的重要教育形式，应充分认识创新创业教育现阶段的重要性。二是促进创新创业教育与专业教育理念与形式的有效融合。专业教育和创新创业教育都是高等教育活动的有机组成部分，专业教育是基础，创新创业教育是实践，二者不能相互替代，但可以相互融合、相互促进。我们应把二者的教育理念有机结合起来，并在专业教育活动中加强创新创业教育，这既是

---

[1] 宋华明，刘泽文. 大学生创新创业教育与专业教育耦合研究 [J]. 江苏高教，2017（2）：88-91.

人才培养的重要举措，也是经济社会发展的必然要求。三是将创新创业教育与专业教育一并列入人才培养计划中。目前，虽然创新创业教育如雨后春笋般兴起，但还是游离于"正规教育"之外，还没有真正纳入课程教学中，造成"雷声大雨点小"的现象。因此，应将创新创业教育与专业教育纳入高校专业人才培养方案中，把创新创业教育贯穿于人才培养的全过程，并贯彻实施，以凸显其重要作用。

（二）培养方案的融合

创新创业教育应该成立一套完整的教学体系而不仅是一两门课程，即在现行的专业课程体系内增加创新创业教育的课程。

1. 理论基础知识培养

在修订培养计划时避免专业教育中偏窄、偏专的倾向，加强通识教育，同时应加强综合性教育，做到学科交叉，拓宽学生的知识面。如工科专业的学生应当开设经管类课程，而经管类专业学生应该学习工程类相关课程。因此，针对学生的专业不同，应设置不同的创新创业类课程，形成课程群以供学生选择。

构建创新创业教育课程群需考虑课程的衔接和连贯。在专业人才培养模式中的课程体系中，理论课程主要由通识必修类课程（英语、数学、政治等）、通识选修课（学校特色课程）、学科基础课（某学科大类要求学习的课程）、专业必修课、专业限选课和公共选修课（综合知识和素质类）组成。专业人才培养模式中还包括各类实习实训、课程设计、毕业设计等实践类课程。

把创新创业教育课程群分为两大模块，一模块为公共选修课类课程，另一模块为专业限选课。公共选修课类课程是针对全校各个专业的创新创业教育平台，可以在此设立一些与专业联系不怎么紧密的课程，如"创新创业基础""创新思维与方法""创业团队""商业计划书写作""职业生涯规划""企业模拟经营"等。因为专业背景的不同，不同的专业开设不同的创新创业课程，因此在专业限选课模块中加入一些创新创业教育课程群，可以考虑设置一些需要一定专业素养的创新创业教育类课程，如"科技创新""产品设计与创新""科研方法论""创业项目管理""商业模式设计与创新""创业融资""创业营销"等。同时，推行弹性学分制度给予一定的创新创业通识教育学分和创业技能学分。

2. 实践动手能力培养

实践教学也是专业人才培养模式中一个重要的组成部分。创新创业教育离不开实践锻炼，因此在培养计划中应该重视实践类课程的设置。实践动手能力的培养也分为两个方面。一是专业教育密切相关的实践课程，这类课程主要是为了学生能把掌握的专业知识和技能用于解决实际问题，如课程设计类、生产实习、毕业实习等实践课程；二是实践课程主要是让学生能够参与到具体的创新创业。如大学生科研训练、挑战杯等课外竞赛、大学生科技园等创业实践。

（三）教学内容的融合

在培养方案融合的基础上，强调教学内容的融合，即在专业教育的课程教学中加入创新创业教育。实现教学内容的融合需要专业教师的积极参与，需要专业教育的教师在专业知识的讲授过程中，穿插创新创业的教学内容，让学生能够清晰地了解每一个专业知识的用途，既有利于提高学生对该课程的学习热情，也有利于创新创业教育。

在专业教育与创新教育融合方面，专业课程教师应该把本学科的前沿和动态引入课堂教学中，让学生了解该学科的发展，有利于学生的创新意识的培养。在专业教育与创业教育融合方面，主动从所授课程中探索、挖掘创业教育元素，结合创业项目、创业大赛、创业任务、创新发明，诠释所授知识的用途，指明知识对于职业、创业、创新的作用。

（四）教学方法的融合

在传统的专业教育过程中，教师扮演的是一个演说家的角色，学生只是一个听众。在这种传统的"填鸭式"的教学过程中，课堂气氛压抑，难以激发学生的学习热情。因此，在强调创新创业教育的专业教育中，教师必须转变角色，应该扮演一名引导者，引领学生学习。

为了实现教学模式的转变，对于专业课程的讲授，教师应该采用新的课堂教学方法，让学生能够积极参与进来，让学生能够积极思考，激发他们的创新思维。常见的教学方法有角色扮演法，任务驱动法，项目教学法，案例教学法，行动导向法，CDIO（构思、设计、实现和运作）等。

另外，通过网络多媒体技术，把课堂教学延伸到课堂之外，如 MOOC（慕课）这种形式。这样学生可以针对他们在创新创业活动过程遇到的问题，自主在网上学习，有利于创新创业活动的开展。

（五）实践平台的融合

创新创业教育除了理论知识的传授，更重要的是实践锻炼。因此，为了提高学生的创新创业意识与能力，应该为学生提供各种实践平台。

专业教育的实践平台主要有课内实验、课程设计、毕业实习等集中实践，但这些对于创新创业教育而言还远远不够。因此，首先要充分利用现有的专业教育的实践平台，专业教育的实践教学也是培养学生创新思维和实践动手能力的重要手段。其次，积极开展一些具有创新创业教育特色的实践活动，比如大学生科研训练、各类创新创业竞赛活动、建立创新创业园区与孵化基地等。在这些课堂外的实践活动中，也提高了学生的专业技能。

创新创业教育的开展不能脱离专业教育来实施，需要充分认识到创新创业教育与专业教育之间紧密的关系。创新创业教育要想取得成功，必须与专业教育进行融合。专业教育也要以此为契机提高学生专业知识和技能。为了让创新创业教育与专业教育之间能够更好地互动，需要进行教学理念、培养方案、教学内容、教学方法、实践平台等方面的融合。通过这些方面的融合，来提高创新创业教育与专业教育的效果。

二、当前"专创融合"的问题

创新创业教育与专业教育的融合体系是一种全方位的教育生态体系，影响这一体系健康发展的因素也是多方面的，厘清其影响因素是实现创新创业教育与专业教育有机结合的前提条件，现主要从以下五个方面加以具体分析。

（一）课程体系设置影响创新创业教育与专业教育的融合

课程体系的设置科学与否直接影响融合体系的构建顺利与否。国内对创新创业教育的探索一直在更新进步，教育部在推出的《关于做好 2016 届全国普通高等学校毕业生就业工作的通知》中要求所有高校必须开设创新创业教育课程，但目前尚未形成科学系统的创新创业教育课程体系。

①大部分高校创新创业教育仅以选修课形式呈现，期末考核形式化、单一化，导致学生对创新创业教育的积极性不高；部分高校教师也是应付式教学，创新创业教育得不到真正贯彻落实。

②创新创业教育游离于专业教育之外，缺乏相应的专业支撑，使学生对于创业的认识仍然空而虚。

③部分高校的创新创业教育仅以"外来物"的形式呈现，如 GYB（创新创业意识培训）等培训课程，仅用两天时间对学生开展创新创业教育，培训效果低下。课程体系设置方面的缺口是影响创新创业教育与专业教育融合发展的主要障碍。

（二）师资队伍建设影响创新创业教育与专业教育的融合

造成我国创新创业教育与专业教育难以真正融合的一大重要原因，在于创新创业教育师资队伍的建设方面存在缺失。从事创新创业教育的教师本身社会实践经验少，创新思维意识薄弱。而专业的创新创业教学培训的缺乏，使教师在创业理论知识训练和专业素养上缺乏专业基础，对实践中的企业创建流程和市场风险评估，也存在着信息不对称的隔阂。❶另外，创业是一个综合学科的研究领域，需要来自不同部门教师的协同与合作。但在高校创新创业教育的实施过程中，经管等相关专业教师没有充分发挥其专业特长，各学科仍处于分离状态，致使很多有创业意识的理工科学生因为缺乏创业过程中所必需的市场营销、企业管理及风险评估等知识而往往心有余而力不足。

（三）创新创业意识培养影响创新创业教育与专业教育的融合

创新创业意识作为教育行为的上层建筑，起着引领创新创业教育体系的价值导向作用，是影响创新创业教育与专业教育融合体系构建的重要因素。目前，国内创新创业意识并不高涨，甚至存在认识误区，主要体现在以下 3 个方面。

第一，部分人群认为创业是差生的事，是少数人的事，是创业培训指

---

❶ 卓泽林，赵中建．高水平大学创新创业教育生态系统建设及启示［J］．教育发展研究，2016（3）：64–71.

导中心的事，很多人评价创业也就是对创办企业数量和收入的评价。❶

第二，应试教育观念根深蒂固，学生对自身专业的学习缺乏创新性思考，更没有将所学专业与创业挂钩的意识。

第三，社会大众对大学生创业的期望值低，导致大学生创业意识薄弱，尤其是在其中扮演重要角色的家长，往往易受传统观念影响，只希望孩子找份稳定工作，有稳定收入，不鼓励甚至反对子女创业，这在女生家长中的表现尤为强烈。当然，家庭可供给资金有限也是一项硬性障碍。

（四）教育主体角色定位影响创新创业教育与专业教育的融合

首先，创新创业教育与专业教育的融合体系应该是一个集政府、高校、社会、企业、教师和学生等主体为一体的全方位教育生态系统，因而这些主体在这个生态系统中扮演怎样的角色就显得尤为重要。目前，我国的创新创业教育更多的是一种自上而下的政策性驱动，高校更多履行的是一种政策执行角色，缺乏必要的办学自主权。其次，作为创新创业教育授受方的教师和学生参与度并不高，往往是政府和高校行政人员在唱"独角戏"。❷ 最后，企业尚未真正参与这个教育生态系统，未扮演好实践指导的角色，社会作为实施创新创业教育与专业教育融合体系的环境依托，也未扮演好创造积极正确的创新创业观念的导向角色。

（五）考核措施影响创新创业教育与专业教育的融合

考核有其天然的激励和评估作用，但国内创新创业教育尚处于探索阶段，尚未形成一套科学系统的考核体系对教师和学生教与学的过程进行约束规范和激励提升。一方面导致教师应付式教学，学生也缺乏主动学习的精神，造成创新创业教育氛围呈现整体疲软化，创新创业教育不受重视；另一方面导致高校盲目响应创新创业教育改革的号召，重形式轻实际，看似大力推进创新创业教育却收效甚微。政府及高校对开展创新创业教育效果的考量缺乏科学的考核标准，以致无法提出针对性改革和进一步完善的建议，从而影响创新创业教育与专业教育的融合进程与质量。

---

❶ 薛浩，陈万明. 高校创业教育中的误区反思与对策选择 [J]. 高等教育研究，2016（2）：74-78.

❷ 田贤鹏. 教育生态理论视域下创新创业教育共同体构建 [J]. 教育发展研究，2016（7）：66-72.

三、当前"专创融合"的难点

（一）教育观念不同

作为高等院校教学的重要内容之一，专业教育理念注重的是"言传身教"，其教学形式较为成熟，目前是高等教育的主要教育形式和载体，是学生走向岗位做好工作的基础，是常规教育理念和固定的教学思维的集中体现；创新教育侧重对学生创新能力的培养和创新思维的开发，是对创新理念的培养熏陶，是智力潜能的挖掘与启迪；创业教育相较于前两者，它的教育形式更为新颖，成果更为实际，它主要是培养开创型人才，让学生从求职者变成为职位的提供者，也就是实现学生的自主创业梦想，自己成功当老板，为他人解决就业问题，体现了一种实干精神。上述 3 种教育目的虽然都以教书育人为主要任务，但由于教育观念不同、评价机制不一、教学手段多样等原因，所以教育效果各有侧重。因此，如何提炼三者育人价值，整合三者育人内涵，从而提高创新人才培养实效值得高校思考与探索。

（二）课程设置不合理

高等教育实现了平稳有序的发展，其中专业教育做出了贡献，但随着国家经济结构和市场需求的不断变革，专业教育课程设置还沿袭过去的教育教学模式，教育理念同质化，课程自主性不强，课程整体结构不再能满足现代社会对新型人才的需要，长此下去，必会跟不上时代的脚步。作为高等教育中的新兴教育，和专业课程相比，创新创业教育的相关课程设置还处在探索的过程中。在"双创"背景推动下，部分高校开设的创新创业课程，大都仅停留在创业基础等初级教育阶段，专业教育和创新创业教育课程设置还是各自为营。国外高校创业教育类课程与我国还是有着极大的反差，据统计，到 2010 年为止，美国已有近 2000 所学校开设了创业教育课程，其发展速度和课程设置经验，为我国高校开设创新创业课程提供了有益借鉴。因此，如何使创新创业课程和专业课程的相互融合，值得我们重视反思，以便提升我国的创新人才教育质量。

（三）师资力量薄弱

"师者，所以传道授业解惑也。"可见一个教师对学生的重要性，当前我国高校师资队伍总体水平不错，教师学历高、专业强，但是站在"双创"人才需求背景下，师资队伍还存在一些问题。比如说，高校从事专业教育的教师，他们虽然有着丰富的专业知识，灵活的教育技巧以及端正的工作态度，却缺少职业履历和创业经历。这种先天不足的情况导致的后果就是创新创业教育流于形式或走过场。这些专业教师由于自身创业经验不足，创新意识淡薄，教授学生们的课程大多是理论化居多，即述而不作，无法提升学生的学习兴趣。此外，在创新创业教育中还有一批专职教师，这里的"专职"教师指的并不是专业从事创业教育的教师，而是那些从企业或创客基地聘请指导学生创业的相关管理人员。此类教师对国家政策和创业实务操作可谓得心应手，但教学理论性、系统性和连续性也明显不足，因此也难达到满意效果。在培养学生创业能力和创新精神的过程中，教师在其中担任着至关重要的角色，发挥着举足轻重的作用。因此，高校要注重对校内外人才资源的整合，争取创建一支既有丰富教育理论，又有专业技能的师资团队。

（四）管理模式不科学

由于国家体制和高等院校组织机构设置不同，所以管理方式也各有千秋。在管理的过程中，高校往往没有将顺创新创业教育和专业教育的关系，缺乏健全的管理机制，导致管理归口分散，以至于创新创业教育多处于边缘化，主管部门多样化的状态，存在"你管，我管，都可管"的多头管理局面。如开展"互联网+"创新创业比赛，主管部门可是人力资源部门，也可是网络信息管理部门等，最后导致学生精力分散，教育难以形成合力。部分高校管理模式设置不科学，主要表现在各部门领导互不沟通，各自只关注自己所分管的工作，教务处只注重专业教育，而忽视了对学生们的创新意识和创业能力的培养，学生处只关注学生参加各级各类创新创业比赛及比赛结果，而缺乏对专业和创业项目之间协调有序发展。企业在创新创业人才培养上，也关注不足，只是在技术攻关和管理失调时才想到人才的可贵，只有在招聘会上难以找到合适人才时，才发出"千里马"难寻的感叹。因此，就开展创新创业教育而言，国家、企业、高校三者之间建立一个科学的管理模式，不仅能够弥补创业教育的管理缺失，还能提高创新教育的管理水平，从而为新型人才的培养提供有力的支持。

第二节 "专创融合"的实施模式

众所周知，高校的创新创业教育历史可追溯到 1919 年美国百森商学院的建立。在经过百年的发展历史中，发达国家的创新创业教育早已走出商学院教育模式的藩篱，在非商科中取得较大成功。分析、借鉴发达国家的专业教育与创新创业教育融合的成功经验，结合我国高校的具体情况和特点，探索出如下几种融合运行模式。

一、专业嵌入模式

该模式是以专业教育为基础，在专业教学体系之中按照各专业的特点增设相关的创新创业教育内容。此种模式具有创新创业教育与专业教育融合的渗透性强、结合度高的特点，也是专业教育中嵌入创新创业的最基础的方式。具体的内容主要包括以下方面。

1. 课程渗透

在讲授专业课程内容之中渗透融入创新创业的知识点，如政治学或经济学的专业课程教学可以渗透政府政策与创业的关系等；文学或历史专业课程教学可以渗透成功的创业案例或创业人物的历史等；心理学或社会学专业课程教学可以嵌入创业成功必备的各种要素及创业评估的内容等。

2. 独立开课

可以在人才培养规划中纳入创新创业形式的专业必修课或专业选修课，由专业教师、商学院教师、企业导师进行联合讲课，根据不同专业特色进行个性化的教学。比如，美国的康奈尔大学，在 1992 年设置《创业精神与个人创业项目》课程，到 2013 年，该校有 14 个院系，依据各自的专业嵌入这门课程。

3. 特色模块

在增加创新创业课程的基础上，不断深入创新创业方向的专业课程模块，使不同专业的学生可以获得分类教育，根据自己的兴趣和特长进行创新创业形式的专业学习和实践，并且还可以成立创新创业团队，将其作为专业方向进行引导。温州大学城市学院经管类专业近年来开设了创新创业模块课程，将创新创业作为专业方向加以引导。学院聘请在小企业创新理论和小企业创业实践方面有特长的校内外教师主持课程建设工作，已经培育出数支学生创新创业团队，受到社会各界的关注。

二、跨专业联合模式

这是一种不再局限于专业边界，面向创新创业教育的专业技能、管理知识、企业、市场环境认知的横向联合培养模式，联合学科或者院校进行多级联动更好地实现不同资源的优化配置和调度，促进不同类教育资源的通畅流动和共享。这一模式极大地促进了院校、学科和专业之间的学术互动、师生交流和项目合作。这一模式按照范围不同可以分为校内联合培养和校际联合培养两种不同形式。

1. 校内联合培养

校内联合培养是指结合某一领域创新创业活动本身的特征，以创新创业实践能力培养为导向在校园范围以内进行课程设计、教学实践、学分考评等教育体系、机制优化和完善的全过程。其突出特点就是综合性强，表现在 3 个方面：第一，对知识面广度要求高；第二，对一系列相关学科的理解要足够深入；第三，重视各资源要素互相配合，团结协作。进行校内跨专业学习，并将创新创业教育融入其过程之中，能很好地补足大学生自身接受传统教育造成的短板，同时具有更明确的目标、更强的针对性。在美国和欧洲，包括双学士学位在内的联合学位培养已经有超过 10 年的历史，尤其是在商学、计算机科学、生命科学等领域最受社会欢迎。如生命科学本身就是一个边缘学科，其涵盖了生物学、化学和医药学等。在该专业大学生学习的过程中，应当鼓励学生利用部分时间涉猎不同的相关学科，同时引入本地社会企业的资源，使学生学习和实践两不误，增强创新创业能力。❶英国的华威大学将经济管理类专业与化学化工、机械工程、计算机科学等专业进行资源整合，创设出多种形式的联合嵌入式创新创业课程。在培养方式上，本科一、二年级的学生在各自的专业内学习，掌握本专业的基本理论，到了大三、大四的时候，进入华威创业管理学院学习创新创业联合课程，最后按照自身的专业获取相应的学位。

2. 校际联合培养

校际联合培养是指在不同的高校之间，甚至是跨国界的不同高校之间，对大学生进行跨专业联合培养，同时辅以创新创业教育。这种教育培养模式的优势是教学资源更加丰富，也有利于教育资料的流动和共享，还能促进不同风格甚至是不同文化的大学之间的学术交流。校际联合培养本身就能增长大学生的见识，开拓大学生的视野，也能很好地提高其沟通交流能力和协作配合能力，这些都是我国当今的大学生普遍缺乏的能力，而又是创新创业实践必不可少的素质。如美国百森商学院与著名的工程类院校欧林工程学院建立了校际合作关系，对优秀学生进行联合培养，实现了优势资源互补，教育与实训联动，将较为学术化的商业理论学习与实践性更强的工程类学科融合，在培养综合型人才方面的作用明显。此外，百森商学院还与欧洲的高校共同发起、实施科研项目，进行更广泛地校际间交流合作。

三、社会化合作模式

这是创新创业教育与专业教育深度融合的最高层次，由高校、企业、非营利性机构、政府部门等各方开展专业创新创业的实践活动。该模式与前述两种模式不同，以真实的市场为背景、以项目为驱动，整合政府基金、风险投资、孵化器、科技园、企业等各方的资源以实现创新创业教育资源网络化，为学生的创新创业实践活动提供基地和平台，开展创新创业实践的一站式咨询服务，便于学生进行实战操作，最终达成学校、企业、政府、学生多方联动共赢的良好局面。比如，温州大学城市学院，近年来与阿里巴巴集团旗下阿里学院（淘宝大学）合作，强化校企联合的关系，

---

❶ 张鹤.高校创新创业教育研究：机制、路径、模式 [J].国家教育行政学院学报，2014（10）：28–32.

依托阿里学院丰富的社会资源及大数据平台，为学生搭建电子商务创业实践教学平台。通过这个平台，学生实现了创新创业的实际演练与操作。事实证明，很多学生在此平台上取得了创业的成功。根据参与各方的主次不同，可以分为如下类型。

1. 企业主导型

由企业对专业领域的业务创新课题提出自己的需求，邀请高校教师与学生共同参与开发式创业，学校在此基础上为教师、学生提供一定的技术、场地或设备上的支持，进行专业领域的业务创新课题的联合开发与研究。❶

2. 学校主导型

由学校成立专门的创新创业研究中心或机构，联合社会、企业等方面的资源参与专业领域的科学研究、技术开发并将专业领域的研究成果进行转化，使之成为学生创新创业实践的平台和基地。

3. 学生主导型

学生依据学校或社会组织提供的平台，学生自主成立创新创业团队，利用学校的创业孵化园或实验室，进行自主创新创业研究，学校或社会组织提供项目启动、跟踪评估、绩效评价等支持制度，并在专业技术、市场运作、社会资源对接、成果转化等方面提供服务。

第三节　"专创融合"的运行机制

一、"中心化"聚焦模式

"中心化"聚焦模式，也叫磁石模式，是指一般由管理学院、商学院、工程学院设计并讲授面向全校学生的创业类课程。任何一个对创业感兴趣的学生都可以选修上述课程，但是创业教育的教学与实践场所主要集中在这几个学院中。此种模式较为代表性的高校是美国的麻省理工学院，该校

---

❶ 黄兆信，等. 美国创业教育中的合作：理念、模式及其启示［J］. 高等教育研究，2010（4）：105-109.

的创业教育主要就是由斯隆管理学院负责实施。"中心化"聚焦模式的最主要特点就是开放商学院、管理学院的创业类课程，如商业计划书、创业资本运营、全球创业、创业管理等基础知识传授给对创业感兴趣的学生，这些课程的知识内容大都较为容易，因此可以吸引更多的学生选择创业教育。❶ 总之，"中心化"聚焦模式是高度中心化的，资金、学生和所有的教学活动都位于管理学院、商学院或工程学院。在这种情况之下，创业教育的课程和教学活动都由这些学院负责，而其他学科领域的学生则与商学院创业专业的学生一起学习。

对于"中心化"聚焦模式来讲，由于依托于商学院，因此教师讲授的内容都是合乎常理的，也可以得到学院内部师资的强有力支持，对于创业教育也具有极高的认可度和参与度。采用"中心化"聚焦模式，关键是面向全体学生的创业课程的可进入性和适用性。对于商学院、管理学院、工程学院以外的其他学生而言，其设计的课程如何能够吸引这些学生值得研究。麻省理工学院悠久的创业文化、独特的办学理念和较小的规模促成了磁石模式的迅速推广，但是对于其他大学，尤其是那些拥有数万学生、规模庞大的高校来讲，单纯依靠少数几个学院开展创业教育，固然可以吸引一些学生的参与，但是在进行全校性创业教育和创业教育与专业教育的融合方面则无法适用。

但"中心化"聚焦模式也具有其独到的优势，对于一所试图开展创业教育的学校，"中心化"聚焦模式是一种较为快速和有效的路径，只需要依托商学院或管理学院的师资和课程，在此基础上开发一些基础性的创业教育类课程就可以吸引学生的参与。"中心化"聚焦模式在设计课程时，不会假设非商学院学生与商学院或者工程学院的学生具有同等的商科教育背景；相反，它认为上述几个学院的学生缺乏一些其他领域的相关知识。因此，"中心化"聚焦模式非常注重跨学科学习团队的建立，将来自于不同学科领域的学生集中在一起进行创业教育，从而集思广益、取长补短，利用知识结构多元化的优势进行聚合思维，开展创业教育。对于一所试图开展创业教育的高校来说，"中心化"聚焦模式无疑是一条"快速通道"，

---

❶ 刘青林，夏清华，周潞.创业型大学的创业生态系统初探——以麻省理工学院为例 [J].高等教育研究，2009（3）：19-26.

它所投入的资源相对较少，不需要整体性地变革，创业教育的效果在短期内也会更加显著。

二、"去中心化"辐射模式

"去中心化"辐射模式，是指学校给予全校学生创新创业教育，并且支持不同学院和教师、学生都主动参与到创新创业教育中来。也就是说，辐射模式突出了不同学院教师的参与，这也是辐射模式与磁石模式之间本质的区别。❶ 该模式是在学校一级创建创业教育管理中心，引导学生创业活动的开展，从整体上规划学院创新创业活动的实施。辐射模式的出发点是根据不同学生的不同特性来实施创新创业教育，并且分享不同学院之间的创业教学资源。

与"中心化"聚焦模式相比，"去中心化"辐射模式则是高度去中心化的，每个项目都有独立性并分散于大学的各个学院，由位于全校各个学院的创业教育中心或项目中心进行管理。这些管理机构作为一种分配资金和对所有参与者发挥协调功能的机构而存在，不同院系都会提供来自其内部的资金来源支持教师和学生选择这些创业类课程。在辐射模式中，创业教育是浸润到每一个学科领域中的，这种模式需要不同学科领域的教师都能够理解并支持创业教育与专业教育的融合，也愿意进行跨学科领域的教学合作。正因为辐射模式是一种深入全校范围内的创业教育与专业教育融合模式，因此它的时间周期长且投入资源多，发展和维系辐射模式需要学校层面投入更多的资源。辐射模式的驱动力则来自于这样的理念：创业教育的展开不能仅以商科或管理学科等少数几个应用类学科领域的知识体系为主，创业教育只有扎根于不同的学科领域，与这些领域内的知识相互渗透、相互融合，才能够最大限度地达成其愿景，只有当创业教育的内容与每个学生自己的专业领域深度融合时，才能够推动这些学生理解并掌握创业的真谛。以辐射模式为代表的创业教育对于创业教育与专业教育之间的融合具有更为长期的影响，它更加面向所有学生，能够满足更多学生的需求。

---

❶ 梅伟惠.美国高校创业教育模式研究［J］.比较教育研究，2008（5）：52–56.

"去中心化"辐射模式，有着自身的问题。如康奈尔大学虽然是辐射模式的佼佼者，并因地制宜地将创业教育与9个学院的专业教育进行了融合，但是这种高度去中心化的做法使大学的创业教育缺乏一个统一的、明确的发展方向。此外，"去中心化"的辐射模式使不同学院之间的创业教育由于所在学院的差异而产生了诸如师资力量不均衡、创业教育发展水平差异较大、创业项目融资难等问题。特别是对于一些人文社科类的院系来讲，向学生开设创业与专业相融合的课程所面临的就是如何面对这些没有任何会计、金融、市场营销等基础知识的学生。教师对于创业教育的态度也非常重要，这一点直接影响到了创业教育与专业教育之间的融合质量。许多专业教师会认为创业类课程不够"学术化"，认为这些课程对于学生来讲没有"任何帮助"，由此造成了很多专业课教师对进行二者融合的尝试的抵制。

辐射模式是以分布于全校的创新创业教育中心和创业项目为支撑，将创新创业教育与学生所在的学科领域进行融合，有针对性地设计创业课程。每个学院开展的创新创业教育，其学生的知识结构高度集中，同质性很强，学生的知识基础都较为接近。因此，辐射模式可以解决创新创业教育中许多更为深层次的、与专业相融合的问题，开设的课程也更加有针对性，能够更好地将创新创业教育融入学生的专业学习过程之中。教师在尝试创新创业教育与专业融合方面，也会采取更为统一的方式。辐射模式的展开要求各个学院内部更多的协调工作，特别是教师的支持是关键。但是从创新创业教育与专业教育融合的角度来讲，辐射模式无疑是最合适的。

三、"分层分段"的混合模式

现在更多的大学采用的是"分层分段"混合模式，即将"中心化"聚焦模式与"去中心化"辐射模式进行结合。一些大学的创业教育采取了分阶段实施的做法，本科阶段的创业教育采取混合模式，由各个学院的创业教育中心负责实施，但是师资、课程、教学方式都是以商学院和管理学院为主，这样既能发挥这些学院在创业教育方面的优势，又能更加有效地将创业教育与专业教育进行融合。

第四章　"专创融合"的相关主体与
角色任务

第一节　"专创融合"的管理主体及其角色任务

一、教育行政管理部门

教育行政管理部门是高校创新创业教育与专业教育融合的政策制定者、资源提供者和质量监控者。据不完全统计，1998—2016 年中央各部委出台与创新创业教育相关的政策、法律、法规或实施意见共 169 份，且从2009 年开始快速增长，这表明政府对高校创新创业教育的重视程度不断增加，但这些政策的有效性还缺乏实证分析。未来我国高校创新创业教育政策既要突出战略性，也要关注具体内容的针对性和有效性。

（一）加强创新创业教育与专业教育融合的战略规划

加强创新创业教育与专业教育融合的战略规划与法制化已经成为国际创新创业教育发展的重要趋势。例如，奥巴马政府提出"创业美国计划"（Startup America），尝试整合公共部门和私营部门的力量，在全美范围内创造和鼓励更多的高成长企业。该计划提出公共部门要在以下五大领域为创业提供支持和便利：增加创业支持资金；加强创业者与创业导师的联系；减少创业障碍，加速突破性技术创新从实验室到市场的转化；释放医疗、清洁能源和教育等产业的市场机会。[1]21 世纪以来，欧盟制定了一系列促

---

❶ 梅伟惠，陈悦. 美国高校创业教育新纪元："创业美国计划"的出台、实施与特点 [J]. 高等工程教育研究，2015（4）：82—87.

进创业教育的战略，包括 2000 年的《里斯本战略》、2003 年的《欧洲创业绿皮书》、2004 年的《欧洲创业行动计划》、2004 年的《帮助营造创业型文化》、2006 年的《欧洲奥斯陆创业教育议程》、2010 年的《迈向更大合作和一致性的创业教育》、2012 年的《欧洲学校中的创业教育》、2013 年的《2020 创业行动计划》等。就我国而言，高校创新创业教育并不是解决就业难题的权宜之计，而应通过科学化、法制化等方式对我国中长期创新创业教育的愿景、理念、目标和任务做出长远规划，以创新创业型人才推动经济转型升级与创新型国家建设。

（二）突出政策的针对性与有效性

摩立特集团（Monitor Group）在对来自欧洲、北美、亚洲等 22 个国家的创业者进行调查后发现，很多传统的创业政策并未发挥实效，因为这些政策没有真正满足创业者的实际需求。有别于减少创业中的行政负担、建设更多的孵化器、获得更多风险资本等传统政策，该调查认为以下 4 个政策对创业成功具有更重要的意义：一是提升创新创业意识，包括树立正确的创新创业价值观和态度；二是在不同的教育阶段提升创业技能，这是对创业成功非常重要但却往往被忽视的决定性因素；三是提供系统的融资政策，而不仅仅是使创业者获得风险投资；四是减免税收和提供创业激励，出台鼓励研发成果商业化的政策。

另外，全球创业观察（2015—2016 年）曾对 62 个国家的创业生态系统建设情况进行排名（得分从 1 ～ 9 表示有效性增加），其指标包括创业融资、政府政策、政府创业项目、中小学阶段创业教育、R&D 转化等 12 项（见表 4–1）。从中可以看出，我国在创业支持政策、创业教育物理设施建设两个指标上得分较高，分别为 5.78 分和 6.92 分，排名则分别为第 3 名和第 16 名，而在中小学教育阶段对创业教育的关注程度、商业与法律基础设施、文化与社会规范 3 个指标上得分较低，分别为 2.59 分、4.34 分和 4.98 分，排名也相对落后，分别为第 43 名、51 名和 23 名。这说明我国当前有关创业政策中对中小学创业教育关注不够、商业与法律基础设施偏弱以及社会整体的创业文化不浓，难以对大学生创业形成有效支撑。而这 3 个指标恰好也是摩立特集团建议各国在制定相关创业政策时应该特别关注的内容。因此，今后我国在推动高校创新创业教育发展时应进一步突

表 4-1　全球创业观察（2015—2016 年）创业环境中国得分及排名情况

指标	分数	排名
创业融资	4.86	14
政府政策：支持与相关性	5.78	3
政府政策：税收与行政体制	4.44	21
政府创业项目	4.00	28
中小学阶段创业教育	2.59	43
中等后教育阶段创业	5.03	16
R&D 转化	4.09	21
商业与法律基础设施	4.34	51
内部市场活力	7.24	2
内部市场负担	4.27	23
物理设施	6.92	16
文化与社会规范	4.98	23

出政策的针对性与有效性，并从以下 3 个方面加以改善。一是将创业教育视为终身学习过程，注重从中小学阶段开始关注学生创业意识的培养，帮助中小学生树立正确的创新创业价值观与态度。二是为大学生创业提供金融支持，一方面，政府可设立创业基金，支持研发成果的商业化并关注早期创业型企业；另一方面通过税收激励政策鼓励天使投资人和风险投资人对高成长的初创企业进行投资。例如，美国纽约州立法机构近期通过一项法案，将在纽约州立大学系统和纽约城市大学系统的若干校区以及私立学院建立免税区（Tax-free zone），从而在大学周边培育和发展创业型企业。三是将创业政策进一步细化、可操作化，降低创业风险，提升社会文化对创新创业的认同感。

二、高校行政管理部门

高校行政管理部门是创新创业教育与专业教育融合的具体实施者，负责校内创新创业教育与专业教育融合的制度设计、课程开发、师资培养、创新创业实训以及与校外利益相关者的合作。未来我国高校须进一步完善创新创业教育与专业教育融合组织模式，更新创新创业教育与专业教育融合内容，改进创新创业教育与专业教育融合方式。

（一）完善创新创业教育与专业教育融合组织模式

1. 建立创新创业教育与专业教育融合学科体系

从国际创业教育发展轨迹来看，建立学科体系是保障创新创业教育合法性（Legitimization）的重要路径。只有建立完善的创新创业教育人才培养体系和科学研究体系，创新创业教育才能真正融入高校发展战略中。在人才培养方面，根据《美国创业教育全国调查报告（2012—2014）》，在参与调查的 206 所四年制高校中，共有 76 所高校提供创业学本科主修专业，93 所高校提供本科辅修专业，27 所高校设立研究生证书项目，43 所高校设立 MBA 创业学位，24 所高校设立创业学硕士学位，23 所高校设立创业学博士学位。从本科至博士阶段创业学学科体系的建立有效保障了美国创业人才的培养。我国创业教育人才培养体系建设还处于起步阶段，当前主要以通识类课程、辅修项目或创业实践等形式出现，需进一步思考课程体系和学位体系建设。研究水平也是反映一个学科发展是否成熟的重要标志。在关于创新创业教育的研究方面，尽管当前我国相关成果数量快速增长，但研究范式、研究方法都还需要进一步完善，并且就研究团队的建设而言，学科"漂泊"状态使得从事创新创业教育和研究的教师缺乏学科归属感，从而在很大程度上影响了这些教师持续推进创新创业教育的积极性。因此，要在我国建立创新创业教育学科体系，就需要关注这门学科在我国发展的特定背景，需要建立一整套课程体系并且开发相应的教材，需要培养服务于创业教育理论与实践的教师，需要深入开展创业教育相关研究并创设相应的高水平期刊。

2. 完善创新创业学院模式

建设创新创业学院是打破当前我国高校中的院系藩篱、推进跨学科交流的有益尝试。在 2002 年，黑龙江大学被确定为全国 9 所创业教育试点院校之一，并成立了创业教育学院，以"选修课"模式面向全校学生开设创新创业实验班；温州大学于 2009 年成立创业人才培养学院，负责全校大学生的创业教育教学管理、创业实践与创业研究等工作；上海交通大学创业学院成立于 2010 年，一方面向全校学生开设通识课，另一方面针对有强烈意愿的学生提供特色课程、预孵化和种子基金，形成"面上覆盖、点上突破"的分层教育模式。随着 2015 年国务院办公厅《关于深化高等学校创新创业教育改革的实施意见》的出台，以及一些地方性政策的实施，如浙江省教育厅《关于积极推进高校建设创业学院的意见》（2015 年）、《关于实施广东省大学生创业引领计划（2014–2017 年）的通知》（2014 年）、《上海市深化高等学校创新创业教育改革实施方案》（2016 年），高校创业学院数量快速增长，截至 2016 年 4 月初，浙江高校已建设各类创业学院 99 所❶；广东省 125 所高校中，约有 1/3 的高校都专门设有创新创业学院❷。

随着我国高校纷纷设立创新创业学院，如何对创新创业学院进行长远规划就显得尤为重要。目前，我国高校的创新创业学院主要有两类：一是以温州大学创业人才培养学院为代表的实体学院，有专门的师资队伍，负责全校的各类创新创业教育课程，管理大学生创新创业实训基地与提供资金扶持，开展创新创业教育研究，同时探索"3+1""4+2"等新型创业人才培养模式；二是以上海交通大学创业学院为代表的虚体学院，主要依托管理学院、教务处、学工部门、团委或就业指导中心等部门，统筹全校的创业通识课、创业计划大赛、创业苗圃孵化与资金支持、创业导师联系等。未来，我国创新创业学院应该如何建设？与其他学院和职能部门的关系如何设定？如何克服师资、课程短缺等问题？如何建立明确的机制以保障创新创业学院的顺利运行？这些都是需要进一步思考和厘清的问题。

3. 将创新创业教育融入专业教育

由于可行的创意往往与具体的专业相结合，跨学科成为国际上高校创业教育的重要发展趋势。目前，国际上不少高校向全校不同专业的学生提供创业辅修课程，有些高校则鼓励不同学院开发适合自身专业特点的创业教育项目，并颁发创业教育与专业教育相融合的学位。例如，美国亚利桑那州立大学工程学院提供"技术创业与管理"理学学士学位，新闻学院提供数字媒体创业项目等。美国还有不少高校提供跨学科的艺术创业项目。据统计，截至 2013 年 5 月，美国至少有 75 所大学提供 102 个与艺术创业有关的项目。与国外相比，从总体上看，我国无论是针对全校学生的辅

❶ 王烨捷. 一窝蜂建创业学院接下来怎么办 [N]. 中国青年报，2016（12）.

❷ 贺贝，尹becn. 广东高校抢滩建设创业学院为哪般？[EB/OL].http://news.southcn.com/g/2015–06/12/content_126236314.htm.

修、众创空间，还是创新创业学院模式，都是以相对集中的方式（如以管理学院为依托）推进创新创业教育，而创新创业教育向各个院系渗透的实践仍旧偏少。未来我国高校应不断加强学科支撑与制度激励，进一步发挥不同专业的教师在促进创新创业教育方面的作用，探索多样化的跨学科创新创业教育形式。

（二）更新创新创业教育内容

1. 注重知识创业

在大学发展的不同阶段，与知识有关的活动始终是大学区别于其他类型机构的重要标志。高校创新创业教育既需要培养学生创新创业所需的意识和能力，也需要将大学的知识通过创新创业的形式转化为现实生产力。知识创业有多种表现形式，如科技创业、文化或创意创业等。美国自20世纪80年代以来的经济转型，在很大程度上就得益于大学创新成果的转化与高影响力创业活动的兴起。例如，在过去二三十年里，麻省理工学院校友创业人数不断上升，并且创业领域主要聚焦在计算机软件、健康/医学、能源、生物技术、医学设备等新兴行业；与斯坦福大学相关的创业型企业创造了540多万个工作岗位和每年约2.7万亿美元的收益，如果将这些企业组成独立的国家，其经济总量将排在全球第10名。美国创业者擅长从技术创新、产品和服务创新入手，打破行业固有的格局；中国创业者则更擅长寻找传统产业在网络平台的新应用，突出在运营模式上的创新。但从总体上看，我国大学生创业项目的知识含量还是偏低。因此，高校需进一步加强创新与创业的联系，发展基于创新的创业教育（Innovation-driven Entrepreneurship，IDE）。

2. 强调社会创业

社会创业教育注重高校在解决社会重大问题中所承担的重要使命，强调培养学生的社会责任感，引导学生关注现实问题，培养其用创业思维与行动解决社会问题的能力。进入21世纪后，社会创业教育在美国、英国、印度等国家得到较快发展。尤其是美国，从2005年开始，高校社会创业呈现出从商学院向全校扩散的趋势。到2011年，美国已有148所高校提供社会创业的证书项目、专业或第二学位。例如，耶鲁大学的社会创业教育项目以遍布校园的跨学科创新中心，如工程创新与设计中心、生物医学与介入技术中心、商业与环境中心、创新健康中心、临床研究中心等为基础，引导学生关注公共卫生、教育不公平、环境挑战、贫困等问题。此外，根据《美国创业教育全国调查报告（2012—2014）》，在参与调查的美国高校中，40%的学校提供专门的社会创业课程，学位项目涵盖从本科主修到博士项目各个层次，提供不同类型社会创业教育项目的比例如下：本科主修（25%）、本科辅修（23%）、研究生证书项目（6%）、MBA项目（21%）、理科硕士（8%）、博士项目（5%）。目前，清华大学、北京大学、复旦大学、上海财经大学、山东大学、温州大学等校都建立了公益创业（Social Entrepreneurship，我国在实践层面将其翻译为"公益创业"）平台，探索公益创业实践。这就需要借鉴国际经验，并结合我国社会发展的现实问题，引导学生为社会问题提供经济的、市场导向的解决方法，培养学生的社会责任感。

3. 开展全球创业

随着全球创业革命的兴起，全球创业市场为中小企业提供了机会。据统计，欧盟出口额中有31%是由中小企业创造的，因而创业越来越成为"跨越边境"的行为。例如，美国高校就与亚洲、欧洲、拉丁美洲、非洲等地的大学或企业合作，为学生提供与课程相衔接或独立的暑期创业体验项目。这些海外创业体验项目可以帮助学生以"浸入"的方式深入了解不同国家的文化、创业政策、创业环境，通过与当地大学生合作开展实证调研，从而发现问题与创业机会。目前在国内，浙江大学"全球创业管理"硕士项目、清华大学与加州大学伯克利分校合作开展的"清华—伯克利全球技术创业项目"也为学生提供了跨境学习体验，一些地方高校还推出跨境电子商务的教学，帮助学生拓展全球市场。但从总体上看，我国大部分高校尚未关注全球创业的相关问题，学生也缺乏全球创业教育体验，阻碍了全球创业意识和能力的培养。

（三）改进创新创业教育方式

1. 推进创业体验学习

大学生创新创业活动具有实践性、风险性和不确定性，而传统的课堂讲授很难培养学生处理不可预测事件的能力。莫里斯等在大卫·库伯所提出的体验学习圈概念的基础上提出了"创业具体体验—创业反思观察—创业抽象概括—创业行动应用"的创业体验学习四象限理论，强调高校创新创业教育要通过创业者讲座、案例分析、组建团队、角色扮演、创业模拟等多种途径帮助学生构建自我的创业体验。当前，我国高校创新创业教育体验学习圈的各个环节呈不平衡发展状态，很难构成相互促进、循环上升的创业教育体系。因此，未来我国高校应该明晰创业体验学习理念，完善创业教育组织架构，以体验为导向构建创新创业教育课程体系，组建数量充足、结构合理的师资队伍，营造适合创业体验学习的校园环境。

2. 开展精益创业学习

在互联网时代和全球化大潮中，市场快速变化，给大学生创业带来了更多的模糊性。为应对这一挑战，史蒂夫·布兰克和埃里克·莱斯都提出"精益创业"的思路。莱斯指出，创业过程应强调"最小化可行产品""客户反馈""快速迭代"，即尽快拿出最小化可行产品立即投向市场与用户沟通，然后根据反馈快速改进，甚至不惜抛弃原有的绝大部分假设。目前，斯坦福大学、加州大学伯克利分校、哈佛大学、纽约大学等都开设了专门的精益创业课程，麻省理工学院等校则将精益创业原则作为创业教育的核心内容。传统创业教育项目往往将创业计划视为课程体系的核心，在整个课程体系中要求学生能够开发翔实的创业计划，并且描述企业未来 5～10 年的资金状况。而精益创业教育要求学生开发最小化可行产品，然后走出课堂进行测试，寻求消费者的反馈并改进创业策略。通过将精益创业引入课堂，高校教师为学生提供了有别于传统思路的创业策略。对于我国高校而言，无论从教学还是研究角度来看，精益创业都是全新的概念。随着精益创业在实践层面影响力的增强，我国高校需逐步将精益创业理念引入教学与科研中，进一步提升大学生创业成功率。

3. 利用技术手段

随着互联网技术与大规模在线开放课程的快速发展，政府和高校都日益重视将技术手段引入创业教育项目中，以弥补师资与课程短缺的问题。例如，《关于深化高等学校创新创业教育改革的实施意见》指出，"各地区、各高校要加快创新创业教育优质课程信息化建设，推出一批资源共享的慕课、视频公开课等在线开放课程"。在实践层面，一批慕课网站以及社交媒体的发展为学生获得创业信息提供了广泛来源，而教师也可以应用这些在线课程资源开展创业教学改革，通过引入"翻转课堂""混合学习"等模式，引导学生课后自主学习、假设验证以及自我反思，但其对教师教学和学生自主学习也提出了较高的要求。

三、高校教育教学管理部门

1. 开设创业培训课

在大学生创新创业教育过程中，创业启蒙教育不应当仅存在于少数学生群体或者职业类学生群体中，尤其是对于创业的理论课程而言，具有更为宽泛的理念性教育价值。在大学公共选修课程中开设创业理论课程，作为公共课程的必选学分课程之一。与此同时，可以在暑期或毕业班次开设有学分数的创业实践课程，作为创业理论课程的延伸性实践教育程序，积极鼓励有创业意向的学生参与实体创业。

2. 充实创业教育师资

对各高校的创业教育而言，师资力量的配比必定受到多重限制，尤其是专职的创业教育教师往往更少，多数的创业导师由身兼多职的辅导员教师兼任。这不仅在一定程度上影响了创业工作的实际效果，也不利于创业教育的专业化和常规化开展。而在不增加学校额外教育经费负担以及人员编制的前提下，根据企业模块化的方式择优聘请知名企业家以及相关政府部门工作人员作为兼职创业导师团是可行方式。但在此方式之下，也需要更加注重在企业模块化整合的基础上，充分调动兼职创业导师团的积极性，促进有效性作用发挥。

3. 多样化开展创业实践教育

大学生创业的核心内容在于通过模拟创业的方式或者在风险可控的前提下进行实体创业。因此，高校在定位本职角色的框架之内，需要不断完善和丰富实践教育的形式与内容、创新创业教育的实践体系。具体来看，主要是借助社会力量和校外企业资源，充分利用和调动大学生创业优惠政策，将学生专业特长与市场导向相结合，以校内创业、网络创业以及校企合作的方式不断搭建大学生创业实践平台。

4. 建立创业实验室

以创新项目为原点、创业实战为核心、企业实训为中心，建立高品质创业项目的系统孵化机器。通过创业软件、沙盘推演、项目实操等方式建立一个融情景式教学、互动教学、角色实训仿真模拟为一体的、较为完善的创业实验平台，以此来挖掘创新项目，培养学生的创业精神，给他们提供最系统最终端的创业孵化服务，以帮助他们提高创业素质，提升创业实践能力。

5. 配强创业教育中的社会力量

设立以高校搭建框架、社会力量为主参与的大学生创业 RPG 实践平台，鼓励大学生实施具备可操作性和可行性的创业方案。社会力量的配强与参与的主要形式：一是社会人力资源参与，主要是知名企业家、年轻企业家以及政府相关部门负责人直接参与大学生创业实践平台的指导；二是社会资金融通，主要是通过设立创业基金、风险定向投资以及全额购买等方式让社会资金参与到大学生创业 RPG 体系中；三是实践指导，以师徒制结对的方式开展创业实践指导，以同创业、共成功为目标，利用企业家丰富的创业经验指导学生，以自身成功的经历和经验给学生指引和点拨，激发学生创业的激情，满足学生个性化的需求，弥补学校教育中创业教育资源的不足。

6. 强化创业团队的市场运营导向

强化创业团队的市场运营导向主要是通过创业扶持机制，充分运用创业导师团以及参与企业的作用，通过创业导师团专业化的市场风险分析，及时对大学生创业 RPG 实践中的活动进行偏差矫正，同时通过实体企业的部门化介入以及大学生创业实体的规范化运营，实现大学生创业 RPG 实践过程的市场化运作，促成大学生创业 RPG 实践与社会经济的有效契合与对接。要积极探索多样化的、协作互动、自主组织、创新的校企合作模式，实现校企合作动力的最大化。通过弱化企业和高校的边界，加速知识、信息、技术的流动，解决普通模式中高校科研动力不足的问题，使企业核心竞争力和高校地位有较大提升，同时，更好地发挥其创业孵化基地的功效。

7. 构建校企对接机制

大学生创新创业中，校企对接机制的重点内容在于以合理的模式建立大学生创业孵化推优的模式，代表性的以 3 种方式为主。一是全控股型，即以社会企业子公司的设立为主要形式，创立以特定项目研发或服务项目开拓为主要内容的独立企业，双方着力实现资源共享、优势互补、互惠互利的平台构建，有效推进创新型人才的培养。二是部分控股型，即以社会企业通过设立大学生创业基金为主要方式，对大学生创业的实体化操作阶段进行融合对接。社会企业为大学生创业实体所提供的主要为资金支持，大学生创业实体企业享有全部的资本权利或主要的资本权利；社会企业则对创业企业享有部分股份，并以日后获得红利或出售该股权获取投资回报。三是孵化选择控股型，即在大学生进行创业实体化操作的前期，由社会企业提供资金、技术的支持，而创业企业则通过业务联系和定期考核为主要纽带与社会企业产生联系；创业企业发展到一定阶段后，则由创业企业团队和社会企业双向选择，由社会企业享有部分股份，来获取回报，或者是由社会企业享有创业企业的控股权，而创业团队则享有部分股份并得到一定数量的股份回购资金。

第二节 "专创融合"的实施主体及其角色任务

一、师资队伍

（一）以人为本，培养学生全面发展的素质

高校"专创融合"教育要明确培养什么样的人这个根本问题。在实施教育教学过程中，要树立以学生全面发展为核心的观点，教育教学过程须始终体现学生中心思想[1]也就是说，创新创业教育首先要保证创新创业师资队伍认清自身的所作所为是为谁服务的，只有心里想明白这个"理"，他们所有的现实行动才有"据"，才不会导致出现创新创业教育教师队伍精神松懈、作为散漫、消极应付的不良现象。

---

[1] 敖永春，张振卿．提升高校教师对学生创新创业教育引导力研究［J］．理论建设，2018（03）：52–57.

1. 观念上要"入大流"，思想上要"站好位"

要入国家创新驱动战略和大众创业大潮的"流"，同时要站好心之所想、行之所向都在于培养具备创新创业精神和能力的人才的"位"。当今社会，创新已成为世界各国、各地区间竞争和交锋的关键性因素。未来推动全球发展的重要动力也在于强大的创新力，创新已经成为引领时代发展的先导性因素之一。创业的目的在于应对严峻的就业环境，打造新的就业渠道，创造新的就业机会，因此它颇具时代特点。创业的核心在于创新，在于树立敢拼、敢闯、敢为人先的思想观念，在于克服现实困境，开创全新就业局面的具体行动。无论是创新创业教育，还是专业教育，落实在教师的具体行动上是要掷地有声的，是要与国家进步和社会发展紧密相连的。保持创新创业教育与时代、社会的发展大势相联系，是保证创新创业教育不落伍的必然要求。

2. 理性审视，以学生有无获得感为根本依据

"专创融合"教育的一切课程体系的设置、师资的配备、具体教学环节的实施以及教学效果的反馈评价，都要以学生有没有获得感为依据。要广泛听取学生对创新创业教育教学过程的意见建议，做到将教育教学实际，学生的点子思路、想法、创意和高校创新创业教育现实结合。要以国家、社会创新创业环境与就业形势为背景，尽可能地做到与国际创新创业教育接轨，积极吸收外国高校有借鉴意义的做法，通过摸索实践，以提供多种方式增加学生获得感。着力实现创新创业教育与专业教育的有机结合，努力促进产学研相结合，转换知识成果，打造创新创业教育从课堂到课后，从校内到校外，从国内到国际的全方位体系。要实现教师全程参与学生在各类平台上的创新创业实践，帮助学生锻炼成长。提供对学生创新创业思路和行动真正有益的"干货""硬货"，保证创新创业教育资金和平台支持，真正将创新创业教育贯穿到高校学生培养的全过程。

3. 要将学生全面发展理念记于心，践于行

创新创业教育不能偏离它本身的教育目标，教育的目标在于人，在于培养全面发展，具备过硬素质的人。创新创业教育不是写在书上和文件里的口号，也不是开设几门课程就能做好的事情。要想将创新创业教育做得尽善尽美，有声有色，必须要根除根深蒂固的形式主义思想。虽然我国高

校的创新创业教育与 20 世纪相比较有了长足进步，但是具有突破性、开创性、普遍价值的创新创业教育案例相对较少。高校教师要在创新创业教育中将"学生根本"这个核心和中心思想"铭于心、践于行"，将创新创业教育的每一小步都看作是学生成长成才的一大步，将学生的所思、所言、所行作为改进创新创业教育的积极参考和反馈，努力促进创新创业教育的学生本位思想得到真正落实。

（二）内外兼修，抓好道德与能力素质两个基础

创新创业教育是高校主动出击、正面引导学生未来的职业选择和事业发展的重要教育内容，是具有长远性、根本性和全面性的教育活动。实施高质量的创新创业教育不仅是高校自身发展和学生发展的必然选择，更是顺应国家发展趋势和世界潮流的必然选择。培养具有创新精神、创业意识和创新创业能力的高素质学生是高校教师义不容辞的责任。创新创业型的高素质学生必须在内在修为和外在能力有所出众，道德与能力素质是大学生在创新创业教育中所要培养的两个基本素质。❶

1. 抓好道德素质，提升大学生在创新创业活动中的"软实力"

道德是一个人安身立命之本。道德素质培养不仅是思想品德修养课教师的义务，也是创新创业和专业课教师的责任。大学教师在传授创新创业和专业知识的同时，要融汇"德行"教育。当代大学生应具备的道德素质：学会做人、学会做事、学会认识、学会生存、学会合作、学会宽容、学会理性的批判、学会关心、学会创新、学会发展。学会做人是衡量一个大学生具有与社会变革进步相适应的科学精神、人文价值、道德良知的重要标志；学会做事就是掌握正确的处事技巧和方法；学会认识就是在复杂的社会现象中能够辨明是非、区分真伪、实事求是、追求真理、捍卫真理；学会生存就是在艰难困苦中经得起磨炼，受得起挫折，不被困难所吓倒，能在困境中奋起并具有良好的身心素质和环境适应能力；学会合作就是善于与人共事、尊重他人、友好相处、成果共享，具有和他人一道工作的素质和集体主义精神；学会宽容就是用善良的心态去关照他人，以大度的心态容纳他人；学会理性的批判就是人格独立、勇挑重担、严于律己、直面社

---

❶ 李兴旺，新常态下实现高校创新创业教育新突破 [N]. 中国教育报，2015-10-29（03）.

会；学会关心就是富有同情心和社会责任感，关心他人和社会；学会创新就是要不断探索未知、获取新知、革故鼎新，推动和加快事业发展的进程和水平；学会发展就是在激烈的社会竞争中能够充分发挥自己的才能，具有争创一流工作业绩的素质。

2. 抓好能力素质，提升大学生在创新创业活动中的"硬实力"

能力是检验一个人是否具有岗位胜任力的试金石，是否具备过硬的创新创业能力是判断大学生是不是创新创业型人才的主要标准之一。创新创业意识是大学生应当在其思想上、认识上和行动上首先明确和强化的，创新创业和专业能力不是想有就能有的，必须在课堂理论学习、实践训练、参观学习、企业实习等活动培养出来的。高校要创造条件让学生走出校门，要深化校校、校企、校地、校所及国际合作，建立适应创新创业教育改革需要的协同育人新机制，为学生的能力发展搭建桥梁。❶从学生自身角度来说，要积极主动地学习创新创业知识和理论，多参加相关的培训，依靠创新创业平台、大学科技园、创客空间等校内外基地融合发展多维度教学环境，提高创新创业和专业能力的水平。

3. 坚持"软""硬"结合，全面提升大学生在创新创业活动中的实力

具有创新精神、创业意识和创新创业能力的高素质的大学生一定是具备"德"与"才"两个基本要素，并在创新创业和专业实践过程中协调发挥二者作用，这就需要高校教师在培养大学生"德"和"才"上下功夫，并教育学生在全面加强自身"德"与"才"的全面发展中协调好两者关系：用"德"引领"才"更好地发挥作用，用"才"为"德"增色。这样才能真正在创新创业教育中让学生听得进去，在接受创新创业教育时敢于投身创业实践，勇于发挥创新精神为创业助力。

（三）紧跟时代，将大局意识贯通具体育人环节

高校"专创融合"教育是依据国内外实践经验以及本国高校实际所提出的命题，具有鲜明的时代特征。顺利实现"两个一百年"奋斗目标和中

---

❶ 汪劲松.以创新为魂以育人为本不断深化创新创业教育（治理之道）[N].人民日报，2017-03-28（07）.

华民族伟大复兴是涉及人民福祉、民族兴旺和国家富强的具有全局性的伟大事业，"专创融合"教育必须体现和围绕这个大局，必须融入这个大局，自觉为大局服务。高校教师要认识到自身的优势和短板，在教育教学实践中自觉保持大局意识，自觉将大局意识渗透于教育教学之中。

1.要自觉学习有关政策和相关精神，时刻与党和国家的教育理念保持高度一致

创新创业教育不是高校教师自行其是的过程，而是要在坚持党和国家的相关精神和高校实际的前提下，实施有自身特色的教育活动。坚持社会主义办学方向与遵循教育规律相结合，全面贯彻党的教育方针，以立德树人为根本任务等，这都是高校教师在创新创业教育中要认真遵循的基本原则和要求。此外，高校教师还要准确把握创新创业教育的有关规定和实施方案，如国务院办公厅印发的《关于深化高等学校创新创业教育改革的实施意见》以及各省、市、自治区和高校的具体实施方案等，要做到认真研读、仔细学习，做到与党和国家的教育理念以及各地区、各高校的创新创业教育精神保持高度一致。

2.要提高责任和担当，用大局意识统领创新创业教育

习近平总书记强调："必须牢固树立高度自觉的大局意识，自觉从大局看问题，把工作放到大局中去思考、定位、摆布，做到正确认识大局、自觉服从大局、坚决维护大局。"高校"专创融合"教育也要树立大局意识，要着眼学生的发展，放眼国家的发展，在教育教学过程中认识好创新创业教育服从服务于学生的发展和国家的发展这个大局。2017年发布的《中国大学生就业报告》相关数据显示，近5年来，中国大学生毕业即创业比例从2011届的1.6%上升到2017届的3.0%，接近翻了一番。高校学生创新创业浪潮与国家经济社会发展紧密相连，高校教师要从各个方面树立大局意识，并通过多种方式使大学生自觉将个人命运和国家命运、创新创业梦和中国梦紧密结合起来。从课堂教育教学到课下辅导咨询，再到对学生创新创业实践等方面的指导，要将大局意识运用于无形，为高校创新创业工作交出合格的"成绩单"。

3.要提高自身的洞察力与敏感性，将大局意识融入教育教学全过程

创新创业教育对高校教师提出了高要求，高校教师不仅要认识到大局

意识的重要意义，还要在教育教学的过程中将其融入教学实践。高校教师要善于发现创新创业教育过程中存在的问题，积极提出具有建设性的改革意见。我国正处于经济社会发展的重要阶段，各项工作有序推进，攻坚克难势头正猛。高校教师要做到心中有"谱"，着眼日常教学，将中央、国务院的有关创新精神贯穿于本校当前的创新创业教育教学工作当中。创新创业教育不能"闭门造车"，创业要"眼观八方"。高校教师要了解国家社会发展状况，要了解国家创新创业教育的现实性和紧迫性，要将创新创业教育的实践融入国家社会发展大局，从长远意义上体现大局意识。

（四）革故鼎新，力争在传统教育教学方式上找突破点

高校教师在"专创融合"教育过程中，不仅要有过硬的知识能力素质，也要有大胆摸索新的教育教学方式方法的尝试，要在已有的教育教学方式的基础上不断改进，努力提高创新创业教育教学方式的实用性和适用性。

1. 要从正反两方面看待，评价传统的创新创业教育教学方式

高校创新创业教育已经有了一定的发展，也积累了一定的经验，但是反观过去这几十年我国高校创新创业教育的实施情况，还存在一些已经过时，或与当下国家社会的现实、要求不相协调的因素，如课堂教学的单调性，教材建设的滞后性，学生接受度不高等。既要肯定高校创新创业教育取得的成绩，认同传统的创新创业教育教学方式在推动创新创业教育稳步发展的过程中所起的作用；但也要理性地认识到，创新创业教育教学方式不是一劳永逸的方式，也不是固化不变的方法，好的教学方式应该具有进步性和发展性，应该顺势而进、不断创新和完善。充分认识到传统教育教学方式的优点和局限，是全面正确认识现行创新创业教育教学方式的前提之一。只有做好这一步，后续的一切教育教学方式的改革、创新发展才有基础和方向。

2. 坚持稳中求进，逐步推进创新创业教育教学方式改革

创新创业教育教学方式的改革是一个细水长流的过程，尤其是随着高校毕业生的激增以及就业形势的愈加严峻，教学方式改革务必要"求稳"，避免盲目性。创新创业教育教学改革势在必行，这是高校创新创业教育突破发展局限，不断取得进步的根本要求。在高校创新创业教育教学方式的

改革中，仍然存在脱离实际、急功近利、盲目跟风、缺乏特色等现象。这不仅对创新创业教育改革无益，而且"劳民伤财"，严重的则会造成创新创业教育和学校整体教育"两败俱伤"。创新创业教育教学方式的改革要依据一定的教育规律，要符合国家有关文件和政策精神，教育教学方式改革要"因地制宜""因地而异"，体现内涵式发展。要认识到创新创业教育教学方式改革是一个由显入微、由外而内、由局部到整体、由教师个人发力到高校系统运转的长期、联动过程，要广泛运用探究式教学，项目教学等新的教学方法，激发学生自主学习。

3.博采众长，吸收校外创新创业教育方式的可取之处

创新创业教育教育方式的改革不是高校教师的一人之事，也不是高校教师的一家之言。创新创业教育教育方式改革应当做到先向自身开刀，高校教师要勇于自我批评，多从自身的教育教学实践中寻找问题。在面对自身的短板时，要正确认识，积极改进。在推进教育教学方式改革的过程中，要多参考其他高校创新创业教育教学方式改革范式，学习校外其他非高校部门、企业等社会性的创新创业教育方式。此外，还要有目的性地参考国外在创新创业教育教学方式方法方面的积极有益做法，将其合理性因素吸收运用于自身的教育教学方式的改进中。

二、辅导员队伍

辅导员依据自身的岗位特色，充分发挥自身的岗位和专业优势，明确自身在大学生创新创业教育与专业教育融合中的角色定位，推动高素质创新型人才的培养，更好地让大学生创新创业活力竞相迸发、充分释放。❶

（一）创新创业精神的培育者

1.创新创业精神的培育

对于大学生进行创新创业精神的培育，需要使大学生群体能够摆脱固化观念，即认为创新创业就是必须要创造实业、开办企业等错误认识。创新创业精神包含两个方面，一是创新，二是创业。创新即开创更新，开创表明

---

❶ 张吉玉.辅导员在大学生创新创业教育中的角色定位 [J].山东农业工程学院学报，2017（04）：5-7.

一种创造，以前没有的，现在开创出来，还有一种是对以前有的，现在有了新的认识，或者是在以前认识的基础上进行深化，这需要我们不断思考和发现，敢于挑战传统、挑战权威；创业是创业者对自己拥有的资源或通过努力对能够拥有的资源进行优化整合，从而创造出更大经济或社会价值的过程。因此，需明确认识这样一个区分，培养学生的批判创新精神。

2. 创新创业情感的培养

对大学生进行"专创融合"教育，大学生是这一教育过程的主体，大学生对"专创融合"是否认同是开展这一教育能否取得实际效果的关键。要使大学生支持并积极参与创新创业，首先需要大学生在情感上认同这一教育，明确认知创新对于国家、民族和大学生群体的意义所在，明确"大众创业、万众创新"的趋势发展，辅导员在树立大学生精神认同上有先天优势，利用开展大学生思想政治教育的过程，增强与学生情感沟通，在创新创业层面与学生产生共鸣，鼓励大学生敢于创新、善于创新、勇于创新。

3. 创新创业人格的塑造

高等学校是培养人才的地方，教育教学是实现培养目标的主渠道，大学的一个重要任务是促进学生知识积累和知识结构的优化，另一个重要任务就是提高学生的理论与实际结合、发现问题、分析问题和解决问题能力。高校毕业生必须是具备创新精神和实践能力的高级专门人才，可以说创新能力和实践能力是顺应时代要求，而辅导员在这一过程中承担了重要的角色。辅导员是大学生思想政治教育的主要力量，对大学生进行思想政治教育离不开培养学生的宗旨，即促进学生的全面发展，创新创业人格的塑造，也就是辅导员要培养创新型的栋梁之材。

（二）创新创业知识的传播者

1. 创新创业文化氛围的创建者

环境是人类赖以生存和发展的各种因素的总和。可以说，人的生存和发展、人的思想和行为都与周围的环境密切相关。马克思指出，"环境的改变和人的活动一致，只能被看作并合理地理解为变革的实践"。可以看出，环境给人以影响。在社会生活中，每个人的思想都会受到一定文化的持久而深刻的影响，任何思想政治教育活动也必定是在一定的文化氛围中进行的。任何文化环境都不是自然形成的，而是人类创造的产物。不论是在校园内，还是在学院内，甚至是在年级内，辅导员都可以充分发挥出自身的工作岗位和资源优势，成为创新创业文化环境的创建者。❶ 如在校园内通过社团，联合团委学生处等部门组织创新型竞赛活动；新生入学教育阶段，以创新思维引领、启发学生拓宽思维；利用特殊时间节点及特殊专业的专业相关活动节点，组织学生开展活动，在这样的校、院、年级的三级阶梯中营造创新创业氛围，培养创新型人才。

2. 创新创业知识理论的教育者

创新创业的政策宣传、创新创业课程的开设、创新创业实践活动的开展，辅导员看似难以承担相应的角色任务，如政策宣传类多为领导层开展，授课多为一些专职教师或者企业家，活动的开展多是学校团委及学生社团等组织，辅导员人微言轻。其实不然，辅导员完全可以胜任以上各类活动开展的重要角色，并成为创新创业知识理论的教育者。辅导员是学生一线工作者，上传下达各项政策本就是辅导员日常工作的一部分。创新创业政策宣传，辅导员可以利用网络平台、主题班会、手机 APP 等进行政策的宣传。创新创业课的师资队伍，辅导员也可以成为一支重要的补充力量，辅导员专业来源广泛，综合素质强、理论知识基础扎实，经历过求学、求职和就业等多种培训，这些都是辅导员成为创新创业师资队伍的重要基础。❷ 而创新创业类活动的开展，辅导员可以利用指导学生社团、指导学生寒暑假社会实践、指导学生三下乡活动实践等契机，引导学生创新，传授相关知识。

3. 创新创业职业技能的培训者

创新创业职业技能的培训是指培养学生创新创业所需的心理知识、能力、素质等方面的培训。创新创业教育旨在培养学生的创新意识和创新思维，锻炼学生的心理素质，提高创新创业能力等。对于不同层次的学生，培训的预期目标和实际培训内容都应该不同。辅导员对于学生的成长把握精准，利用建立学生档案，记录学生成长过程，从而有针对性地开展创新

---

❶ 张吉玉. 辅导员在大学生创新创业教育中的角色定位 [J]. 山东农业工程学院学报，2017（4）：5-7.

❷ 柳思羽. 基于辅导员工作的创新创业教育探究 [J]. 职教通讯，2017（5）：48-51.

创业职业技能的精准培训。对于创新意识不强、思维不活跃的学生群体，重点培训学生的创新思维，引发学生思考，培养学生创意；对于创新创业意愿强烈的学生，培训学生风险危机应对能力、市场分析能力等；对于创业规划明确、敢于尝试实战的学生，注重培训学生的实际动手能力。

（三）创新创业工作体系的服务者

1. 充实师资教育队伍

创新创业工作体系的建立离不开一支优秀的教师队伍，高素质的创新创业教育师资队伍对于创新型人才的培养至关重要，而辅导员完全可以利用自身的专业知识和工作岗位的优势，充实到这样的师资队伍中去。辅导员专业知识背景复杂、构成广泛，不同专业背景的辅导员拥有各自的专业优势和特长，这是培养创新型人才的有利资源。另外，工作岗位的优势也是辅导员充实到创新创业教师队伍中的重要依靠。❶辅导员与学生联系紧密，辅导员专业化、职业化的发展也迫使辅导员不断提高各种技能，参与各种培训。辅导员可以利用这些契机参加创新创业的全国性、省级、市级乃至校级的培训，考取相应职业资格证书，完善创新创业教师队伍的构成。

2. 拓宽实践服务平台

辅导员可以利用组织学生参加校级省级及全国性的创新创业计划大赛，增强实践服务平台。在帮助学生进行职业规划过程中，可建立一套系统的实践服务平台。例如，在新生入学教育阶段、学生成长发展阶段以及毕业生就业指导阶段，无论是四年制还是五年制的专业学生，根据专业特点，分阶段拓宽实践服务平台。入学教育阶段，培养学生创新意识，组织各类创新型比赛，搭建各类竞赛平台；专业知识学习阶段，对照学生职业规划，建立学生成长档案，鼓励学生大胆创新，结合专业知识提供大学生专利创造服务平台；成长发展阶段，对于有创业意向学生，为其提供企业参观实习实训机会，搭建校企联动平台；毕业生就业指导阶段，对于拟创新创业的学生，提供创业场地、共性技术服务，联合工商、税务、金融等部门，提供实战服务平台。

---

❶ 刘蕾蕾. 高校创新创业教育改革中辅导员的角色定位研究 [J]. 教育现代化，2017（13）：27-44.

3. 营造良好实践氛围

作为学生的直接管理者，辅导员清楚地了解学生的学业、生活、思想、性格和心理等各方面状况，利于更有针对性地展开创新创业教育工作。通过细化分析不同学生的需求、兴趣与特长，采用不同的方式进行相应的指导，可以得到更有效的教育成果。同时，学生在创新创业过程中会遇到很多困难与挫折，辅导员通过积极鼓励与引导可以很大程度地调动学生的积极性与主动性。此外，针对学生产生的负面情绪，辅导员可以及时疏导，帮助学生调整状态，在创新创业过程中给予学生全面详尽的关怀与帮助。

第三节 "专创融合"的"外部"主体及其角色任务

一、企业

（一）构建创新创业教育体系

1. 企校协同，改革创新人才培养模式

创新创业教育是人才培养模式的根本性变革。诸多高校中的冠名班、订单班、现代学徒制班级等新型人才培养模式，已成为现阶段校企协同合作育人的一个重要形式。企业和高校对于人才培养计划进行共同协商和制定，通过对企业与学校各方资源有效整合，从而让人才培养目标得到更好的落实。❶创新创业教育要置于素质教育及专业教育的大视野下，在企校双方的商讨中融入人才培养方案，落实到教育教学的全过程。学校结合企业的用人需求，将学生创新意识、实践能力和创业精神等教育内容纳入人才培养目标、教学计划以及课程体系中。企业则根据人才培养方案和所签订的合同有计划地安排学生上课、实训、就业等。企校分工明确、协同合作，以确保学生创新创业知识、能力、素质达到预期要求。

---

❶ 陈洁瑾．校企合作推进高职院校创新创业教育［J］.中国高校科技，2015（3）：37–39.

2. 企校协同，打造卓越"双师"队伍

教师是高校人才培养的主力军，要推进创新创业教育健康良性发展，必须要依赖一支优秀卓越的"双师"队伍。企校双方共同选拔"双师型"教师，在学校优先选聘一批理论精、实践强的优秀教师担任校内导师，主要负责传授学生专业基础知识和职业生涯规划；在企业内部聘请一批业务出色、表达流畅、富有教育情结的技术、管理精英作为企业师傅，主要负责传授学生职业岗位操作知识和技能水平鉴定。这种"双师"队伍可以更灵活地实现对学生在探索知识、解决问题过程中创新能力的培养。[1]学校在安排企业师傅传授技术技能的同时，参与学校部分管理和文体活动，兼任校外班主任，担任活动评委，指导学生竞赛，充分发挥企业师傅的主导作用。企业聘任学校教师担任技术顾问、企业讲师、项目评定员等，定期到企业开展项目分析、员工培训、技术研发等，通过定期参与创新研究，不断完善和更新相关理论知识。

3. 企校协同，优化"双创"教育课程体系

在人才培养体系构建的过程中，需要企校协同对"双创"课程进行全面深入的分析。一是面向全体学生开设创新创业通识课程。学生的创新意识、创新思维、创业精神、创业能力，还必须依托专设课程学习获取，如将"创新创业理论与实践""创新思维训练"等作为通识课程纳入专业培养方案，供全体学生选修。二是在专业教育中融合创新创业教育。各专业在校企导师的支持下，根据专业特点，启发学生将创新创业实践与所学专业知识结合起来，使学生能够更深刻理解专业内涵。有条件的专业可以实施系统的创新创业教育，根据专业性质的不同，进行差异化训练。

（二）构建创新创业实践体系

1. 企校协同，推行"实践导向"的课堂教学

国外高校在设计创新创业教育教学时，常常是以真实创业环境和实务作为教学内容，引导学生参与实践，帮助学生从活动实战中感受创新理念、激发创业热情、培养创新创业能力。课堂教学要重点解决两个问题，

---

[1] 卢宝臣．创新创业教育视阈下的人才培养体系的构建［J］．黑龙江高教研究，2011（7）：140-141.

一是"教什么",二是"如何教"。学校要在企业的协助下,共同分解出一些可供学生尝试着去做的企业微项目,通过"实践导向"的课堂教学模式教会学生理论和方法。在教学内容上,设计出类似职业人工作内容的学习环境,将发现问题、解决问题作为教学的核心。在教学方法上,突出强调探究式教学方式,有选择性地采取案例式教学方法。在教学过程中,要重点突出学生的主体地位,通过引导学生进行自觉性决策和创造性实验来激励和培养学生的创新创业行为。在教学效果上,通过任务导向、问题导向的教学设计,将理论知识与实践知识有效结合与转化,在问题解决和任务完成的结果中提升能力。

2. 企校协同,构建"实践导向"的四维体验平台

目前,高校创新创业实践教育主要依托活动、竞赛、实验室、创业园等平台基地,根据综合评估,可以大致归为四大类:创新竞赛类实践基地、就业实习类实践基地、创业孵化类实践基地和创业实战类实践基地。❶企校联合组织开展一系列有特色的第二、第三课堂文体活动,引导学生对知识的学习、运用、转化和自主创造,培养学生的创新意识、精神和能力。知名企业家和企业中层以上领导干部定期参与创新创业论坛报告会、交流会,通过职业生涯人物访谈,解答学生困惑和迷茫,激发学生创新创业梦想。以第二课堂为依托,通过项目等综合性实践,进行创新思维拓展和创业项目孵化,让学生在项目策划、执行、总结中增长实践知识和才干,成为真正创新创业项目的主角。大学生创业园集学生创业实践、创业孵化、创业培训、创业服务功能于一体,是促进高校产学研结合,开发大学生创新思维,进行大学生创业教育实践的重要实践基地。高校应鼓励学生将实验室研究的成果和创新项目带到基地进一步研究开发,并通过提供法律、税务、财务及政策信息服务帮助初创企业规避创业风险,提高企业的成活率。学生通过真实的创业活动,可以使自己的创业意识和潜能得到进一步的开发。校企协同构建的"实践导向"四维体验平台,是面向学生的"专业—学科—科研"一体化大实践平台,为学生在竞赛、活动、实验室、创业园"做中学""做中创"创造良好条件。

---

❶ 董慧,孙君. 基于协同创新视角的大学生创新能力培养 [J]. 中国高校科技,2015(10):28-31.

（三）构建创新创业训练体系

1. 企校协同，建立"两堂融合"的课堂训练模式

学生直接从事创业活动是创新创业实践最有效的方式，但从时间、人力、物力上来看，其覆盖面与可行性较低。就总体上的创新创业教育而言，创新创业实践训练应该与学生的专业实习、科研实验、社会实践等环节结合起来，而不是重新再设计一套。企业配合高校从"两个课堂"融合和渗透着手，系统构建校企联动的创新创业训练体系。所谓"两个课堂"是指第一课堂和第二课堂。第一课堂的创新创业实践主要是激发大学生创新、创造意识，强化对大学生的创造能力的培养。在有条件的企业支持下，把学生创新创业训练纳入人才培养方案，通过校内课程、企业项目等专业训练，可以从深度上增强学生的专业素质，从广度上培养学生的创新精神，甚至还可以通过科研成果的转化达到企业试用、创业实践的目的。第二课堂的创新创业实践是将由团学部门组织的各类学生社团活动、创业计划大赛、社会实践活动等作为创新创业教育的重要组成部分，通过第二课堂多样化的创新创业实践活动，在全校形成浓郁的创新创业文化氛围，促进学生全新价值观和就业观的形成。

2. 企校协同，建立"三层推进"的赛事训练制度

所谓"三层推进"是指学校大学生创业计划大赛、省教育厅大学生创新实践训练项目和国家大学生创新创业三层赛事，学校组织落实工作应由低到高逐层推进。企业根据每年赛事时间节点，依托自身项目背景，提前和高校商讨项目参赛名称、内容、人员等，积极鼓励学生参赛，企业有经验的师傅加入学校的指导教师团队，有计划、有步骤地开展指导工作。赛事活动发布后，从校级、省级、国家级三级推进，通过海选、初选、终选确定参赛人员和团队，力争扩大活动覆盖面，使大多数学生都有机会参赛，真正将赛事训练打造成学生长才干、出成绩的训练平台。"三层推进"赛事训练体系既可以依托第一课堂的理论教学，也可以依托第二课堂的实践活动，涵盖了学生在校期间的所有创新实践活动过程，而参赛的过程和结果则可以作为优选学生创业项目、入驻大学生创业园的重要标准，真正实现"以赛促学"和"以赛促训"的目的。

3. 企校协同，建立“四位一体”的基地训练体系

为长期培育学生创新创业能力，企校须协同整合双方资源，构建“仿真模拟—专项训练—校内教学企业轮岗实训—校外实训基地顶岗实习”四位一体的立体化实践训练体系。[1]4个环节由易到难，由单项到综合，环环相扣，层层递进，按照人才培养的规律，贯穿人才培养的全过程。仿真模拟训练基地是指企业积极支持高校，建设供学生实践动手训练的专业实验室、实训室；专项训练基地主要是校内的专门拓展训练场所，如“团队管理”“创新思维训练”等课程的部分实践内容需要在户外素质拓展基地通过小组团队的形式完成；校内教学企业轮岗实训主要是企校联合建立的“校中厂”“校中店”校内训练基地；校外实训基地顶岗实习基地，主要是一种实岗育人的真实工作微场所，以供学生轮岗实训和顶岗实习。

（四）构建创新创业指导体系

1. 企校协同，搭建“全链条式”指导服务平台

大学生创新创业教育工作的广泛开展，需要健全在人、财、物各个方面的“全链条式”指导服务体系。首先，需要有一支“接地气”的大学生创新创业导师队伍。在企业的支持和帮助下，委派教师下企业，鼓励教师参与企业的创新项目研讨和实战，建设专业素质高、教育手段新、实践能力强的师资队伍。建设创新创业教育导师库，聘请知名企业家、创业成功人士、专家学者、风险投资人等各行各业优秀人才，担任创新创业课程兼职教师，加强对学生的理论与实践指导。高校要从教学评优、年终考核、国外进修、项目申报等方面给予支持和激励。通过定期开展教师沙龙、专项交流会等来提升教师水平，不断提高指导学生的能力。其次，需要获得各方面的物力支持和指导。依托创新创业指导服务平台，加强行业企业、创投风投机构与大学生创新创业项目的沟通对接，就项目孵化推广、产权交易、融资以及公司上市等为大学生创业项目提供支持服务，促进项目孵化落地。建设大学生创业投资机构联盟，建立学生与投资人交流对接的常态机制。最后，需要设立大学生创业基金。鼓励社会组织、公益团体、企

---

[1] 赵妩．创新型人才培养的校企协同创新机制探索［J］．实验室研究与探索，2015（1）：172–175.

事业单位和个人，以多种形式向自主创业大学生提供物质支持和必要的资金扶持。有条件的合作企业可以单独设立创投基金，鼓励学生在校内实践锻炼创新能力，在企业导师的指导下，孵化出创业项目，帮助学生完成创业第一步。

2. 企校协同，构建"分期分类"教育指导体系

大学生的创新创业活动可以从多个维度进行分类，从发展阶段来看，可以分为3个阶段：创意阶段、创新设计阶段和创业阶段。其中，创业阶段又可分为种子期、成立期、生存期、发展期和成熟期。此外，大学生创新创业活动又可以根据产业、学科进行划分。因为不同类型、不同阶段、不同时期学生的创新创业活动存在差异，所需要的指导自然不尽相同，高校需要逐步建立分类分期的创新创业教育指导体系。根据不同阶段和类型，企校协同配备不同的指导教师和场地设备，提高学生创新创业指导的针对性和实效性。通过以上措施不断完善学生创新创业指导服务体系，让千千万万大学生创业者活跃起来，汇聚成经济社会发展的巨大动能。

二、行业协会

（一）行业协会与高校结合能给高校营造良好的创业环境

1. 营造浓厚的创业氛围

行业协会与高校结合，本身就是一种教育观念的突破，这种观念的突破会产生一种连锁反应，它会导致上至校长，下至学生的思想的解放；导致教师授课方式的改变、教学内容的更新、高校自身定位的重新审度和教育体制的改革。高校浓厚的创业环境在这种思想的逐步解放过程中会逐渐形成，并反过来促使学生创业动机的产生。

美国对创业人才的培养非常成功。他们对创业人才的培养，并不是以政府为主，而是民间组织、教育机构和政府等多层次相结合。例如，民间非营利团体（NPO）与学校联袂对未成年人进行自立教育，孩子从小便被鼓励创业，对孩子的失败，父母和周围的人给予宽容，并通过一些成功企业家的故事来为孩子打气。对于高校创业氛围的营造，行业协会可以聘请成功的企业家去高校进行讲学，传授自身成功的经验。这样，可在学生心

中树立一种楷模，一种标准，成为大学生们追求的目标，激发他们心中的创业欲望。此外，行业协会可以建立创业实习基地、策划创业大赛等，在整个社会中营造一种创业氛围，在实践中改变学生旧的思想，同时也改变社会对创业的误解，如认为创业是找不到工作、没本事的表现，让整个社会对创业充满宽容，鼓励创业。

行业协会开展的一些开业指导对高校创业氛围的形成也是一种很好的方式。行业协会可以组织一些开业指导专家志愿服务团队大学生进行开业指导。事实证明，这是一种行之有效的方法。上海一开业指导专家志愿服务团，专门为学生提供开业指导服务。服务团成立 1 年多来，在 3850 名咨询对象中，经专家指导，已有 1859 人成功开业，约占 50%。❶ 这些成功创办自己企业的人中，有的根本就没有想到自己会创业。他们刚开始只是好奇，后来看到别人都很踊跃，自己也跟着跃跃欲试，没想到成功了。这充分说明了开业指导对高校创业氛围形成有很大的影响。

2. 推进高校师资队伍的优化

第一，为把充实完善创业教育知识结构纳入全体教师的培养规划中来，行业协会可以定期推荐和安排一些创业研究和创业教育专家到学校向全体教师进行创业教育讲座，传授教师如何培养创业人才的知识，强化全体教师创业教育意识。第二，行业协会定期举办培训班，加强对教师的培训，使之能够了解有关创业教育教学的知识。第三，联系企业，创造条件让教师到企业挂职锻炼，让教师得到企业管理、运作的第一手资料，体验创业过程，潜心研究案例，提高培养创业人才的能力。第四，行业协会通过和各高校的沟通，联合高校定期举行一些研讨会，使教师互相交流创业人才培养的经验，从而提高自己培养学生创业的水平。第五，行业协会利用自身国际化的趋势，联系国外，派教师到国外进修，学习国外先进的创业教育经验。第六，行业协会推荐行业中的一些创业成功人士或投资家、企业家到高校做兼职教师，充实高校实践型教师的队伍，组建一支由创业教育研究教师、创业教育教学教师、创业实践指导教师构成的教师队伍，为高校推进创业人才的培养提供人力资源的保障。

---

❶ 朱永新. 创业教育论［M］. 南京：江苏教育出版，2001.62.

3.促进学生创业资金的融入

失去了创业资金的支持，大学生的创业就成了无本之木、无源之水。针对这一问题，行业协会能从以下两个方面改进：第一，利用自身资源，建立起专门的创业基金。第二，光靠创业基金是远远不够的，必须调动社会上一切可调动的资金来支持创业，行业协会可以动员行业内企业进行捐款，来支持大学生创业。

（二）行业协会与高校结合能推进我国高校教学管理的改革

1.共同建立科学合理的创业人才培养的课程体系

行业协会和高校可以通过共同探索，加强创新创业课程的设置，培养创新创业意识和传授创新创业知识。对于创新创业课程的设置，高校因为还处于创业教育的起始阶段，应该开设什么样的课程对学生的创业最有价值，还不是很明晰。行业协会由于是企业间的中介组织，对创业的流程、创业所应该具备的条件、创业的新动向比高校更清楚。因此，由行业协会来参与，对创业课程的设置无疑有着很大的帮助。

此外，行业协会应利用自身优势，帮助高校减少专业理论课程的课时数，增加创业实践课程。企业需要技术人才，但苦于得不到技术人才，因为没有一条通畅的途径。而行业协会正好可以充当"红娘"的角色，把技术人才充沛的高校资源引荐给企业。在企业这块广阔的创业活动基地，学生的理论得到了应用。学生的实践能力在得到提高的同时，也帮企业解决了一些问题，双方都获得了很大的利益。这样一种双赢的结果使高校和企业都有积极性。但如果没有行业协会这一根线，企业与学校是很难实现这种互惠的。

2.共同推进学分制的改革

对于高校现在的这种不完全学分制，行业协会对它的影响实际上是苍白无力的，因为高等教育是一个复杂的系统，许多因素是相互影响、相互作用的。行业协会只能对高校的决策起一个影响的作用，而不能直接代替高校决策。学分制的改革，只能随着高校领导层的观念的逐渐转变和高等教育整个体制的改革才会慢慢改变。行业协会在与高校相互影响的过程中，应加强各个高校的横向联系，促使高校建立起一种互相承认学分的制度。通过各高校共享教学资源和采纳学分互相承认的制度，允许大学生跨

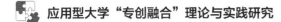

校选修课程。由于各个高校所开设的选修课程不够完善，因而推行学分互相承认制度，能为大学生跨校选课，完善自己的知识结构创造一个良好的条件，同时也将为创业人才培养的顺利开展奠定基础。目前，各高校的横向沟通非常少，要使学生能够跨校选课并且学分互相承认，是非常困难的事情。目前，只有天津市的两所著名大学——天津大学、南开大学的学生可以互相选修 20 门课程。❶ 对于这个问题，行业协会应当再次充当起桥梁的作用，积极的牵线各个高校，为高校的沟通搭建一个平台，加强各高校的联系，逐渐建立起一种互认学分制。这对高校课程总数不足、教学资源有限问题的解决也是一条很好的途径。

高校与行业协会的结合还可以推进高校"课外必修学分制"的改革。这种学分制要求大学生在校期间除课内完成必修、选修实践环节学分外，还必须获取一定量课外实践学分。学生可根据自己的实际情况和兴趣自由选择如下培训内容：科研活动、设计创新、科技竞赛、校园文化、学术论文、社会实践等。这些实践活动是创业人才培养过程中的重要内容。它能进一步巩固学生的知识，激发学生的创业欲望，提高学生将所学知识和技能转化为实际运用的能力；同时，还能培养学生的情感和意志，塑造学生的人格与个性，树立学生的社会责任感，从而实现全面提高创业所需的综合能力。行业协会对推进"课外必修学分制"的实行的作用体现在：行业协会联系企业和各种组织，帮助学生顺利修满课外学分，从而在条件上保障"课外必修学分制"的顺利进行。

3.共同建立一套科学的评估指标体系

行业协会通过参与高校教学质量的管理，和高校一起建立一套科学、系统的评估指标体系。单一的、片面的教学质量管理使个别大学生形成重知识掌握，轻技能训练的思想。高校教学管理者重知识性考试、轻技能性测验的评价观，对以能力为本位的创业人才培养产生了不利的影响。这种现状的形成，一方面是由于传统应试教育留下来的问题，高校的观念没有得到完全的转变；另一方面主要是因为高校对培养创业人才还没有一个明晰的思路，对于具体的过程环节掌握得还不是很到位，有一种心有余而力

---

❶ 曾振中.高校与行业协会结合培养创业人才的研究 [D].湖南：湖南大学，2008.

不足的感觉。因此，行业协会不仅要参与对教学和学习的结果进行管理与评价，而且还要参与对其形成过程的管理和评价。在管理和评价上，要组织专家对特定的情况作具体的考察，拿出符合学校的科学方案，形成一种系统的、成文的管理和评价体系。只有这样，创业人才所需要的实践能力才能得到教师和学生的足够重视，教师也才会有意识和针对性地对学生的实践能力进行培养和训练。

（三）高校与行业协会结合能有效地引进学生创业的风险资金

高校与行业协会的结合能促进学生创业风险资金的引入。

首先，行业协会通过发挥其功能降低交易成本，促进学生创业风险资金的引入。学生与风险投资商是两个不同的市场主体，他们之间的交易成本包括双方寻找交易伙伴的成本，即学生寻找可靠的投资商和投资商寻找有市场前景的创业设计所需要的成本，以及契约谈判的成本、监督和执行的成本（监督和执行的成本主要指风险投资商对学生投资后监督所需的成本）。这些成本使学生在创业风险资金的吸引上存在很大的困难。因为一方面学生对市场的不甚了解使他很难找到风险投资商，而高校与市场的相对独立使风险投资商对学生创业这一块关注甚少，即使学生有很好的、可行的创业设想，也由于相互的不了解而使这些设想束之高阁了；另一方面，由于学生的涉世不深，与风险投资商的谈判会处于劣势，即使学生的创业成果找到了投资商，也会由于学生经验等各方面的欠缺，要么使创业流产，要么在创业的过程中处于被动地位。行业协会利用"市场外方式"和"市场内方式"，降低交易过程的成本，使高校学生的创业成果更容易吸引到风险投资。

其次，高校与行业协会的结合对推进政府建立完善的风险投资体系有着积极的作用。我国的风险投资起步较晚，本身不很完善，因此行业协会可以发挥桥梁的作用，积极为政府提高这一方面法律法规的建设建议，推动政府对风险投资的政策和法规的建设。行业协会影响政府的决策向以下几个方面倾斜。一是在政策上放宽风险资本的来源，鼓励民间资本的进入。目前，我国风险投资的资金来源主要以政府投资为主，真正的民间资本进入风险投资领域还尚未形成气候。因此，一方面政府要继续通过政府资金的引导作用，拉动民间资本的投入，逐步发展成以民间资本为主、政府资金为辅的风险投资格局；另一方面，要实行政策倾斜，允许部分社保基金、养老基金和海外投资基金进入我国的风险投资领域，并给予必要的政策支持。二是完善法律条文。我国尚没有专门的风险投资法，现行《中华人民共和国公司法》中有许多不适用于高新技术企业和对风险投资不利的条款，应对其中的不合理的法律条文加以修改和完善，为建立适合我国风险投资退出机制提供切实可行的法律保障。三是现有的《中华人民共和国企业破产法》只适用于全民所有制企业，这无疑制约着我国风险投资采用破产清算方式退出的实现，应对其进行完善，为风险投资企业清算破产建立有效的程序，使风险投资企业的清算退出获得相应的法律保障。行业协会正是通过影响政府的这些政策的制定和措施的实行来推动学生风险资金体系的完善。

最后，高校与行业协会的结合能加强学生创业与风险投资方的信息交流，减少信息的不对称。按照国际惯例，高新技术中小企业与风险投资公司双方要达到充分的信息交流，包括企业的弱点和不足。双方合作谈判中，往往是扬长避短，尤其是在高新技术企业信息披露方面，存在严重的信息不对称，甚至欺诈，导致高新技术中小企业与风险资本的结合难以成功。高校学生的创业方面虽不太可能存在欺诈，但高校与风险投资两个相对独立的主体使得投资商对高校的信息掌握较少，产生不必要的不信任，从而阻碍了风险投资的进入。因此，行业协会促进双方面信息的了解可以推进高校学生创业风险投资的进入。

三、社会

社会是高校创新创业教育的有力支撑。社会力量不但可以影响高校创新创业教育理念，而且能够给高校创新创业教育提供充足的资金和人力支持。例如，美国考夫曼基金会的"考夫曼校园计划"（Kauffman Campus Initiative，KCI）和科尔曼基金会的"教师创业学者项目"（Faculty Entrepreneurship Fellows Program，FEFP）就提供了大量经费用来支持大学将创业教育拓展到不同学科，以发展全校性的创业教育项目。美国高校很多的创业教席和创业中心都是由创业者捐资成立的。此外，作为"创业美国计划"的一部分，"创业美国伙伴计划"（Startup America Partnership，

SAP）强调发展创业生态系统，加强创业导师与创业者的联系。该计划使独立的创业者、中小企业、高校、基金会和其他机构联合起来，共同去创造创新型、高增长的企业。近年来，我国企业与社会组织不断以基地、资金、师资、平台等形式协助高校学生进行创新创业活动，并取得了一定的成效。具体来说，一是以行业企业为主导，建设包括传统实体孵化园以及互联网等创新型孵化平台在内的创新创业基地，紧密联系市场动态，支持大学生创业项目；二是响应国家政策，为大学生提供创业资金担保、贷款、投资以及跟踪指导服务；三是构建大学生创业平台，与高校、政府等形成中长期合作关系，为大学生提供创业导师、技能培训、项目实践等资源，促进沟通交流。但从总体上来看，我国社会力量参与高校创新创业教育仍然处于探索阶段，需要不断完善协作体系。

（一）打造专业化社会服务机构

我国的相关孵化机构在短期内快速增长，容易产生集中化、同质化等，无法为不同阶段、不同领域的创业项目提供专业化、细分化的服务。据统计，截至2016年年底，我国孵化器的数量和规模已跃居世界首位，全国科技企业孵化器数量3255家，众创空间4298家，累计孵化科技型中小企业22.3万家。[1] 场地提供是我国孵化器基地的主流服务（占81.2%），而提供行政、人才、实体设备、财务辅助等专项服务的孵化器仅占约五分之一，创业者希望孵化器能提供更多市场营销、创业计划辅导、人力资源管理等专业化指导。相比之下，美国创业孵化器注重差异化、垂直化发展。据美国国家商业孵化器协会（National Business Incubation Association）统计，聚焦科技领域的孵化器除了聚焦科技领域外，还关注不同的创业领域如艺术、制造、农业等，并提供细分化的服务；而且美国的商业孵化器在区域分布上也较为均衡，47%的孵化器位于城市，53%的处于城郊、农村地区。因此，针对不同阶段和领域的创业项目，打造互相衔接、各有侧重的专业化社会服务体系，可以更具针对性地促进早期创业项目的孵化和成长。

---

[1] 2016中国孵化器发展现状专题研究报告 [EB/OL]．（2016–04–30）．http：//mt.sohu.com/20160430/n447014152.shtml.

（二）提高社会融资获取性

资金短缺是制约我国大学生创业的主要问题。2015 年《中国青年创业现状报告》指出，64.2% 的受访者认为缺乏足够的资金是创业过程中的主要困难。据统计，2014 届本科毕业生自主创业的资金主要依靠父母、亲友投资或借贷和个人积蓄（本科 80%，高职高专 78%），而来自政府资助（本科、高职高专均为 2%）、商业性风险投资（本科 2%，高职高专 1%）的比例均较小。❶ 上述事实表明，一方面，我国大学生缺乏融资方面的知识与技能，主动寻求社会资金的意识薄弱，导致社会资金支持与大学生创业项目未能良好有效衔接；另一方面，大学生创业项目受条件、手续、成本等许多限制，社会融资的可获得性较低。因此，社会在提供多元资金支持的同时，要降低大学生社会融资门槛，简化程序，完善制度，并加强宣传教育，主动帮助创业者选择融资渠道。

（三）完善社会合作机制

我国社会力量协同高校推进创新创业教育的模式较为单一，多以资金注入、创业论坛等形式进行，只有极少数能提供全面完善的支持体系。创业教育的复杂性与创业活动的市场性决定了高校具有与企业合作的强烈意愿，但由于企业与高校开展创业教育合作的可预期利润小、见效慢，企业的合作意愿较弱。❷ 要完善社会参与的协作机制，应从校企的双方需求、实施模式、评价体系、保障激励等问题着手，增强企业寻求高校合作的内在动力，探索大学生创业项目与社会支持的对接模式。

❶ 2015 年中国大学生就业报告：自主创业比例持续上升 [EB/OL].（2015-07-23）. http://ce.cn/xw/201507/23/t20150723-2652194-1.shtml.

❷ 徐小洲，等.大学生创业困境与制度创新 [J].中国高教研究，2015（2）：45-48.

第五章 "双创"教育融入专业教育的内容与方法

　　高校创新创业教育与专业教育相互融合是未来高等教育发展的趋势。高校应立足经济发展，着眼重大产业集群、重点发展的行业和企业项目，结合经济需求打造专业特色，将创新创业教育与专业教育深度融合。与此同时，高校应打破传统教学模式，加强顶层设计，重新制定人才培养方案，完善课程体系建设，优化课堂教学内容，整合社会实践平台以及师资力量，全方位推进创新创业教育与专业教育相互融合。只有在整体布局的前提下，各个教学环节互为补充，才能真正将创新创业教育落到实处。也只有创新创业教育与专业教育相互融合，才能真正培养出具有创新创业意识和能力的一线高素质技能型人才，使大学生更具就业竞争力和职业发展潜力。

第一节 "双创"教育理念与机制融入专业教育

一、"双创"教育目标与内容融入专业教育

（一）创新创业教育的目标

　　创新创业教育是通过强化创新意识、培育创新精神、训练创造能力、打造创新创业教育平台，达到提高人才培养质量，促进高等教育与科技、

经济、社会紧密结合的目的。在高校中开展创新创业教育，可以最大限度地帮助学生选择知识和牢固地掌握理论知识并将其进行相互融合，形成系统性的知识网络，进行创新知识体验，使其逐渐成长为社会发展所需要的创新创业型人才。这与当今五大发展理念之一的"创新发展理念"是相契合的。❶ 而专业教育则是指学生通过某领域的专门知识的传授与学习，具备一定专业知识与技能的教育。可见，无论创新创业教育还是专业教育，其培养目标是一致的，都是对学生能力的培养，以适应社会需求；其不同之处在于，创新创业教育侧重于大学生创新能力的培养，而专业教育则侧重于学生的专业知识与技能的培养。通过创新创业教育和创新实践活动，促进理论知识向专业能力转化，使不同专业背景的学生具备开创性和个性，具有首创和冒险精神，具有技术创新、团队协作、创办企业及运营管理能力，旨在将学生培养成复合型高素质人才。

（二）创新创业教育的内容

创新创业教育涵盖各个方面，内容十分丰富，不仅包括创新创业的意识、能力培养，还包括对心理素质的培养。教育的内容主要包括创新、创业、心理以及专业教育等，会通过多种教学模式开展教学。例如，校内外的社会实践和活动拓展等，不仅包括多方面的创新创业咨询，还有形式多样的技术服务，对创业的培训课程和实训活动有很大的补充，学生可以在创新创业场所进行学习。高校还会创建创新创业扶持基金，通过创立专项基金进行科研，并促进平台的发展，最大化地开发学生的能力。

1. 创新创业意识

大学生在有创新创业行动的思想之前，必须要有创新创业的意识，这是最基本的条件，只有具备了创新创业的意识，才能让个人的素质与创业的水平相一致。所谓创新创业意识，就是让自身的能力达到创业所需要的能力，并能够开展创新创业行动，可以为此进行努力，一步一步发展商机，并将其付诸实践。❷ 如果大学生可以将一件事情做大，并能够不断进

---

❶ 房汝建，朱锡芳，伍婷.论高校创新创业教育体系的构建 [J].常州工学院学报：社科版，2011（03）：103-106.

❷ 李飞标，徐志玲.论创新创业教育的实践教学体系的建设 [J].继续教育研究，2011（06）：119-121.

行开拓，就可以说具有一定的"开拓意识"，能够用自身的"闯劲"走向社会。

2. 创新创业能力

所谓创新创业能力，就是一种创新性人才所应该具备的专业的核心素质，应该在已有的情境下，对创新创业过程中出现的问题予以圆满地解决，通过各种综合策略进行决策。创新创业主要包含的能力有创新、学习、人际交往能力以及对自我发展的全新要求和与创业相关的综合能力。

3. 创新创业心理品质

创新创业要想成功，需要有健康的心理品质，这是最为基本的条件，而创新创业心理品质主要是对创业实践活动中人的行为和意识进行调节，并能够注重个性意识的发展。情感和意志包含在创新创业的各个方面，需要心理素质全程参与到创业当中，因此在教育的过程中需要培养学生的心理品质，让学生的合作、团队意识有所加强，进一步培养学生的坚强意识，有更加积极健康的情绪，在面对问题时，可以积极解决，而不是消极面对。

二、"双创"教育理念与思维融入专业教育

要在大学中推行"专创融合"教育，就必须打破传统的人才培养观念，树立新型的人才观。传统的人才培养是大一统的、标准化的生产模式，"专创融合"教育要改变这种模式，就必须走特色化、应用化、国际化的创新发展之路。中国社会经济转型发展最急需的是具有国际视野，具有创新动力，具有应用实践能力和个性特色的人才。推进"专创融合"教育，必须将创新创业教育的个性化、应用型、创新性和国际视野四个理念与思维融入专业教育。

（一）个性化

个性特色是一个人具有独立判断能力的标志，只有当一个人在表现出与众不同的判断时，才能充分彰显他的个性特色。因此，尊重个性，是创新教育的第一要义，没有创新精神就难以真正创业。一个人在彰显个性之时，也正是他的主体性得以发挥之际。实现个性化的过程，就是自我肯定的过程。显然，在这个走向自我肯定的过程中，必须有良好的外部氛围给

予支持，如果没有环境的默许和鼓励，要形成明显的个性特征是比较困难的。因为个性品格总是个体在与环境的互动过程中形成的，甚至可以说是环境塑造的结果。不可否认，个体意志力在其中发挥着巨大的作用，但环境有利与否则对个体成长的快慢和方向产生着决定性的影响。

要进行"专创融合"教育，首先必须充分尊重个性的价值，要承认"创造性寓于个性之中"这一基本原理。健康的人格寓于富有创造性的个性之中。为此，在教育中必须开展个性化教学。所谓个性化教学，就是根据每个人的特点进行施教，而非采用统一模式进行灌输。个性化教学说到底，就是尊重每名学生的不同理解方式，而不强求统一。

大学要培养个性化人才，就必须在教育教学过程中注重因材施教，不能按照一个模子进行统一化培养。这直接挑战传统的人才培养模式，因为传统的人才培养方案都是按照学科专业设计的，并没有照顾到学生个性的特色。在这种模式下，同一个专业的学生都学习一样的课程，选修课的意义也没有彰显。说到底，这仍然是"大一统"培养模式在作祟。

进行个性化教学的一个基点就是尊重学生的求知兴趣，因为正是这种兴趣才带动了个体对事物进行深入的探求。探求来自一种内动力，具有很强抗干扰能力。传统教学往往无视学生的独立人格，使学生很难体会到求知的乐趣，学习成了学生为满足外部要求而不得不做的事情，而没有体验到学习是一种自我价值的实现过程。因此，实施个性化教学从根本上说就是要尊重学习者的主体性。个性化教学也是实践创新教学的基本要求。传统的教育方式基本上不承认学习者的主体性，他们所学习的知识与自身的经验是隔离的，只能是一种"死"知识。可以看出，提倡个性化教学与传统的统一化教学是矛盾的。统一化教学强调的同一步调，个性化强调设计不同的教学方案，尤其提倡每个同学都可以有自己的独立的学习方案设计。

（二）应用型

要培养出个性特色的人才，必须走出传统的理论知识传授模式，走培养应用型人才的发展之路，重点培养学生对知识的理解和应用能力，而非知识接受能力或死记硬背能力。在真正的理解过程中，只有结合每个人的个性特色，尊重每个人的成长背景，知识才可能转化为个体的，才可能使个体与环境之间展开有机的互动，才可能把知识应用到解决实际问题的过程中。这个应用过程，也是激发个体创造性的过程。在解决实际问题过程，个体就开始了一个试错过程。在这个试错过程中，个体必然要借鉴各种资源，那么所学习的理论能否为当下问题解决提供指引就变成了一个重要的考察目标。这一考察过程，就是理论与实际相结合的过程。由此可以看出，正是因为问题导向和问题的激发，才使理论知识焕发了生命力，没有这个问题解答过程，理论知识就可能始终处于封存状态，因为它缺乏被反思的机遇。

培养实践应用能力，必须以问题解答为导向，即必须让学生体验到真实的问题情境，从而把个体的主体性激活。这意味着，要使学生体验到真实的问题情境是培养学生应用实践能力的关键步骤，这也在考验教师的创造力，考验教师对知识本身的理解力，考验教师是否具有解决实际问题的能力。故而，尊重学生的个性是在承认学生的主体性前提下实现的。而尊重学生的主体性，就必须主动地走进学生生活，了解学生的发展状况，把握学生的发展需求。否则，尊重学生的主体性就变成了一句空话。

对于教师而言，要培养学生的应用能力，就必须首先使自身具有解决实际问题的能力，具备对现实问题的敏感意识，能够面向社会经济发展需要思考自己的科研课题与教学内容设计。教师尤其不能把应试教育作为逃避就业压力的策略，借鼓励学生考研来逃避培养学生实践能力的责任。所以，要培养应用型人才，教师首先必须树立培养应用型人才的理念。对于高校而言，树立培养应用型人才理念要在教学管理上大力推进理论教学与实践教学的统一，反对进行单纯的理论知识传授，鼓励教师积极地提升自己的实践教学素质，主动与实践部门结合，提高自身理论指导实践、解决问题的能力。

随着知识不断分化和细化，适合于从事理论创新的人才越来越少了，同时社会对具有实践能力的人才需求则越来越多了。对于多数学生而言，他们并不具有理论兴趣，他们比较感兴趣的是进行应用性的设计和操作。所以，个人的兴趣变化，与社会生产越来越趋向精细化、个性化的过程是基本一致的，这意味着培养应用型人才是高等教育发展的重点。

应用型人才培养要求教学体系不应以学科知识体系为主，而要以实际行业面对的问题为主导。强调"做中学"，强调个体的主动探究，提倡团队教学和研究性教学，提倡以解决问题为中心开展教学内容设计。应用型人才培养的一个成功路径是提倡合作教学，这个合作既包括不同学科教师之间开展合作，也包括校内与校外的合作，特别是与实践部门的合作，不能按照传统的学科分化逻辑进行教学。

（三）创新性

培养创新性人才是当今中国高等教育的核心命题，是时代的呼唤，是需要不断推进的工作，是关系到方方面面的改革事业。对于高校而言，首先需要从观念上进行突破。培养个性化人才、应用型人才，都是围绕培养创新性人才而设计的。可以说，不尊重个性，不强调理论联系实际，就不可能真正创新。

人的创新性寓于独特的个性之中。首先，创新性表现为具有强烈的求知兴趣；其次，表现在具有敏锐的批判意识上；再次，表现在善于提出新想法、新看法并把它们付诸行动中；最后，表现在善于不断地对自我行为进行反思批判和总结提升上。当前，大学"专创融合"教育不仅需要激发学生的求知兴趣，而且要把重点放在培养学生具有敏锐的批判思维能力上，因为具有敏锐的批判思维能力能够强化个体的求知兴趣，这种强化是一种内在的强化，效力更具有持久性。所以，培养创新性人才的重点是培养学生具有批判性思考能力，这要求我们在具体的教育教学过程中，鼓励学生对不同观点去伪存真、去粗存精。培养批判性思考能力的核心就是要形成自己的独立判断能力。培养批判性思考能力不仅是培养理论思维能力的基础，也是培养实践应用能力的基石。

当然，一个人要形成自己的批判性思维能力，需要不断地扩展自己的视野，进行经验反思，善于把学到的理论知识应用于实际中进行检验，从而真正形成自己的知识。这与现实对照的过程其实是培养批判性思维的最佳过程，同时也是提升个体创新能力的基本过程。

培养创新性人才要求我们必须改变传统的教育方式，特别是要改变传统的考评方式。教师只有结合实际案例的讲解，才容易让学生对知识理解内化，而让学生参与实践实习过程则能够推进知识向能力的转化。对学生学习成绩的考核不能仅仅考查他们对书本知识的记忆程度或对教师讲解的接受程度，而应该把考查重心放在学生运用知识解决实际问题的能力上。为此，要培养学生的创新能力，就必须精选教学内容，并非越难越多越好，而应该适可而止。"适度"是指学习内容必须具有一定的挑战度而且是学生经过努力就可以完成的；教学内容必须克服纯粹的理论知识模式，必须寻找理论知识与实践的结合点，以这个结合点来构建教学内容框架，否则教学过程就容易沦为空洞的理论知识灌输，从而使学生感到晦涩难懂，进而使学生对知识产生畏惧心理。因此，我们必须形成一个基本的共识，即好的教学效果必然是激发了学生的探究兴趣，不能激发学生探究兴趣的教学是无效的教学。

（四）国际视野

在经济走向全球化的今天，创新性人才是没有国界分别的。在培养创新性人才的过程中，必须借鉴国际的经验。我们知道，真正的创新人才绝不是自封的，必须得到国际的承认。换言之，创新人才的培养最终要走向国际。

在当代社会，一个人没有国际视野是很难做到真正意义的创新，因为我们的一切思想和认识都不能仅仅在国内自我宣称，必须放在国际的平台上进行比较，不然我们可能是在重复别人的劳动。只有视野开阔，才能为自己的思想发展提供一个广阔的参照系，从而避免闭门造车、做重复性工作。

要具备国际视野，首先需要具有跨文化的交流能力，即不能完全按照自己本土的定势思维来思考世界上的事情，必须学会站在客位的视角来审视一切，否则就会把自己的主观臆断强加于人。❶当我们站在客位视角进行思考的时候，就学会了如何欣赏不同的文化，如何进行不同思想间的交流，如何识别不同认识的精彩之处。这样做就拓展了视野，使我们对问题的思考更加全面和深入，就容易更快地接近科学的前沿，最终成为拔尖创新人才。

毫无疑问，学会跨文化思考，培养跨文化交流能力，掌握必要的外语工具是前提，因为这样才能直接地接触到外国的语言文化文本，提升文化交流的效果，尽快地把握异域文化的精髓。所以，国际化是创新人才培养的最高位阶，它绝不是一个简单的符号标签，而是作为人才的主体与国际

---

❶ 王洪才，戴娜，江利.本土生国际化：中国高等教育国际化的新视角［J］.现代大学教育，2014（4）：60—66.

学术界交流互动的过程。要培养国际化人才，就必须从个性化、应用型、创新性等做起，否则，国际化是不可想象的。无疑，在这一过程中始终都不能脱离国际视野，因为具备国际视野可以促进一个人自我素质的不断提升。

个性化、应用型、创新性、国际化这四种理念具有内在的一致性，其中个性化理念是创新创业人才成长之基。一个人只有具备了丰富的个性内涵，才可能为日后的知识实际应用和发明创造以及国际交往提供动力支持；应用型理念为人才成长提供活力源泉，人只有在应答现实社会需要和回应现实问题的过程中，才能极大地激发个体的创造性，才能充分展现自己的独特个性品质，为国际交往提供方向性和针对性；国际化理念引导人才成长的深度和高度，它不仅要求人才在个性品质上具备包容性和开放性，同时必须注重现实应用性和科学原创性，这两者自然也是应用型素质与创新性素质的展现。四者是一个内在的有机体，是相互交织、相互支撑和相互依赖的统一体，唯有如此，才能造就高水平的创新人才，才能满足科学技术的原创性的需求。

三、"专创融合"人才培养方案的构建

人才培养方案是实现人才培养目标和保证教学质量的纲领性文件，是人才培养的顶层设计和实施蓝图，是组织教学过程、安排教学任务的主要依据。高等院校要打破传统单一专业教育的人才培养方案，领会并把握《关于深化高等学校创新创业教育改革的实施意见》的精神实质，尽早从顶层设计出发，重新制定人才培养方案，全程化、全方位、多角度地对创新创业教育进行科学规划和具体落实。这个过程需要教学、学生管理、就业、团委等诸多部门组织协同配合实施，将创新创业教育引入专业教育培养的各个环节。学校还要出台鼓励师生开展创新创业实践活动的政策，将创新创业教育纳入新的绩效考评体系之中，指导教师工作，激发学生学习的积极性。

为了实现转型发展的目标，需构建具有特色的应用型本科人才培养体系。人才培养方案要坚持三项原则：首先，要坚持"应用技术型"的人才培养定位。人才培养方案要突出以服务地方经济建设和社会发展相适应

的"应用技术型"人才培养目标，通过理论教学与实践教学相结合、专业培养与综合素质培养相结合，达到知识、能力、素质的综合提升。其次，构建以能力培养为核心的课程体系。与行业企业深入合作，分析确定专业岗位需求，以职业能力培养为核心整合课程，重构课程体系。每个专业都要构建 3～5 个专业能力培养课程模块。最后，注重实践，坚持学生能力培养不断线。充分认识实践教学对应用型人才培养的重要作用。根据专业特点和职业能力培养需要，构建与理论课程模块相对应的实践教学项目建设，实施与之相适应的实践教学模式，提高学生综合应用知识的能力。为了突出学生的实践能力培养，要求实践教学课时不低于总课时的 30%。同时，将学生的实践能力，职业能力和创新创业意识培养贯穿于人才培养的全过程，努力培养学生的创新精神、创业意识和创新创业能力。

第二节 "双创"教育课程与教法融入专业教育

一、"双创"教育课程体系融入专业教育

大多数学生认为学校开设创新创业教育课程是十分必要的，而要实现应有的教学效果，需要高校科学构建创新创业教育课程体系，将就业创业和创新教育纳入教学计划和考核方案，逐步建立分层次、递进式的创新创业课程体系。

创新创业是真刀真枪、含金量十足的"实战"。要让大学生避免眼高手低、高分低能的人才培养"雷区"，就要把培养大学生创新创业思维和实践训练尽早地融入高校课程之中，通过持续不断的学习和训练，让大学生掌握创新创业需要的思维和技能，在新时代的"双创"浪潮中屹立不倒。

（一）将创新创业内容融入通识课程教学

通识课教学一般是在大学生入学后的第一学年和第二学年展开，这个时期的大学生还处于对大学教育模式和大学生活的适应期，相对而言，这

个时期的大学生思维更加活跃，探索欲望高涨，接受新鲜事物的能力也更强，此时开始对其进行创新创业思维能力和实践能力的基础训练正当其时。这一阶段除了让大学生学习有关创新创业的基本知识以外，更重要的是要树立起大学生应积极投入创新创业的学习，培养其创新创业的意识和习惯，为今后大学生以创新为导向进行更深入的学科专业学习和社会实践打下坚实的基础。❶ 在人文社科类专业的通识课中，可以适当引入有较大影响力的企业或有代表性的中小企业在创业过程中曾经面对的重大问题、重要决策、经历的重大事件和解决方案、制定的重要管理制度等内容，甚至可以请一些知名的企业家走进学校"现身说法"，以实际社会经济生活中鲜活生动的案例展示创新创业过程中的普遍性规律、经验和教训（课程设置参见表5-1）。

表5-1　创新创业教育通识类核心课程

课程名称	课程内容与要求	参考学时（学分）
法规与公共关系系列课程	具有从事本专业相关方面的人文与科学素质，奠定经济、环境、法律、伦理等知识基础	160学时（10学分）
职业生涯与就业指导	通过案例教学法，引导学生正确认识自我，了解本专业职业与就业环境，帮助学生树立积极正确的择业观、就业观与创业观	32学时（2学分）
创新思维训练	围绕创造、创新与创业，贯彻"宽口径、厚基础、重能力、求创新"的通识教育理念，优化学生知识结构，培养学生的创新思维，增强学生的创新创业意识	32学时（2学分）
创业精神	通过多元化教学，使学生了解创业应具备的基本要素、必备知识和技能，企业家必备的精神，唤起学生的创新创业意识	32学时（2学分）

（二）将创新创业实践融入专业课程教学

专业课的学习是在大学生具备一定的自我管理和学习能力以后，进行的更深层次的学习，其特点是专业性、针对性强，理论化、系统化程度高，需要学生投入大量的时间、精力进行学习、钻研才能得其门而入。在

---

❶　张冰，白华．"高校创新创业教育"概念之辨 [J]．高教探索，2014（3）．

这个过程中，教师与学生之间的交流碰撞比通识课教学更加频繁、深入，大学生所获得的知识结构更加完备，学科思维更加系统，知识面更宽广，对知识的理解更透彻。大学生专业课学习的这些特点决定了引入创新创业实践要与其相适应，才能取得良好的效果。因此，在这个阶段，首先应着力培养大学生的系统性创新创业思维，使其能够站在更高的角度看待创新创业中的问题，更全面深入地分析创新创业实践中的各个环节；其次应结合校内外实际情况和学科专业特点，适当进行创新创业实战训练，让大学生在相对真实的"战场"上苦练本领，初步获得能在现实环境中解决具体问题的能力。❶ 如在政治学或者经济学的专业课学习中，可以辅之以国家政策和地方政府政策对创新创业影响的研究教学，探讨政策的积极作用和负面影响，结合实际思考优化方式和手段等，通过将专业知识与社会现实相联系，提高学生对创新创业的理解层次和思维水平；在操作性较强的实用型专业上，可以请专业对口行业中有关企业的优秀人才，协助或直接参与创新创业课程设计，作业设计和点评，让学生学习、实践与社会现实和企业需求贴合得更紧密（课程设置参见表5-2、表5-3）。

表5-2 创新创业教育专业或技术课程

课程名称	课程内容与能力要求	参考学时（学分）
学科基础课程	学科基础课程不仅包括本学科理论课程，也包含相应的实验、实习等实践性教学环节。系统地学习本专业的基础理论、基础知识和基本技能与方法，培养学生的基本能力与基本素质。为学生继续学习专业课程提供基础知识、基本理论与基础技能	160学时以上（10学分以上）
专业核心课程	教学内容鲜明呈现与社会经济文化发展需要的呼应关系，能有效引导学生掌握解决问题的思路、方法、规律与操作。主要包括主干知识突出，结构合理，体现专业特色的理论课程、实验课程和实践课程。培养掌握本专业及相关专业方面的基本知识、原理、方法与技能，具备从事本专业及相关专业工程的设计、施工及管理能力，能在本专业及相关专业领域的设计、研究、施工、教育、管理、投资、开发部门从事技术或管理工作的应用型工程技术人才	192学时以上（12学分以上）

❶ 蒋阳飞.高校创业教育与专业教育融合的问题及对策［J］.大学教育科学，2014（4）.

续表

课程名称	课程内容与能力要求	参考学时（学分）
专业方向课程	专业方向课主要包括各方向的选修课程。选修专长分组课程，使学生具备更广泛的本专业知识，以满足未来创新、创业与就业需求	128 学时以上（8 学分以上）
项目研发课程	此类课程从学科专业与现实社会产生生活的关联入手，引导学生掌握项目研究路径与方法，参与专业的创新创业实践。提高学生发现问题、分析问题和解决问题的能力	32 学时（2 学分）
创业管理课程	通过专业创业管理课程学习，指导学生开展一项专业项目的市场调研，完成一份专业项目的创业计划书，引导学生了解创业基础知识、基本理论和基本流程，掌握创业计划书撰写与技巧。培育学生创业意识、创业基本素质和基本技能	32 学时（2 学分）

表 5-3　创新创业技能实训课程

课程名称	课程内容与能力要求	参与学时（学分）
创业培训课程	SIYB、KAB 创业培训，系统学习创业知识与技能，培养创业精神与素质，让学生了解创业过程与模式、掌握创业方法与步骤	32 学时（2 学分）
仿真课程	让学生进行专业相关的仿真实训。模拟体验创新创业过程，使学生掌握创新创业方法与步骤	2 周（4 学分）
公司实训	让学生到专业相关的企业、公司实训。提高学生的自主创新创业意识和创新创业成功率	18 周（8 学分）

二、"双创"教育课程融入专业教育

把创新创业教育课程融入专业教育，包括 3 层含义：一是将创新创业教育课程融入专业人才培养方案，在专业培养计划中独立设置创新创业教育必修课或选修课；二是将创新创业教育内容融入专业课程内容，在专业课程中采取渗透的方式融入创业意识、创业能力和素质的课程内容；三是将创新创业教育课程体系融入专业课程体系，以便所开设的创业教育课程与专业课程按照教育内容形成一体化的专业教育课程体系。❶

---

❶　张鹤.高校创新创业教育研究：机制、路径、模式［J］.国家教育行政学院学报，2014（10）：28–32.

创新创业教育课程融入专业教育进而构建专业教育课程体系是高校创新创业教育的有效模式之一，这已经为美国等西方国家的创业教育实践所证明。从美国哈佛商学院的迈尔斯·梅期教授于 1947 年开设了"新创企业管理"（Management of New Enterprises）课程开始，美国等国家高校相继在专业教育中开设了以"商务管理"课程为主的创业教育课程。20 世纪 70 年代之后，美国、英国、澳大利亚、加拿大和日本等发达国家陆续在高校中开展创业教育融入专业教育的实践，开设的创业教育课程数量越来越多，逐渐形成了以融入专业教育为主要特征的高校创业教育课程体系。

我国高校创新创业教育课程融入专业教育尚处于起步阶段。虽然有部分高校已经构建起较为完善的融入专业教育的创业教育课程体系，但大都集中于 2002 年教育部确定的创业教育试点高校。从国外发达国家创业教育的成功经验来看，由开设创业课程和逐步融入专业教育着手来实施高校创新创业教育，是高校成功实施创新创业教育的有效途径。在具体操作层面，可以根据专业特点采取"分层"融入的方式，即在专业通识课程层级融入创新创业教育通识课程，面向全体学生开展旨在培养创新精神、创业意识和创新创业能力的创新创业教育；在专业基础课程层级融入创业基础知识课程，为学生实施创新创业提供创办企业、经营企业、培育创业项目、拓展项目市场、商务谈判和团队建设等方面的基本知识；在专业课程层级融入创业实践课程，为有创业意愿和创业兴趣的学生提供创新创业的实践机会和平台。通过在专业课程不同层级融入相应的创新创业教育课程，使创业教育完全植入专业培养，形成完善的"专业＋创新创业"的课程体系。

开展创新创业教育既需要扎实的理论基础，需要创新创业实战经验。由于学校能够胜任创新创业指导的教师较少，建议引入优质网络在线教育课程来弥补学校师资的不足。随着网络教育的发展，特别是慕课等的大规模应用，各学科均有在线网络优质课程，学生可以根据自己的计划，以多元化方式选修，打破单纯的班级讲授模式，使线上线下的混合式学习成为主流。伴随着学习方式的转变，学生除要固定听取教师课堂传授专业知识外，也有了更多的时间去选择学习自己喜欢的通识课程，锻炼创新能力、领导能力、协作能力、表达能力，进而投身到适合自己的创新创业实践活动中，全面提高综合素质。

三、"双创"教育教学方法融入专业教育

创新创业素质与专业素质的培养中有很多相通性，两者的融合更加有利于学生知识、能力和素质的提升，在专业的基础上进行创新，在专业的支撑下开展创业。

（一）案例教学激发创业激情

案例教学有助于培养学生的创新能力，尤其是来自企业且富有挑战性的真实案例。将真实情境引入课堂教学，在任课教师的介绍引导下，学生了解项目背景概况，知晓设计要求，遵守进度、资金安排，就像企业员工分析解决问题一样，从而掌握依托知识体系的具体实践经验，达到通过专业知识解决实际问题的目的。❶教学中呈现经过遴选并优化的真实案例，不仅强调学生的参与性、主动性和主体地位，更突出学生的自主性学习、互动讨论以及知识的灵活运用。学生在学习和讨论过程中，既可以从案例中归纳方法、总结规律，又可以突破传统的思维方式另辟蹊径，养成创新思维的习惯，从而促进创新能力的培养。如在"施工组织与管理""工程量计算与计价"等工科课程的教学中，教师可以将企业的实际项目作为案例引入课堂，不仅增加了讲解的生动性，而且还原了真实项目的复杂性，使案例更具吸引力。还比如在物业管理专业的"物业费用测算"综合实践环节，教师可以选取学生学习的教学楼、生活的宿舍楼等校内物业管理范畴作为测算对象，让学生进行实际演练。

（二）体验教学积蓄创业技能

1. 角色扮演

角色扮演是教师根据实际工作场景设定情境，组织引导学生分别扮演现实企业中的某个岗位角色（例如施工现场的材料员、质量员、预算员、项目经理等），让其根据身份设定和职责要求互相提问并应答，在模拟职场行为的过程中体验工作氛围，塑造职业心态，积累创业经验。例如，在

---

❶ 邵月花.高职院校创新创业教育与专业教育有效融合路径研究［J］.中国职业技术教育，2016（10）：76-79.

设计类课程的方案汇报环节，可以让学生分别扮演投标者和招标人，聆听方可随意对方案的设计理念、设计思路、效果表现等进行提问，汇报方需要现场进行作答。这样，学生不仅能够体验实际工作的复杂环境，感受创业历程，还能提高对专业知识技能的理解，锻炼实战应变能力。同时，他们还可以从角色中领会岗位职责，通过角色交替学会换位思考、服从与配合，进一步培植职业精神与素养。

2. 模拟训练

模拟训练可以依托专业课程的实践环节开展创新创业教育"全景式"教学，模拟演练自主创业活动，训练创业者对投资、行情、风险等要素的预测、决断与处置能力。例如，将园林树木识别与应用教学设计为苗木推销环节，这不仅要求学生掌握树木名称、生态习性等理论知识，还需要根据用户的资金预算，为其推荐最适宜的苗木。此外，在和用户的交流中，学生还需要针对不同的用户采用不同的交流方式。此环节要求学生深入市场，通过向苗圃林场有关人员询价，了解树种的习性、长势、销量、市场前景等。这些举措不仅巩固了学生对苗木形态、习性、绿化应用方面的知识，还锻炼了他们的交流沟通、信息处理以及团队协作等能力。通过开展模拟训练教学，不仅可以使学生体验创业过程、处理实际困难，还可大大降低真实创业的成本与风险。

3. 工作室教学

"工作室教学模式"是将理论教学与实践教学融为一体，将学习任务融入承接企业的项目生产过程，学生在工作室成立项目小组，在专业教师指导下按照企业运作模式完成生产任务。❶这种教学模式能够使学生亲身接触企业真实项目的组织与实施过程，培养他们运用理论知识解决实际问题的能力，并在解决问题的过程中提升创新能力。如在"住宅室内设计"课程中采取的工作室教学模式，即按照企业设计师承接一个设计项目之后的具体实施过程来编排教学进程。在课程实施阶段，指导教师要对各小组项目设计的全程进行记录与总结，课程评价阶段还要组织作品展览及分组项目汇报。课程评价指标不仅考量作品质量和最终效果，还要根据过程记

---

❶ 池月. 基于工作室模式提升艺术设计类大学生创新创业能力 [J]. 科教文汇，2016（7）：76–77.

录综合考虑人员分工、进度安排、实施效率、工作态度、成员配合等评分要素，将职业习惯与职业素质的养成教育融入专业技能训练之中。

（三）双导师教学指引创业方向

借鉴高校开展创新创业教育的成功经验，配备合理的师资是其中一个关键因素。高校不仅要提升自有教师的双师素质，时刻关注行业最新动态，积极参与行业、企业的一线兼职和实践活动，还要大胆从行业企业中聘任兼职教师，尤其是具有就业经验和创业经历的一线人员。他们不仅会将身边事例生动展现，还会结合亲身经历总结经验和教训。真实创业者的创业故事可以帮助学生打破思想上的神秘感和心理上的畏惧感，增强创业的信心和勇气，使他们看到成功的希望，明晰努力的方向。

（四）课内外竞赛激发创新思维

开展技能竞赛不仅强化了高校的育人质量，也为创新创业教育的改革提供了有力抓手。高校每年定期都会参加各种技能比赛，从校级选拔赛，到校外省市级、国家级的技能竞赛，以及教指委、行指委举办的毕业设计作品大赛。即便没有参加校外比赛的机会，也可以在课程设计中设置诸如快题设计之类的课内竞赛。通过参赛竞争，学生不仅可以得到更多的指导，还可以拓宽知识面，提高分析问题、处理问题、解决问题的能力，并且可以大大提高学习兴趣，明确学习目标，激发创新思维，促使学到的知识技能不陈旧、不僵化，紧跟时代步伐，激发较好的创新能力和创业积极性。

（五）众创空间搭建创新创业平台

自国家发出"万众创新、大众创业"的号召后，各高校纷纷搭建起众创空间，并已发展成为网络时代下服务创新创业的综合性平台。借助众创空间的产业背景和创业资源，将企业环境、创业场景及市场需求引入专业教育，可以使教学内容紧贴行业领域技术前沿，紧跟产业动态及市场走向。将众创空间的创业项目作为教学载体或案例引入课堂教学，通过项目式互动教学激发学生创业热情，感受创业过程，分享创业成果。与此同时，还可与众创空间里的创业实体开展校企合作，搭建专业化实践平台，让学生在真实的市场环境里参与经营项目，实现创业教育实战化。

（六）实践教学创造创新创业机遇

实践教学不仅提高了学生的动手技能和创新能力，而且创造了丰富的创新创业机遇。将创新创业教育理念和精神贯穿于实践教学之中，不仅可以使创新创业教育有客观、有效的载体，增强针对性，而且有利于体现学生创新创业活动的专业性。尤其在高校教学的顶岗实习阶段，学校充分利用众多实习基地进行毕业论文（设计）的联合培养，理论联系实践，提高学生专业创新创业能力。学生在实习实训基地中参与企业生产与运作管理的过程，不但培养了自主学习、分析问题、解决问题的能力和协作、创新、探索的精神，同时获得了探寻创新创业机遇的珍贵契机。

四、"双创"教育评价方式方法融入专业教育

在评价机制上，建立多样性和灵活性的评价机制，为学生创新创业提供一个较好的技能基础，使学生在更宽松、自主、开放、进取的创新创业教育氛围中学习。

"双创"教育评价方式主要有 CIPP 模型、BP 神经模型、平衡记分卡等。

CIPP 模型是 1966 年由美国著名教育评价学家斯塔弗尔比姆在俄亥俄州立大学教育评价中心提出的管理导向模型。模型整合了背景评价（Context Evaluation）、输入评价（Input Evaluation）、过程评价（Process Evaluation）和成果评价（Product Evaluation）4 个方面，CIPP 这一名称正是 4 个评价要素的英文单词首字母缩写。背景评价是分析评价对象所处环境，评价方案目标设定的是否合理；输入评价是对能否达到目标的预判，评价达成目标所需的各类资源的配置及投入情况；过程评价是记录和分析方案实施过程中发生的各种事件和活动；成果评价是对方案实施结果的评价，以做出及时的反馈和改进。与其他教育评价模型相比，CIPP 模型更符合现阶段教育评价的客观要求。该模型注重过程评价和过程改进，突出反馈的重要作用。模型从创新创业环境基础、创新创业资源投入、创新创业过程行动、创新创业成果绩效 4 个方面对高校的创新创业教育进行全面的评价，具有科学性和系统性的特点。

BP（Back Propagation）神经网络是 1986 年由鲁姆哈特和麦克兰为首的科学家小组提出的概念，是一种按误差逆传播算法训练的多层前馈神经网络，是目前应用最广泛的神经网络模型之一。BP 神经网络结构由 3 个部分组成：输入层、隐含层以及输出层，其单元数均由实际问题决定，对实际数据进行搜集，运用 MATLAB 软件提供的工具箱对其创新创业教育质量进行评价，具有比较高的科学性。

平衡计分卡是美国哈佛商学院教授罗伯特·卡普兰和大卫·诺顿提出的一种新的绩效评价体系，创新创业教育相当于是学校运营的一个项目，而运用平衡记分卡对这个项目进行多方面的平衡，从财务视角、客户视角、内部运营视角、学习与成长视角，从这 4 个方面入手，对学校创新创业教育设计可衡量的管理绩效目标及相应的评价指标，把学校的发展战略转化为各种具体目标，并通过合适的指标体系追踪目标完成情况。

"双创"教育评价方法主要有 AHP 法（层次分析法）、模糊综合评价法、德尔菲法、加权平均法等方法。

AHP 法也就是所谓层次分析法，是指将一个复杂的多目标决策问题作为一个系统，将目标分解为多个目标或准则，进而分解为多指标（或准则、约束）的若干层次，通过定性指标模糊量化方法算出层次单排序（权数）和总排序，以作为目标（多指标）、多方案优化决策的系统方法。

模糊综合评价法是一种基于模糊数学的综合评价方法。该综合评价法根据模糊数学的隶属度理论把定性评价转化为定量评价，即用模糊数学对受到多种因素制约的事物或对象做出一个总体的评价。它具有结果清晰、系统性强的特点，能较好地解决模糊的、难以量化的问题，适合各种非确定性问题的解决。

德尔菲法也称为专家调查法、专家评价法，是采用背对背的通信方式征询专家小组成员的预测意见，经过几轮征询，使专家小组的预测意见趋于集中，最后做出符合市场未来发展趋势的预测结论。与它对应的是头脑风暴法，与上述背对背的调查不同，头脑风暴法是组织在一起开会，不断提出设想和不断质疑，通过客观、连续的分析，找到一组切实可行的方案。

加权平均法，利用过去若干个按照时间顺序排列起来的同一变量的观测值并以时间顺序数为权数，计算出观测值的加权算术平均数，以这一数字作为预测未来期间该变量预测值的一种趋势预测法。

第三节 "双创"教育资源与服务融入专业教育

一、"双创"教育师资队伍融入专业教育

师资队伍建设是创新创业教育与专业教育是否能够成功实现融合的重要环节。专业教育与创新创业教育相互融合的教育理念、人才培养目标、课程体系建设以及教学内容，都依赖于一线教师的具体工作实施。是否拥有一支能够胜任专业教育工作的创新创业教师队伍，成为创新创业教育与专业教育融合能否落地并成功践行的关键，这就需要打造一支既有扎实的专业理论知识，又具有一定创业经验的师资队伍。

首先，要明确全体教师创新创业的教育责任。教师要由原来的专业知识传授向专业知识应用转型，不仅关注专业理论知识和专业技能，还要关注专业领域动态，了解市场导向，敢于突破常规思维，将教学内容与实践需求相结合，引领学生建立创新创业意识，培养学生创新创业能力。

其次，加强教师队伍的实践教学能力。学校在经济收入、职称评定等方面应制定政策，鼓励教师到专业相关的行业企业挂职锻炼，了解企业一线的专业需求、人才需求。同时教师自身的知识结构要能够与市场需求保持同步，加快知识结构的更新速度，真正做到理论联系实际，培养和选拔出有一定影响的创业教育学科带头人。

最后，学校建立校企合作机制，聘请企业负责人、创业导师等担任创新创业课程的责任教师，加强人才培养与社会需求之间的协同，增强创新创业教育针对性和实效性，指导学生认识到专业技能与创业技能的相关性，为学生提供创新创业的实践平台，促进学生的持续职业发展和创新创业能力的提升。

二、"双创"教育实践平台融入专业教育

创新创业教育的平台设计无法单独依靠高校完成，还需要借助政府和产业资源。与传统教育相比，创新创业教育有以下内涵：一是更注重学生创新创业意识的培养，引导学生从被动适应社会的求职者转变为主动适应甚至挑战社会旧规则的建设者；二是强调系列课程体系的开发；三是注重通过模仿等实战形式使学生获得更多的感性体验；四是以厚实的学术研究为支撑；五是能够直接诱发师生的创新创业活动。这些特点决定了创新创业教育必须有平台支撑，而且这种平台支撑本身既能发挥串联政府、大学、产业关系的特殊作用，又能"真枪实弹"地锻炼培养学生的企业家精神。

1.搭建知识空间平台

主要任务是将与创新创业教育活动有关的知识传播、知识发展与知识创造融为一体，将创新创业教育置于学术发展与产业发展相融合的大环境中，一方面提高大学内外部协同育人效率，另一方面为高新技术企业的孵化和培育提供资源。当前，国内部分高校依托教务部门成立了创新创业教育学院，以此来整合全校的相关资源。这种组织架构对于校内资源的调配与统筹，无疑是便捷高效的，但往往局限于校内资源的整合，有意无意忽视了大学与政府、产业之间的关系协调，导致创新创业教育活动往往始于课堂、终于课堂，始于校园、终于校园，甚至多数创新创业教育活动流于形式。从时代发展要求来看，转变发展方式、优化经济结构、转换增长动力，对大学创新创业教育的组织形式提出了更高的要求。一方面，大学自身开展创新创业活动需要鲜活的素材和教学资源，切实增强了吸引力和针对性；另一方面，需要将创新创业教育活动拓展到产业发展中，为产业发展提供源源活力和不竭动力。这就需要搭建一个学术发展、人才培养与产业联系的平台。这个平台应该包括创新创业教育机构、知识产权管理和科技成果转化机构、引导产业界和校内学科共同研发的管理机构、依托学校设立的科技创新产业园和孵化器等，以此将校园创新创业教育与校外产业发展广泛联系起来。实践证明，这种模式会更好地促进大学发挥服务经济社会的作用，并可能在这个过程中重塑产业形态。在20世纪30年代，斯坦福大学致力于在科学和工程院系之间建立紧密联系，将学院各系和当地

科技型公司联系起来，在学院周围创造产业氛围；20 世纪 60 年代之后，由于半导体技术、电子、通信、计算机科学与技术等高新技术的革命性兴起，斯坦福培育了大量技术衍生型公司，在文理、工程、医学 3 个方面迅速崛起，一跃成为世界名校。❶享誉全球的惠普、谷歌、雅虎等著名企业，就是由斯坦福大学师生创办的。相信在未来的不长时间内，中国高校的师生也会塑造出一批世界知名企业。

2. 打造创客空间平台

并非所有的学生都是创客，但其中确有一部分人千方百计地努力，试图把自己的创意转换为现实生产力。为鼓励这些行为，地方政府出资设立了大量的创客空间，很多高校也根据自身优势开辟了很多创新创业实践场所。当前的问题是，如何开展有组织、有效率的创客活动，充分发挥这些场所的作用。只有物理空间还难以对学生产生足够的吸引力，各种主体在这些空间内组织的训练营或俱乐部活动更为重要。根据举办主体不同，这些活动大致可以分为 3 类：一类是学校或学生自行组织的，一类是政府组织的，一类是行业企业组织的。这 3 类活动从数量和规模上看，往往依次递减。高校热情高，但资金少；各地政府期望大，但往往缺乏持续性资金投入；而行业企业目前还普遍缺乏组织和投入此类活动的积极性。政府打造创客空间的最大意义主要体现在对于理念和行动的引导上。相信随着大学在整个社会的创新创业活动中扮演越来越重要的角色，产业与高校建立深入合作关系的愿望也会越来越强烈。因为当公司提高其技术水平时，它会接近于一个学术模式，从事高水平的培训以及知识贡献。着眼未来，要打造成熟的创客空间，既需要政府的政策引导和资金支持，又需要大学的主动作为、超前作为。大学自身定位应从被动转向主动，通过打造对学生、产业富有吸引力的创客空间，来发挥对经济社会发展的引领作用。在途径和方法上，可建立创客大街或创业大街，以虚拟或现实创客工作室开展创新创业实践，为师生搭建讨论设计、转让技术、展销产品、互动交流的平台。师生创客与产业需求在创客空间的涌动，必定使之成为创意的聚集区。这种氛围不仅可以吸引学生，甚至可能会成为一所大学最繁荣、最活跃、最有激情、最能洋溢青春的地方。

---

❶ 吴敏生.创业、创意和大学教育创新 [J].中国高等教育，2008（7）：20–22.

3. 打造孵化空间平台

习近平总书记在中国科学院第十九次院士大会、中国工程院第十四次院士大会上的重要讲话指出："疏通应用基础研究和产业化连接的快车道，促进创新链和产业链精准对接，加快科研成果从样品到产品再到商品的转化，把科技成果充分应用到现代化事业中去。"❶ 这个快车道任务理应就是孵化器存在的价值与意义。从投资和建设主体的角度看，大学生创业孵化器涉及政府、大学、科研院所、企业等方面。高校创业孵化器有别于一般的企业孵化器和高新技术产业开发区，其功能应定位在"双孵化"上——孵化企业的同时孵化创新创业人才。❷ 高校孵化器具有"前孵化器"的特点：一是"前孵化"的对象主要是在校学生或毕业生，还有一部分教授和科研团队，"前孵化器"为这些人员提供充分的商业教育，帮助其成功创业；二是受"前孵化"支持可以不用注册公司，只需具有创业项目（即企业的利润核心）的创意，预孵化的对象可以获得商业经验，而不必实际拥有一家公司。❸ 高校建设科技企业孵化器，一方面为师生提供生产研发空间、基础设施、指导服务等来提高创业效率；另一方面也能够分摊创业成本和创业风险，以此营造创业者聚集效应。在校内，科技园、专业实验室、工程训练中心等都可以承担孵化器任务；在校外，可以通过在企业建立实习基地的方式，来嫁接建设孵化器。仅仅拥有场地是远远不够的，孵化器发挥作用还涉及很多要素，需要建设相应的配套体系。一是建立"导师+"体系。采取校内导师和校外企业家相结合的创业导师模式，为创业项目提供指导。二是设立创新创业基金。以争取政府资金、社会资金和学校自筹方式，为潜力项目提供"种子"资金，推动创业产品加快转化为商品。同时，也要考虑扩大融资渠道，吸引风投资金进入孵化器。三是健全商务服务体系。为孵化项目提供空间和管理、咨询、知识产权、项目评价、宣

❶ 习近平.在中国科学院第十九次院士大会、中国工程院第十四次院士大会上的讲话［EB/OL］.（2018–5–28）［2018–6–7］http：//cpc.people.cn/n1/2018/0528/c64094–30019215.html.

❷ 肖灵机，黄亲国，周建设，等.高校创业孵化器与创业精神教育研究［J］.南昌航空工业学院学报，2005（10）：68–72.

❸ 罗嘉文，唐莉.依托"前孵化器"构建高校创新创业人才培育体系［J］.中国高校科技，2017（5）：95–96.

传等服务，推动学校与政府、产业建立多渠道的联系。四是建立市场化运行机制。引入竞争机制，实行优胜劣汰，提高孵化空间使用效益和自我发展能力。

三、"双创"教育指导服务及其资源融入专业教育

开展创新创业指导服务涉及经费、场地、师资、教学等多项内容，而这些内容又隶属高校的不同部门主管，这就需要设立专门的校级领导机构统筹各项工作。校级领导应制定创业指导服务的目标、原则、实施方案以及奖惩机制，进一步调动各部门和二级学院的积极性；设立专项创新创业工作经费，为学生开展创新创业活动提供经费支持，主动解决初创企业融资难的问题；出台相应制度，对先进典型进行宣传报道，激发师生参与创新创业活动的积极性。

提升创业指导服务的针对性需做到以下几点。一是激发创新创业意识。高校应结合专业知识，开展创新创业大讲堂、创意点子秀等各种特色创业活动，让学生了解创业、认识创业，激发学生创业潜力，鼓励学生积极参与创新创业，为个人后续创业活动的开展奠定基础。二是培养创业能力。创新创业能力是学生创业成功的重要基础。高校特别是工科学生虽然具有技术优势，但在企业运营管理等方面存在短板。创业指导服务应首先依托课堂教学，将相关能力的培养融入人才培养全过程；其次依托社会实践平台，科学设计社会实践、专业实践、创新创业实践等活动，让学生通过实践活动提升自身素质；此外，为优秀创业项目配备创业导师，为创业项目的实施提供智力保障。三是孵化创业企业。工科类高校应围绕企业运营管理、市场风险应对、营业执照办理、投融资应对、产品市场的开拓等内容，为正在创业的学生开展针对性的指导服务。同时，可依托大学生创业园等平台为大学生创业提供一站式创业服务，帮助学生解决企业初创过程中遇到的各种难题。

第六章 "专创融合"的教育体系与课程建设

第一节 "专创融合"教育体系建设

一、管理体系

（一）人才培养的质量标准

1. 人才培养目标

人才培养目标是指专业教育的最终目的，是专业人才培养的指南针。科学合理地定位专业培养目标对于培养符合市场需求的卓越人才极为关键。下面以财务管理专业为例介绍人才培养的质量标准。依据市场需求和教育规律，财务管理专业的人才培养目标：面向各类企事业单位，培养专业知识扎实，人文职业素养较高，具备较强创新意识和创业能力，工程实践动手能力强，满足各类企业需要的财务管理卓越人才，见图6-1。

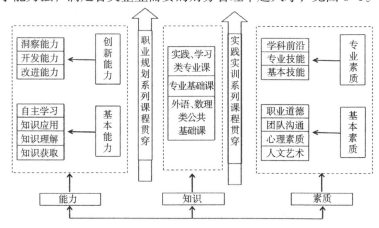

图6-1 财务管理专业人才培养目标体系

培养目标体系：能力分为基本能力和创新能力，基本能力由自主学习、知识应用、知识理解、知识获取等构成，创新能力由洞察能力、开发能力以及改进能力等构成；知识可以分为外语、数理类公共基础课、专业基础课以及实践、实习类专业课；素质可以分为基本素质和专业素质，基本素质由职业道德、团队沟通、心理素质、人文艺术等构成，专业素质由基本技能、专业技能、学科前沿等构成。

2. 人才培养质量标准

从财务管理人才培养目标体系中应具备的知识和能力来看，财务管理人才既要掌握管理学、经济学的基本理论和知识，熟悉我国的大政方针、经济政策、财务法规以及国际相关法规和惯例，又要接受财务管理方法和技能方面的严格训练，具备分析和解决财务问题的实际能力；从应具备的综合素质和能力来看，不仅要有较强的语言沟通、文字表达、人际交往、信息获取及分析的能力，还要具有创新意识、创新精神、创新思维和创新能力。因此，结合财务管理专业人才培养的实际，通过走访多家企业，整理社会需求的反馈意见，围绕3个核心问题：①当代社会需要什么样的财务管理人才；②财务管理人才应掌握怎样的知识、能力和态度；③其水平应达到什么样的程度。下面从以下4个方面的理解人才培养质量标准。

（1）基础知识标准

①能熟练运用一门外语进行专业方面的交流，具备英文的听说读写能力，以适应外资外贸出口型企业对财务管理人才的需求。

②掌握计算机软件、硬件的基础知识；会使用一般办公自动化软件，熟悉计算机在专业业务活动中的应用范围与程度；会运用常用财务会计软件和财务管理软件进行业务处理，并进行相关管理分析；能应用计算机进行文献检索、资料查询以及信息获取。

③掌握管理学、经济学、会计、财务管理与金融投资的基本原理和基本知识；对企业的投资、融资、运营、收益分配等一系列的财务活动有着较为深刻的认识，具有较强的财务分析问题和解决问题的能力。

④熟悉并掌握影响企业财务管理、会计的各种法律法规和制度，掌握企业组织法、经济法、税务法、会计法等法规在财务管理中的应用。

⑤具有良好的人文素质与科学素养，具有健全的人格和良好的心理素质，具有健康的体魄和抗压解压方面的知识。

（2）系统能力标准

①熟悉本学科的理论前沿和发展动态，熟悉国内外与财务管理相关的方针、政策和国际会计惯例，并能够及时运用到财务管理的实际工作中。

②具有吃苦耐劳、顽强拼搏的意志，具有良好的人文修养，具有从事本专业工作的能力和进一步深造的潜力。

③具有较强的自主学习能力、随机应变能力以及社会适应能力、信息获取能力。

④富有创新意识、创新精神、创新思维和创新能力，具有求新求变的热情、不断掌握新技术并运用实施的能力、敏锐的洞察力和发现新问题、解决新问题、研究新技术的能力。

（3）人际团队能力标准

财务管理人员不仅要精通经济业务的管理，还要能很好地与同事、领导、职能部门以及工商、税务、金融机构、客户等有关人员和部门进行交往，以便能主动地、高效地开展工作；具备较强的组织协调能力和沟通合作能力。

①具有较强的语言表达和沟通能力，能够准确传递和获取相关业务信息。

②具有强烈的合作意识和协作精神，能够与别人密切合作，协助他人。

③具备一定的领导能力，能够组建高效的业务团队，协调团队成员开展工作，带领团队完成各项财务工作。

（4）个人能力、职业技能和职业道德标准

①财务会计操作能力。掌握会计核算、会计监督等业务的基本运作技能，熟练使用办公财务软件。

②财务管理操作能力。具有财务管理、投资管理、资本运营、资产评估、企业管理的能力。

③金融业务能力。具备进行企业投融资和处理银行等金融机构业务的能力。

④能够利用定性和定量分析方法解决企业财务管理业务中实际问题的能力。

⑤具备高尚的职业道德、敬业精神和责任心。作为企事业单位的总会计师、财务总监或财务部门主管等高层领导职务，其本身就具有对企业的财务会计活动以及公司经营状况进行监督的职责。因此，财务管理人员本身必须具备良好的职业道德品质，真正做到诚实守信、廉洁自律、客观公正、坚持原则、不做假账，把国家和公众利益放在首位。

（二）人才培养的机制方案

1.人才培养的教学机制

高校内部需要创新管理、深化教学改革，切实提高教学质量。把以教师为中心转向以学生学习为中心，使学生成为真正教学过程的主体；要激励学生自主学习，强调研讨式、行动式学习；教师要成为学生的"教练"，对学生的学习以指导、引导和辅导为主，做学生学会学习的领路人。

①加大教学内容改革。首先要删减理论上过深或过浅的内容，增加行业和产业发展形成的新知识、新技术，以适应本科应用型人才培养目标的要求；通过强化课程教学方案的改革，制定和推进教材建设措施；把教研活动和科研的成果应用转化为教学资源。

②加强教学方法手段改革。改变传统的知识讲授型教学方法，以精讲多练为原则，在教学中要根据教学内容灵活采用多种方式，如案例式、讨论式、启发式、示范式、实训式等。

③强化实践教学改革，促进学生实践创新能力的提升。对本科生来讲，通过实践进一步加深对相关理论、工作原理的理解更为重要，对他们创新能力的提升更有帮助；要针对创新创业实践需求，把创新创业教育融入人才培养全过程；建设校内创新创业实践基地，探索专业实验室、虚拟仿真实验室和工程训练中心开展实践教学新模式，完善项目或实验内容，改革教学方法，建立实践教学平台共享新机制。

④创新以"项目"为载体，建立以任务、案例为导向的行动教学法。采用行动导向的项目教学模式，不强调知识的学科系统性，而重视"整个过程"和"解决实际问题"以及学生自我管理的能力。项目教学是行动教学法中的主要方法，其关键是项目设计要符合对学生专业能力培养的要

求。因此，项目设计要尽可能接近真实，并且能把理论和实践的内容结合起来。教学上要把握的原则是理论学习的内容仅仅解决项目必要的知识。

2. 学生自主学习的机制

要让学生真正具备独立的学习和工作能力，必须形成调动学生学习积极性、主动性和创造性的学习机制。人的能力不是教出来的，只能通过实践训练，才能获得能力。学校要为学生设计出能力培养的实践教学方案，供学生选择。要给学生提供自主学习的时间和空间，而不是通过教师讲课去代替学生学习。足球运动员的训练就是最好的例子，场地上不断训练的不是教练，而是运动员，只有让运动员不断训练，整合提高，才能获得真正的足球能力。教师要通过"行动"教学的方式，按照专业的特点，组合原有的专业基础教学、专业理论课教学及实践训练环节，设计以"项目"为载体的教学活动。让学生以小组的形式，在参与项目教学过程中，自主制定计划，讨论教学内容，寻找相关资料，相互合作和评价，感受快乐学习；让学生在"项目"中、在教师指导下主动学习，让学生"自己跑"，增强其解决实际问题的能力，同时在团队活动中互相协作，使学生的社会能力、个性能力和综合素质的得到发展。

（三）人才培养的管理体制

1. 制定必要的标准和规定，形成管理体制

"专创融合"人才培养的管理体制主要是产教融合、校企合作。目前，产教融合、校企合作中也存在较突出的问题：缺乏国家性的法律法规的刚性约束；企业表达意愿的机会和条件尚不成熟，表现为企业社会责任意识不够，参与职业教育内驱力不够。此外，由于产教融合、校企合作的组织管理不健全，在涉及专业建设、课程设置、实习实训的安排上，企业往往没有主动性，很难形成必要的标准和规范。因此，必须改变现状，把产教融合、校企合作的机制建设，作为地方普通本科高校"转型"的突破口。

2. 建立"四方"合作的产教融合、校企合作育人的体制

产教融合不只涉及高校和企业，还涉及行业与地方政府，能否形成高校与政府、行业、企业共同培养人才的管理体制机制，是当前地方普通本科高校转型的关键所在。应该建立协同培养人才的组织体制，一是成立由政、行、校、企四方领导共同组成的地方高校合作育人管委会；二是共

同组建地方高校应用型人才培养的"教学指导委员会",以形成产教融合、校企合作的育人体制;三是建立合作方和学校制定专业培养方案、建设师资队伍、促进科技创新、深化课程建设等多个方面进行深度合作。

3. 产教融合、校企合作育人的机制的形成,需要各方通力协调配合

产教融合、校企合作育人的机制的形成,需要政府、行业协会、企业及高校通力协调配合,各自采取相应的有效措施。首先,政府应通过制定专门法律、法规及促进校企合作的政策,支持校企合作,通过政府立法,确定执行标准,通过行业协会和教育质量监控系统,监督保证培养出高质量的应用型人才。其次,行业要发挥应有职能,主动承担社会责任,发布行业人才需求信息,积极参与职业教育的教育教学评价工作,参与一些标准的制定。再次,对专业人才教育的投资也是企业对人力资源开发的投资,是企业对其未来发展的投资,这应该成为企业界的共识。可以在企业建立教师工作站,由学校组织师生到企业开展实践教育锻炼,也可由学校引企入校建立应用型人才培养实践教学平台,开展专门人才培养;企业应安排高层人员参加由校企双方共同成立的"校企合作委员会"的工作,并在企业内设立专门的管理机构,从组织上保证企业成为校企合作的主体角色;企业根据生产和管理工作的实际经验把握应用型人才的实践能力需求,直接参与高校的人才培养目标、专业定位、课程设置等一系列教学决策,共同实施应用型人才培养方案。最后,地方普通本科高校要承担人才培养、科学研究和社会服务的职能,学校的办学理念、发展规划、师资队伍、教学设施等要紧跟社会发展的需要,做好匹配保障。学校不仅要对人才的应用能力培养加大相应的投入,以保证学生能有良好的实践实习环境,还要对学生的思想教育及人格完善尽到责任,要制定人才培养质量考核的制度和方法,在对学生的知识、能力和素质培养过程中,让学生既会做事,又会做人。

二、实施体系

(一)课程体系

人才培养目标的实现依赖于健全的课程体系,该体系应包括通识类课

程、创新创业基础课程、专业课程、跨学科相关课程、创新创业实践类课程，且这些课程要贯穿人才培养的全过程 ❶，见图6-2。

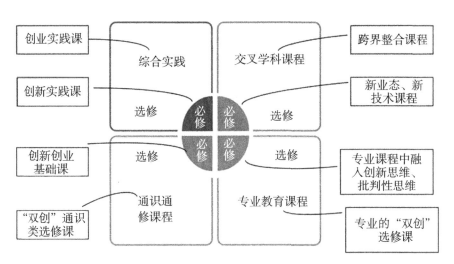

图6-2 创新创业教育课程体系

1. 通识通修类课程

通识教育是造就具备远大眼光、融通见识、博雅精神和优美情感的人才的高层的文明教育和完备的人性教育。创新创业教育课程是培养训练学生的思维能力和思维方法，帮助学生建立起一套完整的知识体系框架和独立思考的能力，培养学生养成历史思维、辩证思维、系统思维、创新思维，使学生能够通过所掌握的常识和科学思维方法去思考、分析和判断，进而独立地去认识世界、观察社会、思考人生，树立正确的世界观、人生观和价值观。

分析对比各高校通识通修课程的设置情况就可以看出，越是高水平大学，通识课（公共课）占比越大，配置更加多样化，课程"含金量"越高（见表6-1）。所以，普通高校在课程设置上，一方面要增大通识课程比重，拓宽学生的知识视野，同时通识课程建设除了做好校内自身课程，也要充分利用网络资源，遴选适合学校自身情况的优秀共享课、视频公开课和慕

---

❶ 王旭艳，叶桂方. 大学创业生态系统构建机制研究 [J]. 中国高教研究，2018（2）：37-41.

课；另一方面要减少常识类课程，防止过多的"碎片化""快餐类"课程，增大训练思维的课程。

表6-1 2015年高等学校通识通修课程开设情况

类型	985高校	211高校	普通老本科高校	新建本科高校	独立学院	全国
校均开设课程门数（门）	3056.9	2284.4	1837.0	875.3	769.0	1284.6
专业课占总门数比例（％）	84.5	88.0	87.1	86.6	85.1	86.6
公共课占总门数比例（％）	15.5	12.0	12.9	13.4	14.9	13.4
公共必修课占总门数比例（％）	4.9	5.1	7.0	6.9	9.0	7.0
公共选修课占总门数比例（％）	10.6	6.9	5.9	6.5	6.0	6.4
公共必修课开课门次比例（％）	26.5	30.0	30.8	31.6	33.0	31.1
公共选修课开课门次比例（％）	11.3	5.5	5.5	4.6	4.4	5.3

2. 创新创业基础课程

创新创业基础课程是指包括创新相关内容和创业相关内容的基础课程。创新内容要从创意、批判性思维、创新的本质、创新的分类、创新思维与创造技法等方面系统讲授，让学生能够领会创新是发展的动力之源，是时代的主旋律。创业内容要通过开设与创业过程相关的基础课程，向学生传授有关创业团队组建、商业模式选择、创业资源整合、新创企业管理等方面的知识，激发学生创业意识和创业精神，提高学生创业实践能力。此类课程应由熟悉企业经营管理运作、具备企业经营管理专业知识的教师承担，课程内容中应包含大量的案例，旨在激发学生创业的冲动和创业的意愿，让学生了解创业过程的全部流程，同时更要让学生理解创新的可贵、创业的艰难及创新创业成功带来的喜悦和收获。

3. 专业课程

普通高校开展创新创业教育必须要与专业教育有机融合，不能脱离专业教育而孤立地进行，因为创新能力是无法像具体技能和技巧那样教授与传授的，它必须通过科学知识、人文知识所内含的文化精神的熏陶和教化才能潜移默化地生成。脱离专业知识的创新充其量只是"小发明"或"小创造"，脱离专业的创业只是低层次的创业，高校的创新创业教育事实上更深层次地依赖专业教育。目前，普通高校开展的创新创业教育与专业教育的融合存在突出问题，专业课程的改革亟待进行。

实现创新创业教育与专业教育深度融合，不仅是适应经济社会的发展需要，也体现了大学的首要使命，符合人才培养规律。高校的第一使命就是培养国家和社会需要的人才，从经济社会发展的角度看，二者的深度融合可以实现专业知识和创新创业能力的耦合联动，形成在专业知识基础上开展创新创业活动的局面，使学生掌握的专业知识更加直接高效地融入社会生产实践，转化为促进经济社会发展的动力。从人才培养角度看，二者的深度融合有利于学生创新意识和创新精神的培养、批判性思维的形成、学生的全面发展，从而实现更高层次的创业。创新创业知识与专业知识的耦合联动需要依托系统化的课程设计，需要课程体系彰显创新创业内涵和专业特色。

高校各院系应根据自身学科知识特点，组织专家团队改进、开发和引进相应课程。一是梳理现有专业课程体系，挖掘专业课程中潜在的创新创业资源，启发学生的创新思维和批判性思维。在对传统理论和技术的阐述和传授中，教师要勇于质疑和改进，并提出开放性的命题。课程大纲中需要明确引入可进一步拓展的知识点和相关内容，预设一些不确定性的结果供学生去应对和思考。要用新业态、新技术、新理论的不断涌现引导学生去探索未来可能出现的新观点、新方法和新手段。通过让学生了解到理论的不断更新、技术的不断进步，正是创新思维和批判性思维的展现，促使学生勇于探究、敢于质疑。此类课程的讲授需要在教学方法、教学手段等方面做出相应改革，对任课教师的教学能力、科研水平及科研反哺教学的能力也提出更高要求。这也是整个创新创业课程体系中至关重要的一环，创新创业教育能否与专业教育深度融合，关键就取决于专业课程改革。二是加大与专业知识相关的创新创业类选修课程比例。可以通过两个方面实现，其一是高校根据自身的学科专业特色，组织教授和行业企业专家合作开发一些课程；其二是有效利用互联网资源，大力引入网络课程，加快创新创业教育优质资源的信息化建设。

4.跨专业、跨学科的交叉课程

传统的高校学科专业教育是一种纵深教育，其教育内容是探究该学科自身的客观规律，研究方向是线性的，教育目标是培养某一领域的专门人才，更强调专业知识的精深。跨学科专业教育是一种横向教育，是在相关学科中寻找共同点，以建立联系、解决问题和发现新的增长点，更加重视知识的广度、相互关联性及运用知识解决复杂问题的能力。在过去较长一段时间，由于国家建设急需各个领域的专门人才，我国高校文理分科较早、过分强调专业的细化，培养出的人才知识结构相对单一，对本专业以外的知识了解较少，更缺乏从广阔的视野审视和处理问题的能力。单科性的"专才"教育模式忽视了学生全面发展的需要，难以适应当今社会的问题复杂化、知识应用综合化等新情况。在创新创业教育中开设跨学科专业的交叉课程，强化创新创业实践，不仅有利于由学科专业单一型人才培养向多学科融合的复合型人才培养的转变，有利于提高学生的综合实践能力，还能够适应当今社会对人才的实际需求。

近年来，我国越来越多的高水平大学也正采取开设跨院系、跨学科专业的课程、改革教育教学模式等举措，来打破学科专业壁垒、促进文理互通。如南京大学秉承"拓宽基础、鼓励交叉"的办学理念，自2009年以来，推出了"三三制"教学改革，对现有本科教学体系进行全方位改革与创新。全面推进由"新生讨论课程、通识教育课程、学科前沿课程"构成的"三层次批判性思维训练课程体系"，推广互动式、讨论式、研究式教学理念和方式，激发学生的问题意识，培养学生的批判性思维能力。

跨学科专业课程旨在培养学生多学科领域的基本技能、扩展性思维能力、解决综合问题的能力、利用图书资料与信息处理的能力。通过这类课程的学习，使学生了解不同学科和理论观点的异同、提高解决问题的综合能力，学会使用对比方法分析和阐述问题，中心目的是改变学生对知识的简单堆砌，使学生具有较完整的知识结构和知识体系，形成系统思维方式、整体知识观，促进学生对知识的融会贯通，培养学生对所掌握知识的迁移能力，从而全面地认识问题和解决问题。跨学科专业课程的设置标准：一是应涵盖多个领域的知识和多种认知方式；二是要培养学生融会贯通的能力，跨学科课程方案应由教学经验丰富且具有较高科研能力的教师制定，由掌握科技前沿动态且参与科研项目的教师来组织和指导；三是要对新理论、新技术、新业态日新月异的发展有较深入的介绍，要坚持历史的观点，帮助学生通过探讨自然、社会、经济、科学、技术和知识的不断进步与发展，学会将学科与论述置于历史的背景和发展的角度中加以研讨；四是跨学科专业课程应注重基础资料、基本知识的学习和积累及能力的培养，强调跨学科专业课程应将重点放在所针对学科专业的基础内容、问题、思想上。

5. 创新创业类实验实践课程

据教育部高教司发布的《2016 年度中国高校本科教育质量年报》显示，2015 年，从我国高校开课门数比例结构来看，专业课所占比例高达 86.7%。这就说明，我国高校总体上还沿袭非常强的专业教育模式。从公共课开课门次上看，公共课的课程总体单一，选修课偏少，学生综合素质课程还有待进一步开发和加强。❶

从我国近 800 所高校的数据看，各高校校均开设实验课程 537 门，占课程总门数的比例为 41.2%。校均开设独立实验课程门数为 167 门，占实验课程比例为 30%。校均开设综合性、设计性实验课程为 422 门，占课程总门数的 1/3，占实验课程总数的 76.8%。在毕业综合训练课题（毕业设计）中，在社会实践中完成的课题占比为 70.5%（见表 6-2）。由此可见，我国高校实践教学基本改变了过去以课堂主导的教学模式，为学生开展创新实践活动提供了更大的空间。

表 6-2　2015 年高等学校实践教学课程开设情况

类型	985 高校	211 高校	普通老本科高校	新建本科高校	独立学院	全国
校均开设实验课程门数（门）	1826.4	911.6	735.3	349.7	350.1	537.5

❶　教育部高教司教学评估中心 .2016 中国高校本科教育质量报告 [M].北京：教育科技出版社，2017.

类型	985 高校	211 高校	普通老本科高校	新建本科高校	独立学院	全国
实验课程门数占比（%）	59.7	39.9	40.0	39.0	45.1	41.2
实验课程开出率（%）	98.5	92.9	95.6	95.5	96.3	95.6
校均独立实验实验课程门数（门）	563.3	337.6	212.1	105.8	109.8	167.4
独立实验课程占实验课程比例（%）	33.1	34.3	29.4	29.3	31.6	30.3
校均开设综合性、设计性实验课程门数（门）	1304.7	688.9	596.5	244.1	246.8	422.8
综合性、设计性实验课程占实验课程比例（%）	76.7	69.6	83.4	68.4	70.2	76.8
在社会实践中完成的课题数占毕业综合训练课题总数比例（%）	66.5	71.2	68.7	77.1	68.0	70.5

　　从表 6-2 的统计数据看，985、211 院校在课程设置上无疑领先普通高校太多。单单从校均开设的实验课程门数上看，985 院校是普通高校的 2.5 倍，这与学校的办学层次、办学历史、政策支持、资金保障、学科优势等各方面都有密切关系。普通本科高校受限于各种制约，难以在短时间内大面积开设出更多的实验课程，作为承担高等教育使命和任务的绝大部分普通高等学校，在以下几个方面可以改进：一是在独立设置的实验实训课程中，要进一步为创新实践课、创业实践课的开设营造空间；二是在占课程总门数三分之一的综合性、设计性实验课程中（校均 422 门），要大力推进创新思维和批判性思维的融入，促进学科专业的交叉融合；三是在毕业设计中要更多地与社会需求紧密联系，特别是一般普通高校和有行业背景的特色院校，更要与行业企业的实际需求相联系。

6. 第二课堂

第二课堂是第一课堂的有力补充，要大力开展形式多样的素质拓展、学术讲座、创新创业大讲堂、课外科技创新竞赛、社会实践活动等，全面强化对学生综合素质的培养。建设各类学生社团，特别是要鼓励和支持学生组建跨学科专业的社团，有组织地开展学生课外活动，鼓励学生发表学术作品，鼓励校际交流学习，创造条件鼓励学生走出校园，走入社会、企业、社区，让学生了解当今社会的现状、企业的实际需求和人民群众的实际需要。打破封闭办学的现状，建立与社会、行业企业沟通交流的渠道，聘请校友、校外人士为学生做讲座。高校应该有效利用社会资源，为学生创新创业提供各项支撑和保障。

创新创业教育并非高校人才培养体系的补充，而是高校人才培养的主体形式之一。开展创新创业教育是国际高等教育发展的一个重要趋势，我国虽然起步较晚，但在信息技术与教育教学深度融合如在线开放课程建设等方面已经开始领跑。创新创业教育课程体系构建是推进创新创业教育成功的关键，国内许多高校，如复旦大学、中南大学、大连理工大学等都进行了很好的探索与实践。世界高等教育发展的最新理念是"学生中心"，我国也提出了"以学生为中心，产出导向，持续改进"，这也是我们在建设一流大学、培养一流本科人才时应遵循的理念。一流大学必须要有一流的教学，一流的教学必须拥有一流的课程。这是我们在推进创新创业教育融入人才培养全过程，从而培养具有创新意识、创新品质、批判性思维及独立思考能力的人才过程中首先要做到的。

（二）教学方法体系

1. 课堂教学

通过这个基本的教学环节，把创新创业教育的基本理论和基本方法教给学生。在课堂教学中，教师可以根据授课内容选择运用以下教学方法。

（1）案例分析法。案例分析法是教师根据相关知识点设计案例或从现实中寻找具有很强说服力的创业案例，要求学生对案例做出分析和诊断，以此培养学生的创造力和解决问题的能力。

（2）头脑风暴法。这是一种拓展思维的好方法，即教师提出问题，要求学生尽量提出不同的想法，学生可以带着学习目的在轻松的气氛中理解和获取知识。教师采用头脑风暴法时，不要批评学生的想法，要鼓励天马行空的新点子，甚至看似疯狂的创意。

（3）角色扮演法。角色扮演法是创设一个现实生活中可能出现的情境，让学生在情境中扮演特定角色，目的是让学生表演如何处理实际问题，表演结束后进行全班讨论。此方法既能减弱课堂讲授的疲劳感，又能让学生在角色扮演中充分发挥其想象力，在游戏中体验学习的乐趣并掌握技能。

（4）分组讨论法。分组讨论法是把每5～7位学生分为一组，组长负责组织本组讨论，各组讨论完要进行汇报，教师最后总结。组长和教师必须具备较强的引导和控制讨论过程的能力和技巧。

2. 活动开展

活动开展是创新创业教育的重要环节。通过开展创新创业活动，可以检验大学生掌握的创新创业知识和创新创业技能，提高创新创业素质和实践能力。

（1）直接体验法。直接体验法是在教学过程中，教师通过如下几种具体做法，让学生更多地接触企业和创业者，增强学生对现实世界的直接感受和体验，以此对其创业意识和行为产生影响。①组织学生到中小企业进行参观，实地感受企业运行过程，了解企业经营和市场的各种变化。②举办创业论坛，让那些真正搞过创业的人来讲课，如请一些成功创业的本校毕业生或有一定影响力的企业家，到课堂上跟学生、教师一起讨论，并通过现身说法谈创业过程中的经验教训。③邀请工商、税务、法律、财政等部门有关专家来学校做教学讲座，讲述办理营业执照、税务登记、银行贷款、法律法规、资金注册等实际操作问题。

（2）创业模拟法。创业模拟法是指组织并参与各种创业竞赛。当前，以"创业计划竞赛"为模式的国家、省（市）、高校三级青年学生创业活动体系，呈现出良好的发展态势。黑龙江农垦职业学院创业俱乐部参加了由共青团中央、中国青年报社主办的全国"百所高校汽车营销公益体验"大赛，并顺利晋级决赛。再如，黑龙江农垦职业学院已举办了多届"创业杯"社会实践演讲比赛，从组织策划到具体实施均由创业俱乐部同学独立完成，大大提高了学生的综合能力。在教学中，学院还将商业计划书列为创业教育的教学内容之一，也是主要考核依据。

（3）商业实战法。商业实战法可为学生创造条件进行实战演练，让学生在真实的情境中体验解决问题的过程以提高能力。①参与新创企业运营，黑龙江农垦职业学院学生组建的创业先锋班与"颐生网"建立了合作关系，参与颐生网的网站建设、市场推广等工作，大大提升了学生的实战能力。②创业帮扶。提供场地和基本的办公设备，为学生提供了体验创业的平台，学生可以参与开办一些校内企业或者在校内经商，为学生积累商业实战经验。

（三）评价体系

高校"专创融合"教育的评价体系，可以科学公正地评价高校"专创融合"教育的发展水平，对于提升我国高校"专创融合"教育和创新型人才培养质量具有重要意义。在借鉴前人的研究的基础，构建了包含4个评价方面、11个一级指标和21个二级指标的高校"专创融合"教育评价指标体系（见表6-3）。

表6-3　高校"专创融合"教育评价指标体系

评价方面	一级指标	二级指标
教育环境基础	组织领导	是否把创新创业教育纳入高校人才培养总体框架
		是否组建由校领导带领的创新创业工作领导小组
	制度保证	是否建立了创新创业学分转换制度
		是否允许学生保留学籍休学创新创业
	实践平台	创新创业实践基地总面积（平方米）
教育资源投入	师资建设	教授创新创业课程的本校教师数与在校生之比（%）
		教授创新创业课程的外聘教师数与在校生之比（%）
		创业指导服务工作的专职教师数与在校生之比（%）
	经费投入	创新创业专项资金占学校年度预算比例（%）
		除专项资金外扶持学生创新创业的经费数（万元）

续表

评价方面	一级指标	二级指标
教育过程行动	课程讲授	创新创业课程开设总数（门）
		创新创业课程学时数（学时）
	实践活动	创新创业教育讲座／沙龙的场次数（场）
		学校组织各类创新创业比赛年均数（次）
	指导服务	接受专业创新创业指导的学生数与在校生之比（%）
		参加省级以上创新创业培训教师占全体教师比例（%）
教育成果绩效	创新成果	获得国家级和省级创新创业大赛二等奖以上总数（项）
		专利授权增加量（项）
	创业水平	学生创办企业数（家）
		创业学生数（人）
	社会效益	创业学生数与就业学生数之比（%）

1. 高校"专创融合"教育环境基础评价指标

环境基础评价包含"组织领导""制度保障"和"实践平台"3个一级指标。《关于深化高等学校创新创业教育改革的实施意见》（以下简称《意见》）中强调要"完善人才培养质量标准""修订人才培养方案"。因此，选取"是否把创新创业教育纳入高校人才培养总体框架"及"是否组建由校领导带领的创新创业工作领导小组"两个指标来评价学校对于创新创业教育的组织领导能力，衡量学校领导层面对于创新创业教育工作的重视程度。《意见》中提到关于创新创业学分、弹性学制等保障性制度。所以，把"是否建立了创新创业学分转换制度"及"是否允许学生保留学籍休学创新创业"作为制度保障层面的评价指标。上述4个指标若是"是"，则指标值为1，若是"否"，则指标值为0。"实践平台"是指大学科技园、创业孵化基地、创业实训基地等学校专门为学生创新创业提供的场地，选用"创新创业实践基地总面积"来表征，总面积是将各类实践基地面积加总而得。

2.高校"专创融合"教育资源投入评价指标

高校创新创业资源投入主要包括教师和经费两方面。在师资建设方面，相关的教师可以分为两类，一类是教授创新创业课程的教师，另一类是从事创业指导服务工作的专职教师。讲授课程的教师又可按照人事关系是否在本校分为本校教师和外聘教师两类。本校教师指人事档案归本校管理的教师，外聘教师指与本校有长期合作关系的外聘企业家、风险投资人、创业成功人士等人事档案不在本校的教师。考虑到不同学校的师生规模不同，选用相关教师数与在校学生数之比作为衡量指标。

在经费投入方面，学校关于创新创业的经费投入主要包括创新创业专项资金和其他扶持基金。其中，专项经费是指学校在年度预算中划拨的专门用于创新创业的经费，考虑到不同学校的资金实力差异，选取"创新创业专项资金占学校年度预算比例"这一指标。而其他扶持基金是指除专项经费外的其他资金，包括学校校友、合作企业成立的创业奖学金、创业基金等，不包括政府下拨的资金。

3.高校"专创融合"教育过程行动评价指标

创新创业教育必须经历一个理论与实践相结合的过程，因此，过程行动评价包括"理论讲授""实践活动"和"指导服务"3个方面。不同层次和难易程度的创新创业课程的开设，能够使学生从不同层面了解创新创业，一定的开设学时保证学生学习的时长和全面性，选用"创新创业课程开设总数"和"创新创业课程学时数"来表征课程讲授情况。实践活动方面主要包括举办讲座、沙龙等开放性活动和组织开展各类创新创业比赛两方面。通过讲座、沙龙与成功人士、专业导师相互交流，吸取经验；通过各类竞赛来提升学生的创新精神和创业实战能力。此外，创新创业活动作为内容新颖、专业性强的新兴活动，需要专业的指导服务保驾护航。指导服务工作分为两个方面：一方面是对于教师的指导和培训，教师的专业性是教育指导学生的基础，以"参加省级以上创新创业培训教师占全体教师比例"来表征；另一方面是对学生的指导服务，以"接受专业创新创业指导的学生数与在校生数之比"来表征。

4.高校"专创融合"教育成果绩效评价指标

创新创业的成果主要体现在"创新成果""创业水平""社会效益"3个

方面。由于创新创业成果的形成需要一段时间过程，所以，在指标选取中，采用近 3 年的平均数作为衡量指标。"创新成果"主要是创新作品和专利技术方面，用"获得国家级和省级创新创业大赛二等奖以上总数"和"专利授权增加量"来表征；"创业水平"用"学生创办企业数"和"创业学生数"两方面来表征；社会效益方面用"创业学生数与就业学生数之比"来表征，体现通过创业实现就业的人数比。

（四）实习实践平台体系

1. 建立创业社团平台

大学生不仅有学习任务，还有丰富的社团活动，大学生参加社团，可以丰富学生的课余生活。在社团活动中，大学生们交流思想、切磋技艺、互相启迪、增进友谊。建立创业社团平台，可以满足那些有创业欲望的大学生的需求，及时了解分析创业状况，提升自己的创业能力。如"未来企业家协会""创业者联盟"等社团，"创业训练营""生存训练营"等课外创业实践活动，激发了广大学生的创业热情，锻炼了学生的创新创业能力，引导学生发挥专业优势，创新工作思路，使开展的活动突出行业特色。

2. 建立学科竞赛平台

学科竞赛可以锻炼人的智力、意志，可以锻炼人的逻辑思维能力，为今后发展奠定基础。大学生们除了完成学校要求的课程之外，可以凭借自己的喜好和能力参加这些能够激发自己创新思维和学习热情的学科竞赛和创业模拟比赛，如"挑战杯"创业计划竞赛、创业大赛、数学建模、科技创业大赛等。通过参加学科竞赛和创业模拟比赛，可以增强自己的专业知识及创业积极性。

3. 建立创新开放实验室平台

学生只有相应的理论知识，没有及时将理论和实践相联系是远远不够的，建立创新开放实验室，让学生在实验室里按教学计划实践和体验，从而提高相关理论的掌握。部分学校已经成立了相关的创新实验室，并且购置了所需要的仪器，协助学生完成任务。

4. 建立专业实习实践基地平台

为了让教育更具有应用性，在搭建创新创业教育平台时，要根据专业特点联系相关行业企业，建立校外基地平台。鼓励学生在不影响学习的情况下参观企业、访问企业家、开展人才需求调查；引导学生到企业实习锻炼，真正走上社会、走进企业。通过校企联动，把校内外实习基地办成创新创业教育实践基地，让学生在这样的场所边学习，边实践，边创业。

5.建立大学生创业孵化园（基地）

这是一种新型的社会经济组织，旨在鼓励在校大学生自主创业，培养适应经济发展形势的复合型人才和创新创业人才。创业孵化园的建成并投入使用，为自主创业的学生提供了丰富的实践平台，锻炼了学生与市场对接、适应社会的能力，为大学生自主创业打下了坚实的基础。通过对大学生教育培训、信息咨询等的支持，减轻大学生创业的压力，从而缓解社会就业压力，促进社会经济发展。

6.建立学生创业工作室、学院创业中心、学校创业园三级联动的创业基地平台

建立产学研基地，产学研合作是指企业、科研院所和高等学校之间的合作，通常指以企业为技术需求方，与以科研院所或高等学校为技术供给方之间的合作，其实质是促进技术创新所需各种生产要素的有效组合。通过建立学生创业工作室、学院创业中心、学校创业园三级联动的创业基地平台，可以把全真的创业环境提供给学生，学生可以单独进行创业体验，寻找创业灵感，也可以寻求有经验的教师以及企业经营者的帮助，为大学生创新创业提供最好的舞台。

7.建立各级创业服务平台

一是成立学校层面的创业服务中心，每年开展以"创业指导"为核心的"服务大学生就业创业行动"，通过创业资金资助、创业项目推介、创业法规政策指导等系列活动，有力推动了大学生创业。二是成立大学生创业联盟，联合企业，并借助政府、媒体丰富的资源优势，让具有创业想法的大学生们聚集起来，让创业成功的先锋代表进行创业典型宣讲、创业知识讲座等；政府和企业也要提供资金的支持，比如开展创业资金扶持等活动，对优秀的创业项目进行扶持，让大学生们想创业、敢创业、会创业、创成业。三是政、校、企共同建立基于网络的创业服务平台或管理网站，

网站可以为大学生提供相关的创业课程和教学资料，大学生可以根据自己的需要进行学习查询；学校可以及时把各种创业政策信息、国家政府的优惠信息发布在平台或网站上，供大学生了解最新的创业动态；而企业也可以通过平台或网站，了解大学生的创业想法，选择心仪的项目进行合作投资。

三、保障体系

（一）系统化指导服务体系

1. 举办创业赛事，提升育人功效

要举办形式各样的创业赛事，突出品牌、扩大参与、以赛代练、以赛促创，在提升创业赛事育人功效的同时，不断促进创业大赛的作品转化和项目孵化。[1] 学校认真打造职业生涯规划大赛、营销策划大赛、移动互联网创业大赛、跨境电商创业大赛、"挑战杯"大学生创业计划大赛等品牌赛事；积极推荐申报各级大学生创新创业训练项目，多种途径、多方合力调动学生参与的积极性和主动性；促进学生对创业的认知和了解，激发学生的创业意识和创业热情，培养学生的创业素质和创业能力；同时也为创业学生提供崭露头角的平台，让一批技术水平高、商业模式新、具有创业潜力的优秀项目脱颖而出。

2. 丰富社团活动，营造创业氛围

要支持和培育各类学生创业社团，吸引和凝聚有创业意愿的学生，充分发挥学生主体作用，增强朋辈教育和辅导功能，使创业成为学生的高度共识和共同志向。可以组建多个创业社团，大力支持和指导创业社团开展丰富多彩的活动。经常性邀请优秀企业家、成功创业者和创业导师进校举办创业论坛、专题讲座、团队辅导、素质拓展等创业沙龙活动；通过宣讲创业形势、解读创业政策、传授创业知识、讲述创业案例、交流创业心得、分享创业经验等形式，为学生创业释疑解惑，提升学生的创业素质和创业能力。

---

[1] 方伟.中国大学生创业指导服务体系新探索 [J].中国青年政治学院学报，2013（5）：60-63.

3. 加强学校孵化基地建设，提高成活率

学校要加强校内创业孵化基地建设，充分发挥培育、孵化、助推等功能，为学生搭建创新成果和创业设想的实践平台，让学生在校期间体验创业实践过程，为成功创业做好准备。学校的大学生创业孵化园，学校在统一配置相关办公硬件设施，提供免租金、免物业费等优惠措施的同时，注重针对不同创业项目的不同阶段，加大个性化、针对性的培育孵化力度，采取校内外导师"1+1"联合辅导跟进的方式；由学校创业导师与 YBC（中国青年创业国际计划）创业导师一起，定期与创业团队就策划、营销、财务、融资、人力资源管理等问题进行讨论，对学生给予合理化的指导建议，帮助他们解决各种疑难问题，有效提高创业项目的成活率，帮助学生实现创业梦想。

4. 依托校外创业实践基地，促进落地生根

要强化"校地联动"，积极寻求政府、企业、行业协会等多方支持，重点依托大学创业园、高新技术园、中小企业创业基地等资源，打造校外创业实践基地群，为增强学生创业本领、解决创业办公场地和市场对接等方面需求提供便利，促进创业项目落地生根，推动创业项目进入实体运营实践。学校建立与企业合作的人才培育基地、与政府合作的大学生创业孵化基地等一批创业实践基地，按照学生专业特点，分层次、分类别组织开展创业实践活动，既带领学生深入企业直面创业、对话创业，又引导学生参加创业实践锻炼，将所学的创业文化知识具体应用到创业实践中去。同时，充分利用大学生创业孵化基地、地区大学新校区大学生创业基地等平台，积极推荐已经学校成功孵化的创业项目入驻，让学生免费获得创业场所以及政策咨询、创业扶持、项目展示等服务，进一步降低学生创业风险，提高创业成功率，帮助学生创业并健康成长。

5. 强化基础性工作，提供持续化信息服务

建立健全"一站式"信息服务平台，为创业学生实时提供国家政策、市场动向、创业指南等持续化信息服务。❶一是加强创业信息网站建设，建立专门的 QQ 群、微信公众号、微博，完善创业信息发布平台，定期收

---

❶ 闫雯, 李云飞. 新时期大学生自主创业存在问题及对策研究 [J]. 河北农业大学学报: 农林教育版, 2014（4）: 42–45.

集、及时发布国家和地方政府扶持大学生创业的相关政策等信息，推进信息资源共享；二是创设大学生创业信息咨询服务工作室，为创业学生开展创业项目对接、企业登记注册、扶持资金申请、知识产权交易等一对一信息咨询服务；三是建立创业学生档案和数据库，健全创业项目管理和反馈制度，同时通过问卷调查、上门走访、召开座谈会等形式开展毕业生创业调查，对离校创业毕业生进行定期跟踪调查，继续为创业毕业生提供有效的创业指导和信息服务。

6. 帮助解决资金难题，加大资金扶持力度

广泛吸纳政府、企业、公益团体、校友、社会资本投资机构等各方资源，通过争取创业专项基金、创业赛事奖金、天使基金、风险投资以及学校统筹安排资助资金等方式，加强对学生创业项目的资金扶持。学校认真用好用足政府创业扶持政策，推荐和帮助学生申请资助项目，发动和组织学生参加省级大学生创业大赛等各级各类创业赛事；同时，积极寻求企业、公益团体扶持举办校内创业大赛，比如由相关企业冠名的移动互联网大学生创业大赛。此外，学校设立专项公益基金作为应届毕业生创业周转使用，对符合条件的创业项目给予经费资助，使用基金的应届毕业生归还本金前，不计利息。通过前述多种途径和渠道，在一定程度上解决学生创业资金匮乏问题，大力扶持学生创业。

（二）长期性政策保障体系

1. 健全政策体系，推进创新创业教育精细化

政府推进创新创业教育精细化，应构建完善的政策支持体系，具体体现在以下三个方面：其一，加强创新创业教育理论和经验交流。相关职能部门应该定期举办创新创业教育经验分享会、交流会，对典型成功案例进行推广，还应充分运用现代网络信息技术，建立网上交流平台，必要时可举办专家在线视频指导会；其二，施行具有实效性和针对性的政策条例，政府应在资金、政策以及制度制定上对大学生创新创业给予全方位的扶持和引导；其三，健全大学生创新创业法律体制❶，建立大学生创新创业专门

---

❶ 丁忠利，王凌云.大学生创业指导体系建设的探索与实践 [J].安徽工业大学学报，2010（6）：154–155.

法律，建立大学生创新创业教育配套法律。

2.优化资源配置，推进创新创业教育系统化

政府资源配置不合理，资源利用率低等问题普遍存在，严重制约了创新创业教育的发展，针对该问题提出以下解决措施。其一，在各级省市高校设置创新创业教育管理部门，细化创新创业教育管理，充分整合各类资源，最大化利用现有创新创业资源。其二，拓宽创新创业教育资金来源渠道。针对创新创业资金问题，不仅需要设立专门创新创业基金，还需要吸引社会企业的投资以及创新创业成功人士的资助等。其三，建立并完善教师考核体系与激励制度。对创新创业教育教员考核不能用传统教育考核方式，应当将教师指导学生创新创业实践、开展专题讲座以及参与创新创业咨询等非传统的工作纳入考核机制。

3.加强保障责任制，推进创新创业教育专业化

随着社会快速的发展，创新创业教育需求也展现出多样化的特点，不同创新创业个体需求存在差异。解决创新创业教育中的难点问题，需要政府进一步强化各保障职能部门责任，从而满足现代化和多样化的创新创业教育需求，打造出专业化的创新创业教育，需要做到以下三点：建立健全创新创业教育监督评价机制；创新创业教育课程内容和形式改革；构建不同需求的创新创业教育体系。

4.充分利用社会资源，推进创新创业教育多样化

创新创业教育不仅与政府和高校有关，还与社会有着极大的联系，这是由于创新创业最终需要立足于社会。现有的高校与社会企业合作方式单一，需要政府为高校与社会之间搭建多样化的合作平台。其一，营造良好的创新创业教育氛围；其二，完善风险投资和社会信用系统；其三，鼓励社会企业参与到高校创新创业教育中。

第二节 "专创融合"课程体系建设

2015 年 12 月，教育部发文要求从 2016 年起所有高校都要设置创新

创业教育课程，面向所有学生开设创新创业必修课和选修课，纳入学分管理。这要求高校在课程体系建设中要做到如下几点：①更加注重人文社科专业与自然科学专业的适度融合。在基础课程平台中，人文社科专业注重自然科学知识与素养课程的设置，培养学生科学理性的精神。自然科学类专业注重人文社科知识与素养课程的设置，旨在培养学生的人文素质。②梳理现有专业课程体系，挖掘专业课程潜在的创新创业教育资源，通过教学设计与教学方法创新，在专业课程教学过程中，实现创新创业教育与专业教育的有机结合。③开发创新创业课程资源。在创新创业教育的初创阶段，创新创业课程等教学资源的开发显得尤为重要，为此需要联合高校、企业开发一批创新创业教材与课程，为创新创业教育提供素材。❶同时，按照国家深化创新创业教育改革的意见，各个地方和高校可以加快创新创业教育优质资源的信息化建设，建立一批优质的线上开放课程，如网络公开课、慕课和微课等，并制定在线课程的教师教学效果评价办法和学生修读学分认定办法，以确保课程质量。

一、"专创融合"课程群建设

（一）梯度式课程体系的概念

"通识性—专业性—实践性"的梯度式课程体系是指为解决创新创业教育的课程不能满足不同专业、不同年级学生创新创业的理论知识需要和创新创业课程体系不健全而提出来的一套完整的教育体系。"通识性"创新创业教育面向全体学生（大一、大二学生），"专业性"创新创业指导主要针对在某专业领域有创业意向的学生，而"实践性"创新创业训练面向有初步创业体验的学生，这样就构建出一种梯度式课程体系，使全体学生都经过了"通识性"创新创业教育，部分学生选择进行"专业性"的创新创业指导，小部分学生进行"实践性"创新创业训练，最后实现毕业后极小部分同学创业成功。

（二）第一梯度——"通识性"创新创业教育

近年来，国务院和教育部颁发了一系列关于创新创业教育的纲领性文

❶ 张涛.创业教育［M］.北京：机械工业出版社，2007.

件，这些文件一致强调："在人才培养全过程中，创新创业教育要面向全体学生，着眼于创新创业教育的广泛性、普及性，着力提高和增强全体学生的创新意识、创业素质和创业能力。"

"通识性"创新创业教育是面向全体学生，课程开设在大一和大二。大一的学生刚踏入大学不久，虽没有面临就业的紧迫感，但却对大学校园的学习生活充满了热情，没有太多的专业课程学习的压力。这样有利于创新创业课程的切入，是开展"通识性"创新创业教育比较好的时机。创新意识和创业素质是形成和推动创业实践的内在动力，是产生创业实践的前提和基础。创新创业教育的重点是培养大学生的创新意识和创业素质，所以高校首先要教育和引导大学生全面提升创新意识和创业素质。对于大一、大二学生应当对其开设如"创新思维培养""创新心理塑造""创新素质训练"和"创业基础"等有利于培养学生的创新精神和创业能力的课程作为教育内容，并将这些课程纳入学生课程中列入教学计划，作为公共必修课。课程可采用学分制形式，每学期12个课时，1个学分。在大一第一学期开设"创新思维培养"，第二学期开设"创新心理塑造"；大二第一学期开设"创新素质训练"，第二学期开设"创业基础"等梯度式教学课程。经过课堂观察，可每年在大一、大二学生中培养并选拔一批具有创新潜质的学生，激发学生的主动性和创造力，鼓励其继续加强对创新创业的了解。

创新创业教育要面向全体学生，对每个大学生来说，有了"创新创业意识"和"创新创业素质"，就相当于为其进入社会创业奠定了坚实的基础。所以通过"通识性"创新创业教育，学生无论学的是何种专业，也无论他们是否准备毕业后自主创业，学生的创新创业意愿、创业激情都会得到明显的增强和提高。

（三）第二梯度——"专业性"的创新创业指导

"专业性"创新创业指导是面向有创业潜质、创业意向的学生（部分大三学生），以选修课的形式，运用专业理论和职业技能的训练，指导学生的创新创业。

经过"通识性"的创新创业教育后，大部分学生已具备基本的创业知识，从课程内容方面讲，要多方面地开展创业教育的专业指导，从而促进学生的全方位发展。在课程教学方面，要全面深化课程体系改革，重点突出案例分析和实践教学，运用情景教学法、模拟教学法、互动教学法等教学手段，将"专业性"创新创业指导融入整个大学生培养过程中。在课外开设创业教育课讲座等丰富多彩的形式实施创业教育课程，定期举办经验交流论坛，邀请校内外创业成功人士面对面与学生进行对话，解答其在课堂学习中遇到的问题，为其创业提供建议与指导。高校要坚持创业教育"练中学"教育理念，努力实现创业教育的"虚实结合"，形成创业氛围的强辐射。课堂上也可以采用"校企联合、学生自主、兴趣先导"的模式成立"兴趣团队"，把有创业意向的学生们聚集起来，互相交流想法，互相学习，培养学生的研究兴趣与探索精神，鼓励学生自主创新与大胆尝试。

（四）第三梯度——"实践性"的创新创业训练

面对日益渐增的"就业大军"，很多大学生都会考虑自主创业，积极了解国家给予大学生创业的优惠政策，甚至有部分学生在校期间已经开始尝试自主创业。对于有初步创业体验和有创业意向的学生，在教学方式上，除了传统的课堂理论教学以外，高校还可以通过开展课外竞赛、实践实习等方式，或以大学生创新创业实训项目为载体，构建理论与实践于一体的多元化创新创业教育体系。同时，可在校园内设立"创业实训基地"，学生可以向学院或学校提出项目申请，方案获通过后的学生可以根据自己的能力在校内经商或开办一些校内公司等；或者由学校组织开办模拟公司，为学生提供了体验创业的平台，让学生更好地将实践能力和专业技能的培养与创业相结合。"实践性"创新创业教育课程以"实践班"形式展开，以面试和创业能力测试的形式选拔学生，可定期开展创业实践经验交流。

创新创业教育成功与否，指导教师也起着决定性的作用。高校应成立由创业经验丰富的教师、企业管理人员和校内外创业成功人士组成的创业指导小组，为学生在创业过程中提供适当的建议与借鉴，避免学生盲目创业。

高校在注重学生"通识性"创新创业教育、"专业性"的创新创业指导与"实践性"的创新创业训练的同时，还应关注创新创业课程体系研究。应当秉承"创新创业要发展，课程研究要先行"的教育理念，相关专业和创业就业指导中心等专业研究队伍应相互配合协作，落实创新创业教育研究和课程开发，推出具备本校专业优势和办学特色的高质量研究成果。

"通识性"创新创业教育课程是创业的基础，"专业性"创新创业指导课程是创业的强化剂，"实践性"创新创业训练课程是创业教育的落脚点，高校要遵循"校内学、校外练、学中创"的培养思路，逐步实施、循序渐进，这样才能在"双创"时代背景下进行大学生创新创业教育与专业教育深度融合。

二、"专创融合"课程体系设计

课程体系设计受教育理念的影响，并承载着教育理念，是人才培养质量的关键。作为一种全新的教育模式，"创新创业教育与专业教育相融合"在课程体系设计方面，既要科学合理又要达到目的。❶因此，课程体系设计需在以下方面加以重视。

（1）增加创新创业课程的比重。在专业教育基础上开展深层次的创业教育，改革现有专业教育的教学内容，特别是增加创新创业类课程的比重。中国高校创新创业教育课程零散、简单，基本上与学科专业教育脱节、分离，严重缺乏作为一门学科的系统性和严谨性。

（2）建立多层次、立体化的课程结构。新的课程设计必须兼顾课程教学和创新创业实践双重特点。具体说来，在完善原有专业知识教学课程的基础上，引入创新创业教育课程，将创新意识、创新个性、创业能力等理念融合到其中，形成综合性的课程教育体系。将创新创业教育课程分成两大类。一类是学科课程，分为基础课、专业课、选修课等3类针对不同类型设计课程目标和课程内容。另一类是实践课程，主要以活动与情境教学模式为主，建立面向高校学生的"创客空间""创新工场""创新论坛""创业咖啡""创业社区""创业联盟"等众创空间模式，为广大学生创新创业者提供良好的工作空间、网络空间、社交空间和资源共享空间。并开设跨学科、交叉学科、边缘学科课程，从而拓宽学生的知识面提高创

❶ 马小辉. 创业型大学的创业教育目标、特性及实践路径［J］. 中国高教研究，2013（7）：96-100.

新力。此外，课程设计也要注重系统化，不仅要协调好课程教学内部关系，还要协调好与之密切相关的学生活动之间的关系。

（3）增强课程教学方法灵活性和针对性。整合后新的课程体系能否顺利达到预期效果，关键是看课程教学方法是否科学合理，这需要学生、教师、高校各方的共同努力。就学生而言，如何改变一直以来受传统专业教育模式熏陶下"90后""00后"群体的学习方式、认知方式等是一个难题；对教师来讲，应根据新的课程设计，制定一套新的教学方式方法，来增强授课能力和知识传授能力，切实把创新创业精神贯穿于课程教学的全过程，通过多种不同的教学形式培养学生发现问题、解决问题的能力；就高校而言，课程设置也要根据实际情况加以变通，以达到创新创业教育目的，例如，可将原来在大四开设的就业指导课程设置为贯穿整个大学四年的创新创业教育，尽早传授创业知识和创业技能，培养大学生的创新精神与创业意识。另外，将创新创业教育落到实处，建立新的学生、教师考核教育机制也很重要，这直接关系着教育改革的成败。

第三节　"专创融合"课程开发方法

一、交叉整合法

与市场关联度高、专业应用性强的专业课程，以创业机会为切入点，根据创业要素与创业一般过程设计课程主线，运用市场前沿技术，在专业课程中融入创新创业管理的知识，形成专业创业的新课程。基础知识理论性强的专业课程，以专业知识内在逻辑为主线，运用问题提出、分析和解决的情境，融入通用与特殊领域的创新思维、创新方法，形成专业创新的新课程，融入创业思维和商业思维，形成科学创业、学术创业的新课程。例如，东莞某高校设置的"数字出版物设计与制作"课程，根据排版生产岗位能力要求，积极与行业、企业合作，全面归纳整理职业岗位的工作任务与工作过程，确定典型工作任务；通过典型工作任务分析，根据能力复杂程度整合典型工作任务，形成相对综合能力领域。设计3～4个以企业岗位能力锻炼为目标的项目，提炼项目化教学方法。根据对东莞包装、出版企业的走访，最后确定3个较典型项目：①电子报纸的排版与设计；②电子杂志的排版与设计；③电子出版物的排版和设计。以上述3个项目为载体，在每个项目中设置3～5个问题。让学生在真实的情境中完成任务，通过团队共同解决项目中的问题来提高学生解决问题的能力，并巩固所学知识。遵循"教、学、做"合一的行动导向教学观，以学生为主体，专任教师与兼职教师共同组织、实施教学。在任务和问题的选择时，要注意按照知识点由易到难的原则，每个项目设计中都需包含多个软件的配合使用，每个知识点在不同项目中需有所分别，但层层递进。问题的选择则是根据在企业实际调研，筛选包括相关知识点的典型问题，每个问题具有联系。通过以上措施，构建了以项目为载体的真实学习情境，在情境中着重解决相关问题，在问题解决的过程中，加深对相关知识点的理解和应用。

二、结构分解法

把专业课程分为基础知识模块、前沿知识模块、市场需求与适应模块、实务操作模块4个部分进行讲授，相应融入创新创业知识点、技能点、训练点和实践点，形成专创融合的新课程。例如，汽车维修企业开业教学过程中的创业教育创业时项目的选择至关重要，根据市场信息和创业者的现实情况来确定想开的汽车维修企业的规模和性质。让学生讨论自己想开的是什么样的企业，并阐述各自的理由。在汽车维修企业开业这一过程中，教师不可能直接给学生提出选择什么项目的建议，教给学生的只能是一整套选择和评估项目的思路，让学生自己选择合适的项目；在维修企业收入管理和利润分配管理教学过程中的创业教育在汽修财务管理课程教学中，营业收入是衡量企业经营成果的重要标志，是企业再生产顺利进行的必要条件，是实现企业利润的主要源泉。所以，对一个创业者来说，弄清汽车维修企业营业收入的来龙去脉，掌握收入情况是极其重要的。

第七章 应用型大学"专创融合"的典型案例

第一节 黑龙江大学的"专创融合"教育

黑龙江大学是教育部与黑龙江省人民政府共建的有特色、高水平、现代化地方综合性大学，于 2002 年成为全国首批 9 所创业教育试点院校之一。一直以来，学校坚持"面向全体、基于专业、分类教学、强化实践，融入人才培养全过程"的原则，突出"面向全体学生，培养创新精神与意识；面向具有创业潜质的部分学生，培养创业精神与能力；面向具有创业意愿的少数学生，培养创业知识与技能"的创新创业教育理念，构建教学、实践、保障"三位一体"的"融入式"创新创业教育模式，提升学生灵活就业、自主创业的能力与素质，促进创新创业教育与思想政治教育、素质教育、专业教育、就业教育充分融合。[1] 目前，学校设有创新创业教育领导小组、教学指导委员会、顾问团等协同组织机构，以及创业教育学院、创业教育中心等独立的组织机构，实现创新创业教育全盘考虑、全员参与、全程关注、全心服务的工作格局。学校获批教育部创业教育人才培养模式创新实验区，被评为全国毕业生就业典型经验高校，2016 年被评为全国创新创业典型经验高校，学校创新创业教育成果获国家级教学成果二等奖。

一、理念与模式

（一）优化本科人才培养方案，将创新创业教育与专业教育相融合

在本科人才培养方案修订过程中，将创新创业教育要求贯彻到教学各

---

[1] 付丽."融入式"创新创业教育的经验与启示——以黑龙江大学为例 [J].奋斗 .2017（6）：46-47.

环节，包括全校各专业的教学计划安排、教学内容更新、教学方法改革及考核评价等，确立创新创业教育在人才培养体系中的重要地位。特别是，在专业总学分中设 8 个创新创业教育必修学分。其中，课堂教学 4 学分、实践教学 4 学分，未修满 8 学分者不予毕业。学校针对基础类、应用类专业的创新创业教育学分提出设计原则和教学要求，各教学单位均在人才培养方案中专门设置创新创业教育项目，设计具有专业特色的创新创业教育学分实现途径，校院两级拓展创新创业教育学分实现途径累计达 137 种和 6 种，切实突出专业教育教学中创新创业教育特色。

（二）依托三个平台，将创新创业课程与专业课程教学相融合

（1）依托专业课程平台，培养学生创新思维，拓展专业视野。在专业必修课程上，基础类专业要求学生修读一门学科前沿课程、形成一份专业调研报告、提交一项创意；应用类专业要求学生修读一门创业管理课程、形成一份市场调研报告、提交一份创业计划书；在专业选修课程上，开设不同类别的课程模块，使学生的专业学习与创新教育和个性化发展有机结合。

（2）依托通识课程平台，丰富学生就业创业知识，提高人文素养。面向全校学生，开设职业生涯规划与就业指导、创造学与创新思维训练等必修课程；开设技术进步与科学精神类、经济发展与社会治理类、哲学智慧与价值观念类等选修课程。学校已开设此类课程 5000 余门次。

（3）依托辅修课程平台，鼓励跨学科专业学习，培养一专多能的复合型创新创业人才。学校发挥综合性大学学科专业课程的综合优势，设立"专业＋方向"的创新人才培养课程群，如"新闻＋经济""专业＋俄语""哲学＋管理""经济＋法律"等，引导学生在跨学科专业学习中，提高发现问题和解决问题的能力。

（三）搭建三个载体，将创新创业实践与专业实践教学相融合

1. 强化创新创业项目训练

结合学生专业学习进程，以基金项目、基地项目、实验室项目、委托项目等形式开展创新创业项目训练；组织专业教师将专业知识与社会需求有机结合，建立涉及全部专业的创新创业项目库；引导学生自主选择项目和科研导师，进行立项研究。现已资助近 4 万名学生参加训练项目 8200 余项。

2. 加强创新创业实践基地建设

建设校级创业园，设立科技研发、文化创意、信息服务、电子商务四大项目实践区，为学生创新创业实践提供服务，涌现出年销售额 1000 余万元的恒讯科技公司等 400 余个学生创业企业和团队；建设院级创新创业训练基地和技能培训基地 83 个；依托各专业实验室与央广传媒、中兴通讯、龙江网络等联合建立校企合作基地 200 多个。

3. 大力开展创新创业竞赛

建立校、省、国家、国际四级竞赛实训的管理与激励机制，鼓励学生在专业教师指导下参加"挑战杯"、数学建模、电子设计等各级各类竞赛；组织专业教师对参赛学生进行赛前培训、赛中指导与赛后总结，共有 3000 余人次学生获得省部级以上奖励。

二、课程与教学

（一）构建创新创业教育与专业教育融合的课程教学体系

优化人才培养方案，一是在通识课程建设方面，面向全校学生，开设职业生涯规划与就业指导等通识必修课程，开设创造学与创新思维训练类、经济发展与社会治理类等八大类通识课程模块，课程总量达 60 多门；二是在专业课程建设方面，设立 8 个创新创业教育必修学分，包括理论和实践学分各 4 分。开设创业管理、学科前沿等专业必修课程，开设项目研发、论文研习等 90 余门专业选修课程；三是辅修课程建设方面，发挥综合性大学学科专业优势，设立"专业＋方向"的创新人才培养课程群，如"新闻＋经济""哲学＋管理""经济＋法律"等课程。三大模块课程设计，优化了学生知识结构，培养了学生的内在创新创业素质。

（二）构建创新创业教育与专业教育融合的实践教学体系

学校投入 3000 余万元，创设创新创业实践平台，加大实践学时比例，在公共基础实践教学、学科专业实践教学基础上，将研究创新实践、自主创业实践、暑期社会实践、志愿服务实践等纳入实践教学体系；加强课题立项、实验室项目研究等项目建设，学生科技创业园、技能培训基地、校企合作基地等基地建设，创新创业团队、社会创新实践、企业家论坛、学科竞赛等活动建设，累计6万人在实践平台中受益，提高了学生的创新创业能力。

（三）构建个性化教育指导体系

针对不同年级、专业的学生实施分层分类培养；建立学业导师、导师、创业导师"三位一体"的导师制度给予学生个性化指导；设立创业精英班，支持具有创业潜质的学生群体进行自主创业实践体验，创业精英班中有30多名学生实现了自主创业。

（四）构建创新创业教育管理保障体系

在管理机制上，学校成立了独立的创业教育学院，并将创业教育纳入学分制体系，建立了一整套鼓励学生创新创业的制度体系，在组织、制度、师资、经费上为创业教育的稳步发展提供了依据和保障。

（五）构建创新创业教育资源整合体系

学校积极整合校内外资源，积极推动全民支持创新创业教育。校内充分整合学科资源、师资资源、文化资源，形成开展创新创业教育的合力，营造了良好的创新创业文化氛围；校外充分整合政策资源、智力资源、市场资源、校际资源，推进创新创业教育的深层发展。

三、案例分析

（一）创新创业教育理念先进，工作组织机构科学完善

学校将加强创新创业教育视为提高人才培养质量的重要途径，形成较为完善的教育理念、组织机构和制度体系。

1. 形成"融入式"创新创业教育理念

学校坚持"面向全体、基于专业、分类教学、强化实践"的"融入式"创新创业教育原则，以"提升学生社会责任感、创新精神、创业意识与实践能力"为核心，面向全体学生培养创新精神与意识，面向具有创业潜质的部分学生培养创业精神与能力，面向具有创业意愿的少数学生培养创业知识与技能，促进创新创业教育与思想政治教育、素质教育、专业教育、就业教育充分融合。

2. 健全协调联动的组织机构

学校于 2002 年成立创业教育学院，2005 年挂牌创业教育中心，负责全校创新创业教育的顶层设计与组织实施。设有创业教育领导小组、教学指导委员会、协调委员会、顾问团及学生创业协会等组织。其中，创业教育领导小组由校长牵头，由创业、招生就业、教务、学工、财务、团委、科研等部门组成，各部门协调联动，实现全盘考虑、全员参与、全程关注、全心服务。

3. 制定系统有效的管理制度

学校制定《黑龙江大学深化"融入式"创新创业教育和大学生自主创业工作实施方案》《黑龙江大学创业教育教学基本要求》等相关制度 58 项，从体制机制上推进创新创业教育，有效落实国家政策文件和相关要求。

（二）发挥综合性大学优势，形成立体多样的课程体系

学校自 1998 年开始探索创新创业教育理念与模式，2002 年起开设创新创业教育课程，2004 年将其纳入本科人才培养方案；10 余年来，3 次修订 81 个专业人才培养方案，形成基于 3 个平台的创新创业教育课程体系，提升了创新创业教育的专业性。

1. 加强专业课程平台建设。

设立 8 个创新创业教育必修学分，包括理论和实践学分各 4 分。开设创业管理、学科前沿等专业必修课程，开设项目研发、论文研习等 90 余门专业选修课程，促进了专业学习与创新创业教育的深度融合。

2. 加强通识课程平台建设

面向全校学生，开设职业生涯规划与就业指导等通识必修课程，开设创造学与创新思维训练类、经济发展与社会治理类等 8 大类通识课程模块，课程总量达 60 余门，促进了通识教育与创新创业教育的深度融合。

3. 加强辅修课程平台建设

发挥综合性大学学科专业优势，设立"专业＋方向"的创新人才培养课程群，如"新闻＋经济""哲学＋管理""经济＋法律"等，促进了复合型、个性化人才培养与创新创业教育的深度融合。

（三）整合教育教学资源，形成丰富多元的实践载体

学校自 2002 年起，不断优化整合校内外教育教学资源，将创新创业教育理念融入项目研究、学科竞赛、校园活动中，形成专项投入、专业管理、独立运行的实践教学载体，提升了创新创业教育的实践性。

1. 加强训练项目平台建设

学校形成国家、省、校三级大学生创新创业训练体系，形成"学校主导、学院主抓、导师指导、学生自主"四维组织管理模式，设立项目基金，配备科研导师，累计 4.3 万余名学生参加训练项目 9500 余项。

2. 加强实践基地平台建设

学校层面建有学生科技文化创业园，孵化出了以年销售额 1000 余万元的恒讯科技公司为代表的 400 余个学生创业企业和团队；学院层面建有 72 个创新创业训练基地、创新实验基地和技能培训基地与 200 余个校企合作基地。

3. 加强竞赛实训平台建设

学校建立了竞赛实训与管理机制，鼓励学生在专业教师指导下参加"挑战杯"全国大学生系列科技学术竞赛、数学建模等各级各类竞赛，实现创新创业竞赛实训课程化、常态化，已有 3000 余人次学生获省部级以上奖项。

（四）基于学科区位优势，突出"对俄战略"创新人才培养

学校享有"全国俄语根据地"的美誉，始建于 1941 年的俄语语言文学学科是国家重点学科，2011 年成立的中俄学院是国家教育体制改革首批试点学院。学校将学科专业优势与"一带一路"倡仪指向下的对俄合作紧密结合，突出对俄人才培养，提升了创新创业教育的针对性。

1. 培养对俄交流合作的急缺人才

2015 年新设商务俄语专业，以"基于体裁的俄英商务话语实践能力"为培养模式，旨在实现专业学生在知识、能力与素质三方面得到均衡发展。立足中石油管道局等企业的对俄石油管道合作，在机械设计制造等专业开设俄语零起点实验班。面向对俄跨境电商人才需求，与俄速通公司合作培养"国贸＋俄语""金融＋俄语"的"互联网＋"人才。

2. 培养"专业＋俄语"的战略人才

依托国家教育体制改革试点中俄学院和中俄联合研究生学院，通过中俄双方联合制订培养方案、联合授课、本硕博连读等方式，在化学、生物、法学等 6 个专业招收、培养了 900 余名对俄战略性人才。

3. 培养"俄语＋方向"的专业人才

依托俄语学院，创新"俄语＋翻译""俄英双八级"的人才培养模式，培养本硕两个层面的高级俄汉和俄英同声传译人才，2015—2018 年已为国家、黑龙江省及外企输送了 150 余名专业人才。学校"融入式"创新创业教育模式共使 6 万余名学生受益，学生初次就业率始终在 80% 以上，毕业生自主创业人数 676 人。

目前，学校"融入式"创新创业教育体系极大地促进了创新创业人才培养质量的提升，满足了个性化人才培养需求，学生满意度较高。2015—2018 年共有 2 万余人次学生参加项目训练 4154 项，1083 人次学生参加"挑战杯"等省级以上创新创业竞赛获奖；毕业生自主创业率达 2.6%；多项成果实现市场转化，如学生邵娜创办黑龙江恒讯科技研究院，申获恒讯环境监控系统等 6 项专利、25 项软件著作权及 6 项科技成果认定，其研发成果已被哈工大机器人集团有限公司、哈尔滨市公安交警支队等单位使用。近年来，学生创办企业 101 家，学生创业企业成活 3 年及以上者 11 家，达到 10.9%，如学生金凯强创办的米青文化连锁店，带动百余名学生开展创业实践。

第二节　温州大学的"专创融合"教育

温州大学是一所地方综合性大学，地处以"崇尚文化、市场滥觞"而著称的温州。学校植根于深厚的区域文化，将创新创业教育贯穿于人才培养的全过程，培养"重实践、强创新、能创业、懂管理、敢担当"的高素质应用型人才。学校 2001 年开始开展创业教育，经过 18 年的改革和发展，形成具有鲜明特色的创业人才培养温州模式，被誉为国内高校创业教育四大模式之地。

2004 年开始，学校开设了 36 个学时的"大学生职业生涯设计导航"，设立创业教育学分，进行创业教育课程教学体系的改革。温州大学以独特地域文化为基础，在人才培养目标的定位上，强调创新精神、创业能力和社会责任感三者的有机统一，形成了创业教育与通识教育、专业教育的融合，让学生在校园文化中感受浓厚的创业氛围，根据创业教育的不同定位和目标，面向不同类型学生需求，分层进行创业培养的办学特色。学校曾获国家教学成果奖二等奖，被教育部、财政部评为国家级创业型人才培养温州模式创新实验区，2016 年获全国创新创业典型经验高校。

一、理念与模式

构建"以培养岗位创业者为导向的创业教育新体系"的创新创业教育与专业教育融合的新模式，对解决创业教育过程中存在的诸如创业教育的受益面过窄、创业教育与专业教育之间融合明显不足、创业教育师资专业化队伍建设滞后、创业教育管理平台不完善等问题有重要的意义。

岗位创业是指在岗位工作的同时，利用自身专业技能知识以及所掌握的资源进行创新创业活动。以培养岗位创业者为导向的创业教育新体系的本质是将创业教育理念与内容融入人才培养全过程，提升全体在校生的创新意识、创业精神和创业能力；核心是培养区域经济社会发展需要的既懂专业又善创业管理的高素质复合型应用人才。在创业教育理论研究与实践探索过程中，温州大学开展了"点—线—面"逐层递进、"创业教育＋专业教育"的创业教育实践，从创业教育通识课程体系、创业人才培养模式构建、创业教育与专业教育融合、岗位创业实践基地建设、岗位创业运行机制、创业教育专业化师资建设 6 个方面进行改革探索，注重顶层设计与整体推进的结合，成功地构建了以岗位创业为导向的人才培养新体系。❶

（一）创业教育通识课程体系

温州大学分别从公共选修课和公共必修课两个维度切入，构建创业教

---

❶ 黄兆信，曾纪瑞，曾尔雷 . 以岗位创业为导向的人才培养体系研究与实践 – 以温州大学为例 [J]. 教育研究 .2013（6）：144–149.

育通识课程体系，实现了以全体在校生为受益面的大学生岗位创业意识的培养与提升（见图7-1）。公共选修课以全校学生为对象增设创业教育模块，开设"创业学""企业管理"等创业类基础课程，开设"温州模式与温州企业家精神""中小企业创业实务"等具有温州区域特色的创业类课程和"商业音乐管理""动漫设计与大学生创业"等专业创业类课程，并要求所有学生在校期间必须修满2个创业教育学分。目前，该模块已经开设多门相关创业课程。在公共必修课中融入创业教育元素 ❶，如思想政治理论课在本科人才培养方案中有16个学分，积极寻找思想政治理论课与创业教育在内容、方法上的契合点，在"毛泽东思想与中国特色社会主义概论""马克思主义基本原理概论""思想道德修养与法律基础"等课程的教学内容处理、教学方法设计、教学基地建设等方面与创业教育有效对接。

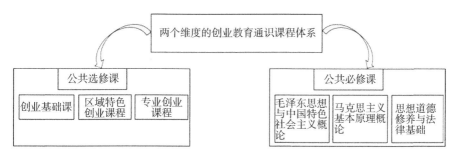

图7-1　创业教育通识课程体系

（二）创业班试点培养新模式

通过创业教育试点班的改革，在实践过程中逐步形成了以培养岗位创业能力为主的创业人才培养新模式。创业教育改革试点班的定位非常明确，不是以培养自主创业者为目标的"尖子班"或"强化班"，而是为了全校范围内的基于专业的以岗位创业为导向的人才培养模式改革进行的试点。温州大学从5个方面进行改革，突出岗位创业能力的培养。课程体系分理论、实务、实践三大模块，实务、实践模块占总课时的65%以上；教学方法以实践主导型为主，课程设计上突出实践环节，鼓励学生在课堂中

---

❶　黄兆信，等.以岗位创业为导向：高校创业教育转型发展的战略选择 [J].2012（12）：46-52.

发挥创造性，要求学生组建创业团队模拟创业实践；师资队伍多元化，重企业一线精英，校内师资实行学院推荐、学生评教、学生选定三重遴选标准；考核形式重过程，以答辩形式的考查为主；建立创业教育评价体系，跟踪调研延伸到学生毕业后。同时，以岗位创业能力培养进程为主线，由"岗位创业认知、岗位创业训练、创业岗位实习"3个阶段构成的连续性创业实践教学形式贯穿始终。岗位创业认知以理论模块的课堂教学为主，岗位创业训练依托培养方案课程体系中的实务模块，以温州大学大学生创业园和8个二级学院创业中心的现有工作室（公司）以及面向在校大学生招租的生活区店铺为实践平台展开，与红蜻蜓、新湖、奥康等知名集团公司和温州经济技术开发区企业等共45家企业建立了合作办学关系，学生以总经理助理、销售主管助理、财务主管助理、人事管理助理等形式在相关企业进行为期两个月的岗位创业实习。

（三）在专业教育中融入创业教育

根据不同专业特点及人才培养目标定位，在专业平台上不同程度融入了以岗位创业意识、岗位创业知识、岗位创业能力为导向的创业教育。

（1）在通过创业教育通识课程对岗位创业意识培养的基础上，推进专业类创业课程创新，将创业教育内容纳入专业课程体系，增加学生的岗位创业知识。鼓励专业教师开设专业类创业教育选修课。

（2）鼓励专业教师在专业课程教学过程中渗透创业内容，如在电子信息科学与技术专业，注重从应用的角度增选主干专业课程的教学内容，尤其是加强电器类企业实习教学环节，帮助学生了解和感受现代企业氛围，依托温州大学智能电子电器重点实验室，在专业教师指导下，学生创业团队组建的温州明泰电器老化检测设备有限公司获得了第七届中国挑战杯大学生创业计划竞赛金奖；结合"环境与资源保护法"的教学，在法学专业教师的指导下，七彩虹创业团队组建的彩虹环维有限公司荣获"全国十大优秀慈善创业项目"荣誉称号。

（3）推进专业实践教学环节的改革，强化学生的岗位创业能力。以汽车工程、法学、鞋靴设计3个专业的创业人才培养模式实验区为试点，在保留原有专业实习时间的基础上，新增职业岗位或者相关行业的管理岗位实习时间至少4周。通过该层次的创业教育融入，结合专业实习、毕业设计等环节，引导学生在择业时选择合适的岗位或岗位意向，或选择自主创业。

（四）提供实践平台实习基地

创业教育的实践性特征决定了需要加强创业实践基地与平台建设。学校根据岗位创业人才培养的要求，对岗位创业实践进行了统筹规划：校内，依托温州大学国家创业人才培养创新实验区，构筑了具有转化、提升、孵化功能的"专业创业工作室、学院创业中心、学校创业园"三级联动创业项目孵化平台；校外，充分调动、有效整合社会企业资源，深入开展与各类企业的合作，尤其是加强与温州中小企业、各级商会的产学合作，创设了专门为岗位创业实践提供的岗位创业实习基地，如温州经济技术开发区基地和红蜻蜓集团基地，为学生提供各种岗位创业实习机会。

（五）创建创业教育管理机制

虽然我国高校的创业教育工作已经开展了十多年并做了进一步探索，但迄今为止，大部分高校都没有将创业教育与人才培养质量的提升联系在一起，其中一个现实性的困境就是高校创业教育管理功能的缺位与管理职责不清。目前，大部分高校的创业教育都是依托于团委、学生处、就业处等相关部门来管理，创业教育依旧被认为属于"学生工作"的一个组成部分，没有专门的管理机构和专职的管理人员来负责。对创业教育的支持和认同度较低、资源投入较少的现状，也是目前制约我国高校创业教育发展的一个重要因素。温州大学将创业教育作为学校的办学特色，学校自上而下推进创业教育。2009年6月，在总结过去十多年温州大学创业教育工作经验和成果的基础之上，为了继续推进创业教育教学改革，整合全校的创业教育资源，进一步扩大创业教育辐射面，温州大学成立了创业人才培养学院（实体部门），负责全面实施以岗位创业为导向的创业教育新体系建设。作为国内高校中为数不多的以负责全校创业教育、创业研究、创业人才培养等功能于一身的专门机构，创业人才培养学院成立以来，进一步明确和完善了以岗位创业为导向的人才培养模式的各个运行环节，包括教学管理、学生培养与管理、教师政策以及经费等工作；同时，扩大了创业教育改革试点班的规模，营造了浓郁的校园创业文化，推进了跨学科课程体系的建设，完善了大学生创业园管理制度，理顺了创业实践基地与平台的运行，搭建了创业教育的国内外交流平台，促进了创业教育教学改革研究，在实践中逐渐建立了一套自主高效创业教育管理机制。

（六）搭建专业师资成长平台

专业教师对创业教育的支持并不是内源性的，在学校的支持下，通过创业教改研究、创业课程改革、创业实验区建设、教师奖励政策等项目形式，积极鼓励专业师资参与创业教育融入专业教育的改革，创设了一系列支持专业教师参与创业教育的激励机制。创业教育与专业教改项目相融合，助推创业教育教学改革，已累计立项建设专业类创业课程项目50余门，创业人才培养模式创新实验区8个。这些项目涉及15个学院，吸引了多名专业教师的参与。出台的《温州大学关于深化创业教育，推进"创业教育融入专业教育"改革的实施意见》《温州大学创业教育项目组织管理及配套资助奖励实施办法》等文件，明确了学校对创业专业师资成长的政策支持和制度保障。

二、课程与教学

温州大学通过多年的积极探索，在提升人才培养质量方面进行了有益探索和大胆创新，以创业教育与专业教育融合为重点，形成了"全校层面—专业层面—试点班层面"逐层递进的以岗位创业为导向的创业教育新体系。这一体系从"广度"和"深度"两个维度入手，对原有体系进行了全面而深化的改革。

（一）全校层面——完善岗位创业教育教学体系和支持体系，培养学生的岗位创业意识

人才培养目标是学校办学的总纲领。温州大学在遵循"以人为本、质量立校、服务地方、特色取胜、追求卓越"的办学理念下，坚持"重内涵、强特色、更开放"的发展思路，主动适应国家尤其是区域经济社会发展的要求，推动学校将培养具有创新精神、创业能力和社会责任感的高级应用型人才设定为人才培养的总目标，并从多方面强化，突出创业教育的特色。

1. 增设创业教育模块课程

学校从公共选修课和公共必修课两个维度切入，构建了以培养岗位创业意识为主的创业教育通识课程体系。在公共选修课层面，学校开设了54门创业教育模块课程，包括"创业学""企业管理"等创业类基础课程，"温州模式与温州企业家精神""中小企业创业实务"等具有温州区域特色的创业类课程，以及"商业音乐管理""动漫设计与大学生创业"等专业创业类课程，并规定学生必须至少修满其中2个学分。同时，学校不断丰富公共选修课的课程形式，如通过组建优秀教学团队，进行集体备课，采取"一课多师"制、分专题授课等形式，改革"大学生KAB创业基础"的授课模式，取得了较好的教学效果。在公共必修课层面，学校充分利用公共必修课（如思想政治理论课）所占学分比重大的优势，将教学重点放在涉及历史文化传承时代精神、价值观塑造、社会责任感培养、职业伦理养成等方面的内容，结合温州人"敢为人先"的创业精神、创业意识、创业理念，通过教学内容处理、教学方法设计、教学基地建设等方面来教育学生，潜移默化地传播创业的基本理念。

2. 建设创业孵化体系和岗位创业实践平台

在高校创业教育中，创业孵化体系和岗位创业实践平台是引导学生开展创业实践活动不可或缺的重要载体。在校内，温州大学依托国家级创业人才培养创新实验区，构筑了具有转化、提升、孵化功能的"创业工作室、学院创业中心、学校创业园"三级联动孵化体系，现有71支创业团队在学校创业园中得到了很好的孵化和提升；在校外，学校广泛开展与各类企事业单位的合作，尤其是加强与温州中小企业、各地温州商会和政府资源间的产学合作，与国家级温州经济技术开发区、红蜻蜓集团等85家单位合作创建了岗位创业实践基地，给学生提供商会会长助理、企业经理助理、销售主管助理、店长助理等形式的岗位创业实习机会，为开展创业教育搭建了多样化的实践平台。

3. 完善创业教育支持体系

鉴于国内高校专门负责创业教育机构缺位的现状，学校成立了实体运作的创业人才培养学院，集教学、管理、科研职能于一体，统筹校内外资源，负责全校创业教育工作的组织与实施，创业人才培养学院的成立进一步完善了创业教育的各个运行环节，整合了学校既有的创业教育资源，同时依托温州区域优势，弘扬温州地域文化精神，从校园创业精神、创业文化环境、创业文化活动等多个方面培育全校的创业文化。另外，在各部门的协同支持下，学校创设了一系列支持专业教师参与创业教育的激励机制，搭建了以创业教改项目为抓手的专业师资成长平台，极大地激发了专业教师参与创业教育教学改革的热情。学校先后出台了《温州大学关于加强大学生创业教育的实施意见》《温州大学关于深化创业教育，推进"创业教育融入专业教育"改革的实施意见》《温州大学创业教育项目组织管理及配套资助奖励实施办法》等文件，为全校性创业教育师资建设及创业教改项目提供政策保障。学校还新增创业类课程教改 25 门，创业教育教学改革项目 36 项，创业类教材建设项目 8 个，创业教育与专业教育深度融合的创新人才培养模式实验区 5 个，吸引了全校 15 个学院 28 个专业 300 余名专业教师参与改革。

（二）专业层面——将创业教育与专业教育深度融合，培养具有专业知识和创业能力的综合型人才

学校设立了创业教育与专业教育深度融合的改革实验区，根据不同学科专业的特点，结合温州产业转型升级的需求，在鞋靴设计、汽车服务工程、法学 3 个专业平台上融入了基于岗位创业意识、岗位创业知识、岗位创业能力为导向的创业教育，培养能创业的专业人才和懂专业的创业人才，并将改革经验推广至服装设计、经济学、网络工程、机械工程及自动化、电气工程及自动化、服装工程、艺术设计等 10 余个专业。

（1）在课程改革方面，学校推进了专业类创业课程的创新，将创业教育内容纳入专业课程体系，以增加学生的岗位创业知识。一方面，支持专业教师开设专业类创业教育选修课，如"创业法律指导""媒介经营与管理""鞋类产品市场营销""服装企业管理""汽车服务经营与管理"等行业导向课程；另一方面，推动专业教师在教学过程中渗透创业理念和知识，注重从应用的角度增选主干专业课程的教学内容，改革教学方法，增加现场教学环节和案例分析的比重。如依托温州大学省级智能电子电器重点实验室，明泰电器学生创业团队获得了全国"挑战杯"大学生创业竞赛金奖；得益于"环境与资源保护法"的课程建设，七彩虹学生创业团队获

得了"全国十大优秀慈善创业项目"的荣誉称号。

（2）在教学方法方面，学校推广"一团队一课程群一岗位"等改革措施，以任务导向进行教学，促进课程与市场需求的无缝对接。如在服装设计等专业实施"一团队一课程群一岗位"的创业教学模式，借助相关企业对终端展示陈列的需求，在"陈列基础""服装陈列设计"等课程群进行项目式教学改革和实践，同时结合创业工作室项目拓展课外学习与指导，实现了25%的课时由企业创业导师直接参与，从而突出强调了职业岗位的针对性，增强了学生的岗位创业能力。

（3）在实践教学方面，学校推进"专业实习＋管理岗位实习"的实践模式，在不削弱专业实习的同时，改革服装设计与工程、汽车工程、法学、鞋靴设计、经济学等专业的实践环节，新增1～2个月的管理岗位实习环节。岗位实习主要是按照企业生产经营活动的流程进行全程参与，包括产品开发、生产、管理、销售等多个环节，并接受学校专业导师和企业创业导师的联合指导。通过这种岗位实习强化创业训练，培养了学生的岗位创新创业能力，从而引导其选择合适的就业岗位。

（4）在师资建设方面，学校推进"校内师资＋实务师资＋创业学生师资"的多元化师资建设。当前，创业教育师资来源单一，大多数来自经济管理类的专业教师或从事就业指导的教师，建设一支多元化的特色师资队伍成为创业型人才培养的当务之急。为此，一方面，学校鼓励专业教师到相关行业企业挂职锻炼，以丰富其管理实践经验，提高其对专业创业领域基本情况与发展趋势的洞察能力；另一方面，聘请企业家、企业高级管理人才、投资专家或政府相关工作人员等富有实践经验和感染力的一线精英为兼职教授，为学生讲授行业背景、业内实务、真实案例等内容。同时，学校还让创业比较成功的在校创业学子担任创业班级的教师。

（三）试点班层面——开设创业教育改革试点班，培养既有岗位创业能力又有自主创业能力的人才

创业教育试点班不是定位于培养自主创业者为目标的"尖子班"或"强化班"，而是为在全校范围内进行基于专业的，以岗位创业为导向的人才培养模式改革所做的试点。

学校在全校范围内筛选对创业有兴趣的学生，开设各类创业教育改

革试点班，包括企业接班人班、经理成长班（如红蜻蜓班）、电商创业班（如奥康班）等辅修专业和创业管理双学位班级。

试点班的改革主要从 5 个方面着手：课程体系分理论、实务、实践三大模块，实务实践模块占总课时的 65% 以上；教学方法以实践主导型为主，课程设计上突出实践环节；师资队伍多元化，重企业一线精英，校内师资实行学院推荐、学生评教、学生选定三重遴选标准；考核形式重过程，以答辩形式的考查为主；建立创业教育评价体系，跟踪调查延伸到学生毕业后。

同时，以岗位创业能力培养进程为主线，由"岗位创业认知、岗位创业训练、创业岗位实习"3 个阶段构成的连续性创业实践教学形式贯穿始终。岗位创业认知以理论模块的课堂教学为主；岗位创业训练依托培养方案课程体系中的实务模块，以学校的大学生创业园和二级学院创业中心的现有工作室（公司）以及面向在校大学生招租的生活区店铺为实践平台展开；学校与全国各地的温州商会、知名集团公司、企业等合作，建立岗位创业实践基地，让学生利用暑假时间开展为期两个月的岗位创业实习，以培养学生的岗位创业实践能力。

三、案例分析

（一）提出了创业与就业兼容的岗位创业教育新理念

传统创业教育更多地是以培养自主创业者为主要目标，鼓励大学生毕业后自己创业当老板。然而，这对刚跨出校门的大学生而言，存在资源、经验等诸多条件的限制，因而我国大学毕业生自主创业的比例还很低，也使创业教育的受益面狭窄。温州大学以岗位创业为导向的创业教育理念将创业的内涵加以扩展，不仅鼓励大学生自主创业，更提倡大学生在未来的就业岗位上"用创业的心态去工作"，把创业与就业看成可以兼容的出路，从而创造性地拓宽了创业教育的受益面。

（二）探索了创业教育与专业教育深度融合的新途径

温州大学依托国家级创业人才培养模式创新实验区，在校内设立创业教育与专业教育深度融合的改革实验区，遴选了一批实践性较强的专业，从课程体系、教学内容、教学方法，师资队伍、实习实践等多个环节进行系统的改革，为创业教育的深入开展开辟了一条新途径，吸引了一大批专业教师参与其中，使这些专业的学生在四年的学习过程中通过各种专业类创业课程的学习和多渠道创业实践的锻炼，提高了学习创业知识的积极性，增强了岗位竞争力，成为既懂专业知识又善创业管理的岗位创业型人才。

（三）建立了整合校内外资源的创业教育运行新机制

针对创业教育资源相对分散、创业教育缺乏整体规划、部门职责不清等问题，温州大学逐渐形成了一套有效的创业教育运行机制。2009年，学校成立了实体运作的创业人才培养学院，以整合校内外资源，统筹全校的创业教育工作。学校通过制定一系列规章制度和激励措施，构建了较为完善的创业教育教学管理体系，搭建了以温商资源网络为依托的校外创业实践平台，形成了具有温州地域文化特色的校园创业文化，激发了广大专业教师参与创业教育改革的积极性，提升了创业教育在学校人才培养体系中的地位，提高了学生的就业创业能力。

温州大学以岗位创业为导向的创业教育新体系的探索与实践，不仅体现了《国家中长期教育改革和发展规划纲要（2010—2020年）》提出的把加强创业教育作为今后10年提高人才培养质量的精神，也符合《教育部关于全面提高高等教育质量的若干意见》中明确提出的"把创新创业教育贯穿人才培养全过程"的具体要求，即高校的创业教育不再只是针对少数具有创业潜质的学生的技能性教育，而应逐渐向全校性创业教育演进。

当前，我国大多数高校创业教育的理念与传统的教育体系很难兼容。以岗位创业为导向的创业教育不仅拓展了现有创业教育的理念，而且将创业的内涵加以深化，把创业与就业看成可以兼容的出路，使学生树立"用创业的心态去工作"的理念，从而创造性地拓宽了创业教育的对象范围。温州大学的创业教育新体系紧密围绕人才培养的基本要义，贯穿于人才培养的体系框架中并以此为载体，前瞻性强，为提升应用型人才培养质量提供了新思路。学校从人才培养模式顶层设计开始，针对人才需求将创业教育融入人才培养的全过程，使学生在大学4年通过各层次创业课程的学习持续地培养创业意识，学习创业知识，发展创业能力，提升创业技巧，进而促进了创业教育在人才培养过程中的结构性融合，保证了创业教育的连贯性和持续性。温州大学以培养岗位创业者为导向的创业教育新体系能把握住创业教育发展的趋势，将成为"十三五"期间高校有效推进创业教育的主要改革方向之一，可为高校应用型人才培养提供有效的借鉴。

第三节　美国百森商学院的"专创融合"教育

百森商学院是美国创业教育的先驱，自 1919 年成立以来，在整个发展过程中一直贯穿着对卓越创业精神的追求。它在创业管理方面的专长尤为著名，已经连续十几年在美国创业教育排名中位列第一，是当之无愧的创业教育领导者，该学科也是当之无愧的世界一流学科。百森的创业教育发展及改革始终引领着美国乃至全球创业教育的发展，在各个阶段都培养出了优秀的创业人才，为美国经济社会发展做出了积极贡献。本节将对美国百森商学院的一流学科的创业人才培养体系进行深入剖析，以期借鉴其成功经验，为我国创业教育的发展和创业人才的培养提供启示。

一、理念与模式

百森商学院对于创业的定义是"一种沉迷于商机、以全盘的方式利用，并能实施有效领导的心态。"从定义中可以发现，百森商学院对创业的理解和界定，最终落脚于心态上，而且这里的心态不是单一的，是综合性的，是创业意识、创业精神及创业者个性等的集中表现。心态表现的综合性同时决定了此心态的培养也是全方位的，不仅仅局限在课堂上。百森商学院的核心价值观由正直、多样性、创新、合作以及卓越等多个方面构成，正是这种多样化的互动，造就了其创业教育屡出亮点、风格鲜明。❶创业人才的培养目标主要包括以下四个方面：辨别机会并及时做出行动取得效果的能力；勇于承担并管理风险的能力；激励同伴的勇气及承担责任的能力；成长为能够应对复杂环境并开拓新局面的领导人物。

对于百森商学院而言，创业早已跨越了单纯是一门专业的局限，已成为整个学院乃至全校师生的一种生活态度和精神风貌的展示。为更高效地

---

❶ 向东春，肖云龙.美国百森创业教育的特点及其启示 [J].现代大学教育，2003（2）：79-82.

培养学生，百森还制定了不同的学习主题，且这些主题全部很好地与创业的全过程融合在一起，借此来实现学生创业核心能力的达成。❶ 在创业人才培养理念方面，百森在传授基础专业知识的同时，还注重对学生进行良好通识教育，旨在既使自己培养的学生拥有高度专业化的商业知识及进行创业活动所需具备的各项技能，又使其可以拥有广阔的人文视野和多视角的思维方式。为了更好地贯彻人才培养理念，百森还十分注重创业大师对学生创业精神的引领作用。

二、课程与教学

（一）课程

为了实现既定的培养目标，百森商学院认为学生在掌握基本专业商科知识的基础上，还须对自身所处外部环境的文化、组织制度结构有深刻理解。那么，该如何将这样的理念贯穿到教学中去呢？答案便是课程。以创业学专业为例，表 7-1 为创业学专业 4 年的完整课程表，这些课程共同构成了该校经典的创业教育课程体系，几乎成为美国高校创业教育课程的基本范式。剖析该课程表可以发现，百森针对本科生的创业教育课程是"三段式"的。4 年的课程可分为发现（discover）、探索（explore）和聚焦（focus）3 个阶段，且每一个阶段的宗旨都是为学生在课堂内外的成长和发展提供多方面的机会。

表 7-1 百森商学院本科生创业学专业课程表

学年	课程及学分	
	秋季学期	春季学期
第一学年（32学分）	管理和创业基础（3学分）	管理和创业基础（4学分）
	财务会计简介（4学分）	美国人文科学基础（4学分）
	商务定量分析（4学分）	商务定量分析2（4学分）
	修辞学（4学分）	修辞学2（4学分）
	一年级探讨会（1学分）	

---

❶ 梅伟惠.美国百森商学院的创业教育哲学［J］.高等农业教育，2009（2）：92-95.

续表

学年	课程及学分	
	秋季学期	春季学期
第二学年 （35学分）	管理会计（3学分）	信息技术（3学分）
	技术操作管理（3学分）	营销原理（3学分）
	微观经济学原理（3学分）	财务原理（3学分）
	商业法（4学分）	自然科学技术2或定量方法3（4学分）
	自然科学和技术（4学分）	历史与社会（4学分）
		SME集成（1学分）
	秋季学期	春季学期
第三学年 （32学分）	文化与价值（4学分）	中级HSS、CVA或LVA（4学分）
	文学与视觉艺术（4学分）	自由选修（4学分）
	高级选修（4学分）	高级人文科学（4学分）
	宏观经济学原理（4学分）	战略问题解决（4学分）
	秋季学期	春季学期
第四学年 （24学分）	高级选修（4学分）	高级选修（4学分）
	高级选修（4学分）	自由选修（4学分）
	高级人文科学选修（4学分）	高级人文科学选修（4学分）
毕业所需总学分：123学分		

1. 发现阶段——初识创业

发现阶段主要是在第一学年。经过完整的发现阶段的学习和训练，学生会对自身以及发展目标有更深入的了解，同时也会为在以后商业和生活中彰显卓越做好准备。这一阶段的课程主要是让学生在意识上对将来的课程和职业有一个初步的认知，对创业也有一个基本的了解。它从《管理和创业基础》这门课程开始，使学生一整年都浸润在商业世界中。经过此课程的学习和训练，学生将有机会在组织的所有领域内进行试验，借助试验来测试自己未来想从事的学科和职业。其中，《财务会计简介》和《商业法》是为了进一步完善学生的商业基础而专门开设的课程，这两门课程也是此阶段的核心课程。除了要学习商科的相关课程外，学生还须完成文科类的基础课程，如"修辞学"以及一些经过独特设计的课程。这些课程不仅为学生提供了在商务沟通中有重要价值的分析和沟通技巧，而且强化了学生对文科的鉴赏力。此外，学生还将学习定量方法和运用定量工具对数据进行分析整理，其中统计学基础和数据建模是重要的基础课程。

发现阶段的课程中还有一个亮点便是每周一次的研讨会，此研讨会旨在通过优化团队合作、丰富社区生活以及培训沟通和学习技巧，来让学生的大学生活更充实、更有益。为了更好地帮助学生成长，百森开办了丰富多彩的社区活动和特别节目，为新生提供了机会来结交新朋友、探索新途径。这些活动和节目包括领导力和团队合作指导、在韦尔斯利学院和F.W. 奥林工程学院的跨校选修、国外教育、荣誉项目、独立研究以及语言学习、实地咨询项目、在可持续性和工程方面的证书课程、妇女创业及领导研究中心、高级研讨会、百森 TV、妇女反馈、百森体育、商业俱乐部等。

2. 探索阶段——夯实基础

探索阶段主要在第二学年和第三学年秋季学期。在此阶段将开设比发现阶段更高级的中级课程，同时将拓宽学生在文科方面的知识，包括历史、哲学、文学等，旨在让学生了解文科知识的丰富性，并提高自身的分析和沟通能力。中级课程则主要包括一系列的综合性商业课程，这些都涵盖在二年级管理经验（SME）系列中，包括"管理会计""营销原理""微观经济学原理""财务原理"等。这些课程性价比极高，不仅使学生在每门学科中获得实用的知识，而且由于与专业直接相关，在面临实际问题的挑战时，这些课程所传授的知识和理念会给学生提供一个企业管理者的广阔视角。

考虑到全球化的大背景，为了不错失全球化机遇，以及考虑到语言是提高学生能力的重要途径，百森还为学生提供了多样化且丰富的语言学习环境。学生不仅可以在本校内选修西班牙语、法语、中文等语言，还可以从学校所在地韦尔斯利镇所提供的多种语言课程中选择自己感兴趣的。

3. 聚焦阶段——自主选择

聚焦阶段主要集中在学生大学生涯中的最后两年。经过发现阶段和探索阶段的积累，学生已基本具备相关学科的专业知识和必要的技巧，所以在第三学年和第四学年，百森将着重培养学生以信心、独立性和创造力来思考与解决问题，并且将给予学生极大的自主选择性。不论是选择就业还是读研，百森都会支持学生，并且根据学生的不同选择，提供针对性极强的指导。若学生准备就业或创业，则可以灵活地考虑自己的未来职业选择，从而选修与个人职业目标一致的课程；若准备走学术之路继续深造，学校也会提供一些可选的研究点来进一步帮助学生集中自己的研究。此外，学生也有机会获得实习或者咨询项目的真实经验。

在聚焦阶段所提供的课程中，百森提供了 27 种"聚焦点"来帮助学生成长，从而拓宽学生视野，避免学生只将注意力放在一门心思探索职业道路和雇主喜好这两个较为宽泛的方面。这里的"聚焦点"指的是专注于某一领域的课程，主要包括会计、商务分析、计算和数学金融、经济学、创业学、环境可持续性、金融学、全球和区域研究、全球商业管理、历史和政治研究、身份和多样性、信息技术管理、国际商业环境、正义、公民权和社会责任、领导力法律研究、文学与视觉艺术、市场营销、运营管理、规划分析和控制、定量分析方法、房地产、零售供应链管理、社会和文化研究、统计建模、战略管理、技术创业和设计。整体来看，这套百森自主开发的创业课程，课程设置的科学性与可行性高，根据学生学习和认知的特点，有针对性地为不同年级的学生开设了多样化的课程，且这些课程的难度分布符合学生知识的特点，根据学生对知识掌握的程度，基本上是按照知识内在的逻辑性深入浅出，循序渐进。课程设置的合理性与科学性也保证了学生学习效果的有效性。

（二）教学

1. 百森创业教育师资情况

百森商学院每年的招生名额不多，但是为了全力培养学生，百森配备了雄厚的师资力量。百森有着全世界数量最多的创业教育教师，师资力量雄厚且配置合理，专兼职教师在数量上较为均衡，比例为 1 ∶ 1.2（表 7-2）。专职教师中具有创业经验的教师比例占到所有专职教师的 50%，具有企业任职经验的专职教师比例达 75%。而兼职教师中，具有创业经验的教师比例为 70.6%，具有企业任职经验的教师比例为 97.06%。❶ 教师的学历方面，专职教师中拥有博士学位或同等学历的比例为 85.7%。由此可见，专职教师的学术背景普遍比较浓厚，而兼职教师中，学历为学士的教师占比为 11.8%，硕士占比为 70.6%，博士占比为 17.6%。就职于百森的专兼职教师共同展现的特点之一，便是兼备扎实的理论知识和丰富的创业实践方面的经验。

表 7-2　百森商学院创业教育师资构成情况

类别	数量	类别	数量
专职教师数量	28 名	专职教师有博士学位或同等学历所占比例	85.7%
兼职教师数量	34 名	兼职教师中学历为学士的人数	4 名
具有创业经验的专职教师数量	14 名	兼职教师中学历为硕士的人数	24 名
具有创业经验的兼职教师数量	24 名	兼职教师中学历为博士的人数	6 名

2. 教学方法

百森商学院采用鲜明、灵活、多样的创业教育教学方法，典型案例法、项目教学法、模拟创业、讲座、以实践为基础的教学法等都是常用教学方法。在创业教育过程中，百森最有特色和成就的是案例教学法，这是百森商学院本科生、研究生和高级经理人培训等项目的重要组成部分。教师们擅长将真实的案例与教学内容相结合，以此激发学生的创业型思维，这样学生不仅可以从中获得理论知识，还可以汲取创业的实践经验。同时，百森商学院的教授们还采取了"问题中心"的教学方法，让学生围绕创业过程中有可能出现的问题进行探讨，激发学生的创业型思维。

以实践为基础的教学方法也是常用的教学方式之一，如建立创业项目和模拟创业的形式让学生全面参与创业的全过程。在具体教学中，百森商

---

❶ 宣葵葵 . 美国百森商学院创业人才培养范式探析 [J]. 现代教育科学，2014（2）：24-29.

学院很注重把企业家、教授和学生紧密联系起来，由经历过创业的企业家或教授在课堂上传授，以提高学生的创业思维能力，这样学生不仅可以从中获得理论知识，还可以获得创业实践经验。

三、案例分析

（一）百森商学院创业人才培养体系特征分析

1. 清晰合理的培养目标

百森对创业人才的培养目标非常清晰，即创业教育重在培养学生的创业精神和创业意识。这里的创业精神和创业意识具有广泛而清晰的内涵，是思维、知识、技能和行动力的一类综合体，对机会的创造辨别以及及时把握是其核心。基于此，百森在设计、实施、反馈以及后期的评价和持续改进创业课程体系的每一个环节中，都直接体现了培养目标的要求。经过这样训练的学生，身上将会拥有企业雇主最看重的企业家心态，即创业精神，以及必要的功能性知识与技能、远见。因此，百森的毕业生将会呈现出以下几个特征：思想方面，习惯从创业家的角度进行思考，能以全球化的视野和多元文化的视角看待问题，并承担起社会责任；领导力方面，能够领导一个有共同目标的团队、将想法及时付诸行动；技能方面，具备强大的书面和口头沟通能力、数据分析能力、机会识别能力。

2. 独具特色的课程设置

百森商学院经典的创业教育课程体系是该校教师根据学校的具体情况并经过多次修改开发的，既是教师智慧的结晶，又是发挥教师自主性和创新性力量的表现。其特色的课程设置主要特点包括以下 3 个方面。❶

（1）精准定位的创业课程设计理念。

百森商学院将自己的课程设计理念精准定位于美国的大学生身上，并注入创业"遗传代码"，并明确表示此遗传代码在本质上为创业所需的各项基本素质，即在一定程度上已将本校的创业教育视为一种注重可持续发展的素质教育。

---

❶ 黄爱珍.美英日三国创业教育模式的比较及对我国的启示：基于百森商学院、赛德商学院和高知工科大学的例子 [D].江西财经大学，2012.

（2）系统性与完整性相结合的创业课程模块体系。

创业教学过程是贯彻创业教育理念的核心，而系统化的课程是此过程运作的关键。百森商学院的课程传授过程取代了传统的相互割裂分散式的授课内容，如知识内容与逻辑相互割裂的营销管理、定量分析方法等，将整体创业的理念进行整合，打破了社会科学课程和自然科学课程之间的人为界限，并对课程内容进行模块化，在保证内容完整性的前提下兼顾课程内容内在的系统性。

（3）探究性与科学性相结合的创业课程教学方法。

百森商学院科学的教学方法是其取得良好教学效果的重要保障之一。负责创业教育的教师会按照创业的真实过程来对课程内容进行架构，在教学方法上也会注重学生知识结构的完整性培养以及全面素质的提高。同时，百森商学院的创业教育一直在不断地追求学生的真实体验，它以企业所生存的现实环境为切入点，在进行教学设计时要求教师在很大程度上参照完整的创业过程，并对各个要素进行分解和剖析，追求逼真的教学环境，并以学生为主体，努力使学生置身于创业的整个动态过程中来亲自体验创业理念、总结创业经验。同时，教师和学生会针对课程内容进行频繁的良性互动，既有效保证了良好教学效果的实现，还兼顾了整个过程的趣味性。

其教学方式另一个亮点就是"以问题为中心"，将经典案例教学法与具体实践活动相结合，百森商学院试图以各种各样的问题为切入点，不仅致力于提高学生解决问题的能力，使学生的创新与创业思维得到激发，而且为学生营造了持续关注与创业相关的经济、文化等综合问题的良好氛围，有效培养了其创业精神。

3.优秀的教师队伍

百森商学院在创业教育师资队伍建设中的师资力量、师资结构、教师招聘与培训以及晋升等方面具有鲜明的特点，主要体现在以下四个方面。

（1）充足的师资力量、合理的师资结构。

百森商学院的师资力量充足而卓越，师资队伍组成的多样性和优质性有力地保障了创业人才的培养，并大大提高了学校的可持续发展能力。在师资结构方面，注重专兼职教师相结合。合理的专兼职教师比例，一方面使得专兼职教师可以相互交流和学习，从而在理论研究和实践方面相互补充；另一方面，高比例的具有实践经历的兼职教师为整个队伍注入了新鲜的血液与元素。百森的师资配备原则是，每一位学术造诣深厚的教授须同时配备一名创业实战经验丰富的教师，以求在教学中实现理论与实践的平衡。百森今天拥有的独具一格的师资结构，也是使整个学院和学生都能"活在创业精神中"的成功法宝。

（2）灵活而严格的教师招聘制度。

作为一所著名的商学院，百森的教师招聘制度具有很强的灵活性。灵活性体现在两个方面：一方面是兼职教师招聘的内部推荐制度，学校会优先考虑有学校内部人员推荐的申请者；另一方面则体现在招聘时间的灵活性上。考虑到兼职教师的流动性，百森长期招聘兼职教师，并且在招聘时会偏好兼备理论学术水平和实践经历的企业管理者或者创客，这也在一定程度上保证了教师的质量。但百森的招聘制度在灵活的基础上却也对教师有清晰详细且严格的规定。在招聘教师时，对应聘者的学历背景、教学经验、研究能力、研究课题方向以及创业及企业经历等方面都有具体要求。如在招聘副教授或助理教授时，百森要求其研究的课题中必须有一个是以创业为主题的。

（3）多样且综合的教师培训项目。

百森商学院一直积极致力于为教师提供多样的培训机会，从而使教师的专业知识和技能得以持续发展和不断更新强化。培训项目主要有3种，分别为内部培训、外部培训和交流访问学者项目。内部培训主要通过研讨会等形式进行，主要是为提升教师的专业技能，核心是能力培训。外部培训则主要借助多样化的项目来开展，外部培训的针对性较强，对促进教师的职业可持续发展起着较大的助动作用。交流访问学者项目则主要是面向外校人员，通过每年邀请致力于投身创业教育的世界各地的精英来到百森，不断提升本校教师素质和更好地与国际接轨。

（4）公平又高效的教师晋升机制。

百森商学院对教师的评价以及薪酬福利体系等方面十分人性化，这造就了公平又高效的内部竞争氛围，充分体现了效率化与公平化。百森教授的数量占比高达 40%，并且职称晋升没有名额的限制，只要教师符合所规定的各项条件便可提交申请。这种机制有效地提高了教师的积极性，也使学校内部教师环境总体比较稳定，使一些政策方针得以持久推进。其薪酬福利体系在重公平的基础上兼顾高效，既要激发教师的热情和积极性，同时也要保障教师队伍的内部稳定性。对于创业教育的薪酬管理，主要分为几个步骤：首先是进行职位评估与分级，其次进行职位薪资的制定，最后会根据市场评估和同行对比结果产生一套新的发展调整方案。

（二）百森商学院创业人才培养体系对我国的启示

1. 转变创业人才培养理念，重点培养学生创业精神

为了更好地推进创业教育，我国首先要转变对于创业人才的培养理念，不应把目标仅仅局限于教会学生如何去创业，而应该重在培养和提高学生的创业精神。高校要重视每一位学生创业思维、创业精神的养成。这种创业教育的人才培养理念定位与大学本身的职能定位高度契合，创业教育在人才培养、社会服务以及国际交流与合作方面都显现出了强大的作用。

2. 构建跨学科创业教育课程体系，积极开拓"第三课堂"

我国许多高校创业教育课程设置存在数量不足、类型单一、课程之间相互割裂、彼此逻辑不连贯以及重理论轻实践等问题。为解决上述问题，首先需要树立开放式课程观，构建层层递进、前后衔接的跨学科创业课程体系，打破社会科学与自然科学、专业教育和创业教育的人为界限，充分展现多学科之间的相互交叉与渗透。除做好第一课堂的教学、充分发挥好"第二课堂"各项活动的作用外，还应积极开拓"第三课堂"，在学校内营造一种浓郁的创业精神文化氛围，同时将氛围的抓手着力于学生的创业意识、创业精神以及社会责任感方面。这种氛围具有的浸润式影响，会在长期的积累中将创业精神融入学生的血液中，即使从学校毕业后，学生依旧能感受到这种精神与心态对自己在创业路上不断追求卓越以及思考问题时所带来的帮助，使学生终身受益。

3. 专兼结合，强化创业教师分类培训

创业教育课程是创业教育的核心，而师资力量的强弱则直接决定了

创业教育课程的质量。要想突破我国目前很多高校在创业教育方面的瓶颈并有力提高创业教育的水平，高素质的师资队伍的组建是重中之重。考虑到我国大学实施创业教育总体起步比较晚的实际情况，为了建立起具有时代特征并适应我国本土的创业教育模式，可以以师资队伍的分类化培养为着眼点，不急于求成，同时兼顾储备师资的培养。这主要包括两方面：一方面是在教师分类方面，我国高校可以按专职型和兼职型创业教育教师进行分别化、专门化培训，两类教师两种培训方案，两种招聘选拔标准，如专职型教师主要通过案例化教学培训以及参加各种创业教育学术会议等方式，而兼职教师主要是从社会上进行聘请；另一方面可以将教师分为理论学术型和实践指导型两种，理论学术型教师最好有跨学科背景，以此可以更好地促进专业教育与创业教育的融合，而实践指导型教师则主要通过实际案例教学与操作等方式让学生亲身体验与感悟创业，从而双管齐下地共同改善师资队伍的结构以及质量。

四、点上植入法

结合专业课程实际，百森商学院把学科发展和社会前沿以及专业可能的创新点、专业对应行业发展现状与趋势，对应领域的待解决问题与痛点，未被满足的需求，可能的创业机会点，典型创新创业的人物、案例与故事，典型商业模式与市场应用场景等融入课程教学，运用创新创业课程教学方法，以点带面，逐渐形成新课程。

例如，"增值物流业务运作与管理项目"课程是为了适应网络经济时代物流行业企业对人才需求的变化，将人才培养定位在增值物流业务运作与管理方面，紧紧围绕增值物流业务的开展来组织序化教学，根据增值物流业务运作与管理的基本流程来设计教学项目，教学内容共包括 9 个模块。为了能够培养出具有创新精神的创业型物流人才，有必要将创新创业教育元素融入知识讲授、课堂研讨、课程汇报、课程作业等专业教学各个环节，为此针对每个教学模块都按照以下步骤序化组织选取教学内容（见图 7-2）。

教学内容嵌入创新创业教育元素

↓

必要的专业知识
创新创业知识及政策

↓

增值物流业务动作技能训练
创新意识培养、创新思维训练

↓

引入企业增值物流业务动作项目、设计情景任务
创业商机识别和机会把握、项目动作训练

↓

整合资源：增值物流业务动作新模式、新技术、新方法
创业计划书编制与创业资源获取

↓

增值物流业务解决方案总结汇报
独立自主地去发现问题、分析问题、解决问题

图 7-2 嵌入创新创业教育元素的序化教学内容

第八章　商科类"专创融合"的实践探索

第一节　北京联合大学商务学院
"专创融合"人才培养体系

一、创新创业教育与专业教育深度融合的必要性

（一）创新创业教育的内涵要求

创新创业的目的是培养最具有开创性个性的人，包括首创精神、冒险精神、创业能力、独立工作能力以及技术、社交和管理技能的培养。由此我们可以看出，创新创业教育是一项系统的长期工程，其本质是培养学生勇于并能够承担社会责任的教育，这种培养不能脱离专业教育而独立存在。专业教育是创新创业教育的根植土壤，只有扎根融合于专业教育，创新创业教育才能根深叶茂。

（二）专业教育的本质属性要求

任何学科和专业的起源和发展，都离不开发现和创新，学科本身的发展历程、专业的创建完善，都是很好的创新案例。所以，创新教育是专业教育本身就应肩负的天然使命，要在专业教育中挖掘固有的创新创业元素。在专业人才培养方案中，任何课程的设置，都有其特定的功用和目的，都是为了培养学生发现问题、解决问题的能力，为了今后的就业或创业做准备。如果教师在组织教学内容时，不仅就知识本身进行传授，还能够从创新创业教育理念的视角讲解学科的发展，主动从所授课程中探索挖

掘创新创业教育元素，并结合创业项目、创业大赛、创业任务、创新发明诠释所授知识的用途，指明知识对于职业、创业、创新的作用，同时将本学科最前沿和最新的发展动态引入到教学过程中，将教学与科研紧密结合，将会大大激发学生的求知欲和学习热情，同时也将有益于提升学生的创新意识和创业技能。

（三）未来经济社会发展的现实要求

创新创业教育是面向未来的教育。随着人工智能信息化时代的到来，在全球化浪潮中，创新要素和资源跨国流动越发活跃，国际竞争日益激烈，自主创新和创新人才越来越成为国与国之间竞争的核心焦点。基于此，提高大学的创新能力，加快培养高素质的创新型人才乃当务之急。高校创新创业教育改革不是简单的"另起炉灶"和课程叠加地开展一些创业基础课程和一些创业大赛，而是要将创新创业教育与专业课程教育深度融合，将创新创业教育融入人才培养的全过程。要在专业教育的基础上，转变教育思想，更新教育理念，不仅培养学生的专业知识和技能，更要以提升学生的社会责任感、创新精神、创业意识和创业能力为核心，不断提高人才培养质量。

二、"专创融合"人才培养体系的内容

（一）形成专创融合教育教学理念，创新育人方式

创新创业教育融入学院人才培养体系，构建紧密结合专业特色的实践、实战教学实训项目和创新创业孵化基地，解放思想，转变观念，营造双创育人文化氛围，实现学生创新创业培养由教师教授为主的"导师制"向学生主动探索为主教师引导为辅的"导师＋教练制"培养方式和培养内容的转变；解决学生创新创业意识较弱和实践能力不强，专业教育与创新创业教育两张皮，项目落地难的问题。

（二）构建有专创融合特色的课程群

将创新创业纳入学院人才培养计划，先后开设"批判性思维""创新思维与企业家精神""商业伦理"必修课3门，"创新思维方法训练""大学生创业理论""大学生创业实践"选修课3门。出版《应用型大学生创

新创业教程（商科）》《大学生创新创业理论与实践指导》《从 0 到 1 创新型创业实践方法》教材 3 本；解决了创业教育课程体系散乱、理论实践脱节，教学方法单一的问题。❶

（三）建立一支创新意识强、教学方法活、积极参与创新创业实践的校内外师资队伍

6 年来，学院专业教师近 80 人次接受过各类师资专业培训，实现、保障了创新创业教育与专业实践的产、教、学的深度融合；解决了学生过去专业教育重理论轻实践，重知识理论系统性轻知识能力应用性和项目实施的可行性问题。

（四）建成了 1300 平方米大学生孵化基地，构建了创新教育改革制度保障和资源保障机制

以课堂教学、实训实习、创赛融合、校园基地孵化、校外创业园对接"五位一体、全程联动"的应用型创新创业人才培养体系；将创业课程体系纳入到学院学生人才培养计划中，将学生学科专业大赛纳入到课程教学体系中，将学生创新创业实践实战案例融入课堂教学内容中，确保了创新创业工作组织实施的科学性和有效性；解决了创新创业教育管理、运行体制不顺和难以持续的问题。

（五）开拓创新创业人才培养的境外渠道

几年来持续开展师生暑期赴美国、英国等地创新创业游学项目，4 年来参加项目的师生已经达到近 400 人次，拓宽了师生创新创业的国际视野，借鉴了国际创新创业教育先进经验和理念，解决了师生创新创业视野狭窄和经验不足、自信心不强的问题。

三、"专创融合"人才培养体系的推广应用效果

（一）培养出一批具备双创素质和能力的应用型人才

6 年来，学院学生获得"创青春"全国大学生创业大赛铜奖 1 项，北

京市优秀创新创业团队二等奖 1 项，北京市"互联网 + 创新创业"大赛三等奖 4 项，全球品牌策划大赛（新加坡）一等奖 1 项、三等奖 1 项，"挑战杯"中国大学生创业计划大赛各等级奖 36 项，电子商务"三创"挑战赛 24 项，获得全国大学生软件创新大赛 17 项，被社会创业投资公司选中项目 9 项。师生在校注册创办企业 6 项，2016 年、2017 年、2018 年连续三年有 4 名毕业学生选择了自主创业，目前创业企业均在正常运营。参与过创业的学生在历年的就业职业选择上具有明显优势，受到用人单位的青睐，部分学生实现了高质量就业。师生共创的公益创业项目——北京商创颐养科技服务有限公司利用物联网技术搭建智慧养老系统服务平台，学生创业团队走进社区，探索解决社会关注的养老问题，体现了青年大学生的责任担当，也体现了学院践行社会责任、服务区域发展的使命担当。此项目受到了地方政府关注和支持，《中国青年报》《中国经营报》《中国网》《中青在线》等媒体都进行了专题报道，产生了良好的社会影响。

（二）形成一批有质量的教育教学改革研究成果

学院创新教育教学改革从教育理念、师资队伍、培养方案、保障机制、评价体系等进行了全面探索，先后发表《创新创业型人才培养的探索与实践》《根植专业：创新创业教育的必由之路》《大学生创新创业孵化基地建设探讨》《校企合作培养创新人才模式研究》等与双创教育相关核心期刊学术论文 6 篇，《互联网 + 情景下大学生创新创业教育研究》专著 1 部，出版《应用型大学生创新创业教程（商科）》《从 0 到 1 创新型创业实践方法》等创新创业教材 3 本，"创专融合的双创教育生态体系构建与研究""创新思维与企业家精神课程建设""创新创业孵化基地服务平台及案例库建设"等教育部协同育人课题 4 项。这些成果在商科高等教育领域起到引领示范作用，尤其是京津冀区域的一些地方性应用型高等院校，借鉴和使用成果中的培养机制、培养方案以及教材等。

（三）大学生创新创业孵化基地的运营机制逐步完善，形成特色

学院建成了 1300 平方米的大学生创新创业孵化基地。结合学院实际，积极探索基地管理机制，先后出台了《北京联合大学商务学院孵化基地入驻团队管理办法》《北京联合大学商务学院孵化基地资金往来管理实施办法（试行）》《北京联合大学商务学院创业导师激励管理办法》等一系列文件。在不断深入的创新创业教育改革中，注意人才培养的学以致用，大力扶植师生专创融合的创业项目，从创意到方案，从路演到落地；先后有 12 个创业项目落地孵化基地，建立了 10 个创业团队，140 名同学参与创业，其中 7 个项目已经实现盈利。受到上级有关部门奖励与支持，整个创新创业教育取得了阶段性的成果。2018 年 11 月 27 日，教育部本科评估专家考察了学院创新创业孵化基地，和创业同学交流后，对他们给予了高度的评价。学院 2016 年获批团中央"大学生 KAB 创业教育基地"，2017 年，中关村万众创新创业教育产业促进中心授予"创新创业师资培训基地"，团中央授予"大学生 KAB 创业俱乐部"等；2018 年，商务学院大学生创新创业孵化基地被评为北京联合大学校级创新创业基地；2018 年，北京联合大学大学生孵化基地被北京市评为市级创业示范基地；2018 年，北京联合大学也被评为全国创新创业典型高校 50 强。

（四）学院创新创业教育产生了良好的社会影响力

学院创新创业团队通过参加会议或学校之间互动扩大了影响。学院教师先后多次受邀在各类大会或论坛作主题发言。例如，团中央举办的 2018 年全国 KAB 年会、首届全国高校创业教育院长论坛、中国（第二届）教育创新大会等；受邀到江汉大学、长春中医药大学、集美大学等高校作交流发言，在英国举办的第 12 届全球创新创业教育工作者大会的工作坊环节上做交流；几年来，先后有北京航空航天大学经济管理学院、北京交通大学经济学院、中国地质大学、广东医科大学、河北地质大学、江汉大学、河北金融学院、宁夏理工学院、山西运城学院、广西物资学校、渤海理工职业学院等多所学校来学院交流创新创业工作。中国青年报、中国网、搜狐教育、新浪教育等多家媒体对学院创新创业教育进行过报道。学院成功承办了两次全国 KAB 创业教育讲师班培训，3 次承接中关村万众创新生产力中心等面向全国的师资培训，来自全国的 120 多名创新创业教师在商务学院参加过培训。

第二节　北京联合大学商务学院
"专创融合"课程教学体系

北京联合大学商务学院创新创业教育工作，面向首都信息产业和知识服务业发展，适应"互联网+"和大数据时代的人才需求，旨在培养具有国际视野和商业伦理观念，富有创新意识和社会责任感，具备有效沟通表达和团队合作能力的高素质应用型专门人才。课程教学体系主要围绕培养适应北京现代服务业发展需要，具有社会责任感、商业道德和创新精神，掌握创业管理理论及方法，具有国际视野、团队精神、跨文化交流能力和创业决策能力的人才展开。

近年来，创新创业课程体系逐步完善，开授课程数量逐年增加，形成了以必修课为基础，专创融合课程为特色，通识教育选修课为补充的创新创业教育课程体系。学院创新创业孵化基地现拥有校外有丰富实践经验的创业者、企业家、创业专家组建的大学生企业导师团队11人，校内创业导师30人，其中专业教师21人。从2014年至2019年，学院先后开设创新创业必修课、专创融合课程、通识教育选修课16门，其中必修课3门，专创融合课程7门，通识教育选修课程6门，预计到2020年开设的创新创业相关课程将达到25门之多。

基础必修课程包括"商业伦理""批判性思维""创新思维与企业家精神"等。

专创融合课程包括"创新创业管理""新媒体营销""商业模式创新""数据分析与决策应用实践""IT运营管理应用实践""BOSS经理人经营决策实战演练"等。

通识教育选修课程包括"创业理论与实践""互联网思维与创业""设计思维""创业融资""跨境电商""创新思维方法训练"等。

一、"专创融合"课程体系

在实际创新创业教育实践活动中，根据学院的实际办学条件、专业特色、学生自身条件等因素，因材施教、量身定制详细的人才培养方案和课程体系，选择多元化的教学手段，将培养创新创业人才目标分为 3 个层次，既培养学生创新精神，树立创新创业的意识为初级培养目标；培养学生的创业能力与素养为第二层次培养；培养学生成为新型企业的开创者和管理者为最终培养目标，课程体系建设紧紧围绕 3 个层次的培养目标开展。

（一）创新创业必修课程

创新创业必修课作为基础性课程，主要面向学院全体学生，以培养学生的创新创业精神和意识为主。为了实现这一培养目标，将"商业伦理""批判性思维""创新思维与企业家精神"作为创业教育的一部分引入基础教学过程中，培养全体大学生的价值观和人生观，激发他们的责任感和使命感。

（二）"专创融合"课程

专创融合课程面向本专业学生，体现专业特色，以提升学生的创业能力为主。为了达成这一培养目标，学院专门开设了与专业特点紧密结合的"专创融合"课程，增加了"互联网思维与创业""新媒体营销""商业模式创新""数据分析与决策应用实践"等课程，更强调创业基本知识的讲授和创业能力的提升，培养大学生具备自主创业的能力，能够在瞬息万变的市场中把握商机，开创自己的事业。

（三）通识教育选修课程

通识教育选修课辐射影响全校学生，增加了"创新创业管理""设计思维""创业融资""跨境电商"等通识教育选修课程，满足学生对于创新创业教育的个性化需求。培养学生成为新型企业的开创者和管理者，提升学生更高层次的创业能力和创业品质，使学生更好地展现其创新意识，最终走向自我创业之路，并能顺畅地管理企业，实现更高层次的创业。

二、"专创融合"教学体系

（一）必修课程

1. 商业伦理

"商业伦理"是一门通识教育必修课程。通过该课程学习，使学生了解商业伦理的概念及含义，理解和掌握商业伦理的范畴及构建，知晓商业流通过程中的伦理问题、企业管理中的伦理问题、企业的伦理建设及商科从业人员所应具备的职业道德素养，最终能够辨识商业行为与决策的合规性，从而培养自觉的商业伦理观念和良好的职业道德。预期学习成果如下。

第一，能够具备商业伦理意识和社会责任观念，能够掌握并运用商业伦理理论分析、判断商业流通中的伦理问题；具有商业伦理观念，能够理解商业伦理相关理论，并能够辨识商业行为与决策的合规性。

第二，能够运用批判性思维认识商场中的伦理事件，做出独立判断，并提出见解；具有批判性思维能力，能够辨识并确定关键问题，并能够通过分析论证做出合理判断。

2. 批判性思维

本课程是为学生提供的一门以思维训练为主的通识教育必修课程，旨在为学生的思维能力发展提供一个坚实的基础。课程主要讲授清晰和理性的思考，这将有助于学生准确地表达，有逻辑性地推理，有效地批评和合理地论证。通过本课程的学习，学生应该了解批判性思维的本质、原则及基本标准，掌握批判性阅读及批判性写作的基本方法；能够辨识并确定思考中的关键问题，准确、清晰地表达自己的观点；能够识别、分析日常言论中的谬误，遵循思维规律和规则，通过有效地推理、分析、论证做出合理判断。本课程培养学生深思熟虑、审慎的思考态度以及自主的、自我校正的反思性思考方式，培养学生面对做什么或者相信什么能够做出合理决定的思维技能，最终培养学生养成良好的思维习惯，改善思维的品质。预期学习成果如下。

第一，能够掌握批判性思维的基本概念，辨识并确定思考中的关键问题，准确、清晰地表达自己的观点；具有批判性思维能力，能够辨识并确定关键问题。

第二，能够识别、分析日常言论中的谬误，遵循思维规律和规则，通过有效地推理、分析、论证做出合理判断；具有批判性思维能力，能够通过分析论证做出合理判断。

第三，培养学生深思熟虑、审慎的思考态度以及自主的、自我校正的反思性思考方式；提高批判性思维能力，在具备批判性思维能力的基础上提高创新意识。

3. 创新思维与企业家精神

本课程是一门基于企业经营发展视角，以创新思维训练和企业家精神培养为主的通识教育必修课程，旨在为学生创新思维能力形成和创业就业能力的提高提供一个坚实的基础。课程主要是通过理论讲授、现场体验和理性的讨论思考，以帮助学生能够结合企业经营进行准确地表达，有逻辑性地推理，创新性地批评和合理地论证。

通过本课程的学习，学生了解创新思维和企业家精神的本质、原则及基本特征，掌握创新思维的基本方法；能够通过实际体验辨识企业经营管理中的关键问题，准确、清晰并创新性地表达自己的观点。本课程主要培养学生创新性思考的基本方法、基本途径和基本能力，培养学生具备面对企业经营和管理的实践进行创新性思考，并对自己要做什么、能做什么或者如何做得更好等问题做出科学合理和创新性决策的思维技能，最终培养学生在今后的学习、生活和工作中养成良好的创新思维习惯，具备较强的创新技能。预期学习成果如下。

第一，能够辨识并确定关键问题，掌握系统思考的基本方法。

第二，能够通过分析论证做出合理判断，掌握运用创新思维的基本方法进行分析决策。

第三，能够有效与组员进行合作，具备团队合作的精神和素养。

第四，能够养成良好的创新思维习惯，具备勇于创新的精神和综合的企业家素养。

第五，不断提升创新能力，实现自我价值，具备结合专业知识在工作、生活中运用创新能力实现人生价值的意识和能力。

（二）专创融合课程

1. 商业模式创新

本课程是国际商务专业任选课程，以培养学生国际商务的运作技能为宗旨。本课程基于信息化的商业模式创新，以现代商业模式创新及评价为研究对象，对学生的培养起着重要作用。本课程的教学目的在于，学生通过本课程学习了解和掌握现代商业模式创新的基本理论、基本知识以及商业模式评价分析工具，可以立足中国，放眼世界，培育学生正确的人生观和社会主义核心价值观、诚信、自信、社会责任等，掌握商业模式的分类、比较、评价及商业模式创新的方法、途径、因素分析，并将以往所学的国际商务管理知识加以运用，进一步提高学生综合分析问题和解决问题的能力，为毕业后成为适应社会需要的应用型国际商务工作者打下良好的基础。预期学习成果如下。

第一，能够辨识商业行为与决策的合规性，具有商业伦理观念。

第二，能够从全球视角理解国际商务活动，理解国际政治、经济、社会及文化等因素影响商务活动的作用机制，具有国际视野。

第三，能够在商务环境中有效进行口头表达，能够有效完成书面商务报告，具有商务沟通能力。

第四，能够辨识并确定关键问题，能够通过分析论证做出合理判断，具有批判性思维能力。

第五，能够认同组员对团体的贡献，并能有效与组员进行合作，具有团队合作能力。

第六，掌握国际商务的相关理论与方法，能够将国际商务的相关理论与方法运用于国际商务决策分析中，具有国际商务决策分析能力。

2. 网络营销

本课程是专业任选课，是为了适应网络营销在全球的蓬勃发展和广泛应用而开设的。本课程较为全面地介绍网络营销的基本概念、理论及主要营销策略和技术，教授如何借助互联网进行市场营销的方式、方法和技能。学生在学习本课程后，应理解和掌握网络营销的基本概念和特点、网络市场调查方法、网络市场分析和定位、网络营销产品策略、价格策略、渠道策略、促销策略的特点及内容，并且能够将其运用到网络营销案例的分析以及网络营销实践中。本课程的学习能够达到培养学生形成良好的团队合作精神和营销职业道德的育人目标。预期学习成果如下。

第一，能够对企业网络营销环境分析进行分析总结。具有善用现代信息技术分析问题的能力，能够运用现代信息技术进行市场信息收集，并能够运用现代信息技术进行市场信息分析与处理。

第二，能够实现在团队中进行企业网络营销策略表达。具有有效沟通交流的能力，能够口头表达观点和传递信息，也能够通过书面报告表达观点和传递信息。

第三，能够运用相关理论对企业进行网络营销策划。具有市场营销业务管理能力，能够对市场营销环境进行分析总结，能够运用市场营销理论与方法进行营销决策。

3. 新媒体营销

本课程是专业限选课，从企业营销的视角，囊括网络新媒体、手机新媒体、数字电视新媒体、户外新媒体等，对新媒体营销进行较为系统的论述。本课程的教学目标是帮助学生了解目前主流的新媒体相关领域应用和营销活动，对传统营销理论是有益的补充，同时新媒体营销也代表了未来营销活动的方向。通过本课程的学习，学生可以掌握系统的新媒体营销知识，并能够具体运用新媒体进行营销策划、活动安排等。本课程学习结束后，学生将具有独立运营微信公众号的能力，为学生未来的创业打下良好的基础。预期学习成果如下。

第一，能够对市场营销环境进行分析总结，并能够运用相关理论进行营销策划。

第二，能够实现在团队中运营微信公众号和微博账号，能够独立进行软文的撰写，实现与微信微博粉丝互动。

第三，具有市场营销业务管理能力，能够对市场营销环境进行分析总结，能够运用市场营销理论与方法进行营销决策。

4. 品牌管理

本课程是专业限选课程，致力于培养具备扎实的经济、管理理论基础，能够从事品牌运营等方面工作的国际化、高素质、应用型营销管理人才。在经济全球化的大背景下，品牌是企业获得强大竞争优势和赢得核心竞争力的重要武器，也是财富创造的重要来源，并已成为消费者生活的一部分，对企业而言至关重要。品牌管理能够创造顾客对品牌的偏好，因为它保证了顾客从感知到购买产品或服务优于企业竞争对手的不同之处。

课程的开设顺应了市场营销及其他管理类专业的学科发展和市场需求变化，通过课程学习，学生在认知层面能够掌握系统而实用的品牌管理知识，厘清品牌营销的内在逻辑，以品牌基础知识为基础，搭建品牌运作、品牌管理、品牌评价和品牌管理应用的知识体系；在技能层面，学生能够结合现代信息技术收集与处理市场、企业的相关信息，并将所学应用到企业品牌战略规划与定位中，融汇于品牌设计策略、营销环境分析与营销决策的执行中，贯彻到品牌绩效评估与管理中，渗透在策划、实施网络营销策略或服务营销策略的过程中，体现在归纳、总结企业品牌建设问题的独特见解中；在情感层面，学生能够通过学习满足个人对于营销特别是品牌知识的需求，在日新月异的环境中寻求品牌经营模式的创新与突破，树立符合主流价值观的商业伦理观念，培养良好的团队合作精神和营销职业道德，建立多元化品牌视野，在全球化品牌建设中接纳文化的多样性。预期学习成果如下。

第一，学生掌握品牌营销传播策略、品牌渠道策略和品牌延伸等策略，并置于国际环境中加以分析，具有国际视野，具有在国际市场营销活动中识别文化多样性的能力，能够分析政治经济文化等要素对国际市场营销活动的影响。

第二，学生以团队形式完成品牌策划方案并进行展示，具有有效沟通交流的能力，能够口头表达观点和传递信息，也能够通过书面报告表达观点和传递信息。

第三，能够理解和运用品牌启动、品牌强化、品牌扩展和品牌维护的策略与过程，具有市场营销业务管理能力，能够对市场营销环境进行分析总结，能够运用市场营销理论与方法进行营销决策。

5. 市场调查与预测

市场调查是掌握、收集、记录、整理、分析市场信息资料的科学，市场预测是掌握市场动态变化及对变化的质、量进行描述、判断的科学。对市场信息的捕捉和商业机会的选取日趋重要，市场调查与预测成为企业决策科学化的前提。本课程阐述和解决对市场信息的搜集、整理、分析手段和对市场动态进行预测的方法，为后续课程打好基础。

通过本课程的学习，提高学生的以下专业能力和素养：首先，树立先调查后决策的营销理念，能够解释和说明市场调查与预测的基本概念和过程，能够用所学知识辨析市场现象，进行数据分析，预测未来趋势；其次，能够就具体调研目的及问题开展市场调查与预测，准确界定问题，拟定调查计划，制订调查方案，编制调查问卷，撰写调查报告，并能对调查过程进行有效控制；最后，掌握定性与定量预测方法，能够判断和分析预测方法的原理和方法，并正确运用该方法进行市场预测。预期学习成果如下。

第一，树立先调查后决策的营销理念，具有善用现代信息技术分析问题的能力，具有有效沟通交流的能力、团队合作能力和市场营销业务管理能力。

第二，能够就具体调研目的及问题开展市场调查与预测，掌握定性及定量预测方法。

6. 数据分析与决策应用实践

数据分析与决策应用实践是信息管理与信息系统专业的一门高年级专业实践课，其目的在于培养本专业学生在数据分析方面的实践能力。本课程整合本专业主要数据分析相关课程中的实践内容，贯穿从数据管理、信息系统、建模分析到智能决策的路线，学生选定一个实践项目，进行从信息收集和整理，到数据挖掘、数据建模，到数据结果的统计分析、规划分析等的一整套分析与决策流程操作实践，提高学生数据分析方面的专业实践应用能力。预期学习成果如下。

第一，掌握多种分析工具，提高信息管理与信息系统专业能力。

第二，在报告中体现沟通表达能力和就业竞争力，通过实践提高专业知识的整合与应用能力，提高岗位工作技能。

第三，在项目过程中提高团队合作能力、信息管理与信息系统专业能力，提高创新创业能力。

第四，在课程中对学生进行实践应用教育、创新创业教育，引导学生树立正确的成才观和就业观，通过对学生进行项目综合应用教育，引导学生树立大局观和正确的价值观。

7. IT 运营管理应用实践

本课程是信息管理与信息系统专业必修课程，是一门实用性很强的综合性课程，注重培养学生在"互联网+"新型经济以及鼓励双创的大环境下，理解互联网时代特征及内涵，找准方向组建团队，互联网项目的价值评估、IT 项目选择，掌握 IT 项目运营与管理的实务，提高学生独立进行

IT 运维的能力以及创新创业的能力。为学生综合运用信管专业所学的专业理论知识及实践，培养其进行互联网创业或者成功运作 IT 项目的能力奠定基础。预期学习成果如下。

第一，掌握组建团队的要素及运营过程中团队的作用，具有团队合作能力。

第二，掌握定性定量方法对互联网项目的价值进行评估，解决 IT 项目在运营中出现的问题，具有定性定量分析能力和信管专业基本能力。

第三，了解国内外最新的 IT 创新创业项目，培养创新立国的使命感与责任感。

8. BOSS 经理人经营决策实战演练

"BOSS 经理人经营决策实战演练"是国际商务专业的专业必修课程，是一门具有综合性、实践性、趣味性的实践课程，旨在培养本专业学生的专业实践能力和综合职业能力。通过相关专业课程的学习，学生往往具备了单项课程的知识与技能，但是缺乏综合应用知识、整合专业技能从而解决实际问题的能力，与实际就业环境所要求的能力素质相距较远。本课程综合了本专业（方向）的多门学科大类课程、专业必修课和专业限选课程的内容，在理论知识都已经学习完毕的前提下，运用 BOSS 教学软件模拟企业进行生产经营活动，将相关理论课程中用于实践的部分加以提炼，使学生在规定学时内完成综合训练，再一次巩固所学知识，熟练掌握企业经营管理的过程、技能与技巧，增强企业战略管理意识和能力，提高综合职业技能和团队协作创新能力。

通过本课程的学习，一方面，培养学生整合专业知识，学会运用科学的方法分析商务环境，开展各种经营决策活动，锻炼学生进行逻辑性和系统性思考的能力；另一方面，通过竞赛过程中的团队协作，锻炼学生的沟通能力，培养团队合作精神。同时，本课程应培养学生在从事企业实际经营管理活动中具有正确人生观、价值观和诚实守信的精神，提高职业素养。预期学习成果如下。

第一，系统整合专业知识，具有国际视野。

第二，运用科学的方法分析商务环境，开展各种经营决策活动，具有商务沟通能力。

第三，锻炼学生的沟通能力，培养团队合作精神，具有团队合作能力。

第四，锻炼学生进行逻辑性和系统性思考的能力，具有国际商务决策分析能力。

（三）通识教育选修课程

1. 创业理论与实践

随着国家对"双创"教育的高度重视，各高校纷纷加大双创教育的改革力度。目前，全国高等院校普遍都十分重视创业教育，不仅把创业教育看成创新教育与素质教育的重要体现，同时上升到转变传统教育观念、改革传统人才培养模式的高度，将培育大学生的创业精神和创业技能、提倡和鼓励大学生自主创业，视为缓解社会就业压力、解决社会矛盾和保障经济社会稳定发展的重大战略举措。创业教育也成为各高校转变学生就业观念、为毕业生创造新的就业机会和就业岗位、提高毕业生就业率和学校竞争力的重要手段之一。因此，有必要在经管、信息、艺术等各类专业开展创业教育。为此，我校把大学生创业理论与实践课作为一门公共必修课，正式纳入各专业教学计划。通过"创新理论与实践"的课程教学，在教授创业知识、锻炼创业能力和培养创业精神等方面达到以下目标。

①使学生掌握开展创业活动所需要的基本知识，认知创业的基本内涵和创业活动的特殊性，辩证地认识和分析创业者、创业机会、创业资源、创业计划和创业项目。

②使学生具备必要的创业能力，掌握创业资源整合与创业计划撰写的方法，熟悉新企业的开办流程与管理，提高创办和管理企业的综合素质和能力。

③使学生树立科学的创业观，主动适应国家经济社会发展和人的全面发展需求，正确理解创业与职业生涯发展的关系，自觉遵循创业规律，积极投身创业实践。

预期学习成果如下。

①培养良好职业素养和正确的商业伦理观念，具有人文社会科学素养、社会责任感，能够在实践中理解并遵守职业道德和规范，践行社会主义价值观。

②养成创新精神和创新思维，掌握基本的创新方法，具有一定的创新

意识和创业思维，在解决实际问题时能够综合考虑社会、健康、安全、法律、文化以及环境等因素。

③培养合法经营的法律意识，了解与本专业相关的职业和行业的方针、政策和法律、法规，能正确认识本专业对社会经济可持续发展的影响。

④培养团队协作与沟通能力，具有一定的组织管理能力、较强的表达能力和人际交往能力以及团队合作能力。

2. 互联网思维与创业

随着互联网技术的高速发展，互联网产业已经成为影响人类日常生活的重要基础，技术创新和互联网思维不断冲击并颠覆着整个世界。本课程将从案例分析入手，帮助学生了解基于信息技术创新的创业思路，激发学生的创新创业热情，理解信息技术创新及商业模式创新的重要性。课程教学环节包括三大板块：第一，对互联网领域的典型企业分析，了解新技术及新方向，理解互联网思维的经营理念。第二，对互联网领域初创企业进行案例分析，了解互联网创业的模式，以及信息技术创新对商业模式带来的影响趋势。第三，了解互联网创业流程，组建创业团队、整合创业资源、评估创业项目，利用互联网工具进行创业营销。

通过"互联网思维与创业"的课程教学，在教授创业知识、锻炼创业能力、培养创业精神和互联网思维等方面达到以下目标：第一，使学生掌握开展互联网创业活动所需要的基本知识，认知互联网创业的基本内涵和互联网创业活动的特殊性，辩证地认识和分析创业者、创业机会、创业资源、创业计划和创业项目。第二，使学生具备必要的互联网创业能力，掌握互联网创业资源整合与项目评估的方法，熟悉初创企业的开办流程，提高创办和管理企业的综合素质和能力。第三，使学生树立科学的互联网创业观，主动适应国家经济社会发展和人才全面发展需求，正确理解创业与职业生涯发展的关系，自觉遵循创业规律，积极投身创业实践。预期学习成果如下。

①培养良好职业素养和正确的商业伦理观念，具有人文社会科学素养、社会责任感，能够在实践中理解并遵守职业道德和规范，践行社会主义价值观。

②养成创新精神和互联网思维，掌握基本的创新方法，具有一定的创新意识和互联网思维，在解决实际问题时能够综合考虑社会、健康、安全、法律、文化以及环境等因素。

③培养合法经营的法律意识，了解与本专业相关的职业和行业的方针、政策和法律、法规，能正确认识本专业对社会经济可持续发展的影响。

④培养团队协作与沟通能力，具有一定的组织管理能力、较强的表达能力和人际交往能力以及团队合作能力。

3. 创新思维方法训练

本课程是培养学生创新创业能力的重要内容，创新思维与创新方法是创新意识与创新实践的基础。立足于创新意识的培养和创新能力的提高，针对创新思维与创新方法设计了"理论—方法—训练"的学习模式。

本课程将带领学生从创新思维出发，通过讲解和训练，了解各种思维方式方法的运用，并通过对 TRIZ（发明问题解决理论）方法的研读，了解解决发明问题的系统创新方法，对下列九大经典理论体系中的部分主要内容有一般性的了解，它们是技术系统进化法则、最终理想解（IFR）、40 个发明原理、39 个工程参数和阿奇舒勒冲突矩阵、武力冲突和分离原则、物场分析模型、发明问题的标准解法、发明问题解决算法（ARIZ）、科学效应和现象知识库。

通过本课程的学习，能够改善学生的思维方式，以科学的思维方式解决专业相关问题；能够学会解决问题的创新方法，具有一定的创新思维和创业意识，较为全面地思考和处理问题；能够提高沟通合作意识，提高学生人际交往、组织管理和团队合作能力；同时通过自主训练学习，提高终身学习和适应发展的能力。学生可以从更新的角度分析问题、解决问题，从而增强学生的创新意识和创业能力。预期学习成果如下。

①思维方式改进，具有科学思维方法及综合运用所学科学理论和技术手段分析并解决本专业相关问题的能力。

②学会解决问题的创新方法，掌握基本的创新方法，具有一定的创新意识和创业思维，在解决实际问题时能够综合考虑社会、健康、安全、法律、文化以及环境等因素。

③沟通合作意识提高，具有一定的组织管理能力、较强的表达能力和

人际交往能力以及团队合作能力。

④提高自主学习能力，具有自主学习和终身学习的意识，有不断的学习和适应发展的能力。

4.跨境电商

本课程是为了培养大学生创新创业意识和技能、实现专创融合教育而开设，培养适应电子商务发展和中国外贸模式创新所急须的"互联网＋外贸"人才，面向北京联合大学所有本科专业开设的跨专业通识教育选修课程。本课程是一门在互联网技术支持下的实践性和综合性很强的新课程，集国际经济与贸易、电子商务、市场营销、物流管理、国际商务等多个学科专业为一体。通过本课程的学习，使学生熟悉跨境电商的背景和发展方向、跨境电商创业技能，为大学生专创融合提供知识、视野和能力支撑。预期学习成果如下。

①培养学生正确的职业观和道德素养，具备良好的职业道德、知识修养和社会责任。

②了解跨境电子商务发展现状、趋势和跨境电子商务创业的背景。

③识别跨境电商创业机会，掌握跨境电商创业所需的注册、物流、支付、客服、风险管理等基本技能，具有跨境电商创业技能。

三、"专创融合"项目案例进课堂

商务学院创新创业孵化基地现有孵化项目10余个，在导师与学生共同开展创业的过程中，涌现出一批优秀的创业团队和个人，很多项目不仅取得了良好的经营成果，还陆续参加了国家级大学生创新创业大赛，学生的创业能力和专业素质不断提高，创业导师更是将经营数据作为真实案例融入课堂教学，并在创新课堂教学方法中进行深入探索和实践。如"高端进口个护产品体验店"项目、"N+U真实场景"创新创业项目、"面向社区为老服务的智能协同"创新创业项目，这些创业项目都获得了优秀的经济效益与显著的社会效益。

（一）"高端进口个护产品体验店"项目

"高端进口个护产品体验店"系商务学院与校级实习基地上市公司隆盛泰健康科技有限公司深度合作，共同打造的项目，主要通过运用体验营销之先进理念最大限度提升消费者体验、参与分享的兴趣，建立品牌好感和认同度；应用新媒体工具创造话题，直击消费者潜在需求，构建品牌社群；结合积累的客户行为数据，建立基于大数据的客户管理系统，匹配线上线下数据，精确描绘目标客户肖像，提供精准营销策略，为将来打造跨境电商平台奠定坚实的基础。

教师团队以市场营销专业、计算机专业为主，教师们基于自身的研究领域，将前沿的学术理论应用于指导学生的团队创业中，在实体店难以为继之时，领先于阿里巴巴、京东等互联网巨头，创新性地将线上销售引流至线下体验，实现线上线下的充分融合。学生专业分布均衡，涵盖市场营销、信息管理、会计、金融等专业的学生，既可基于专业所学各司其职，又能在创业实践中将不同专业理论融会贯通，整个项目实现了师与生、校与企的多方位、全面创新发展。本项目将创新创业贯穿到教学科研的各个环节，通过专业课程的导入，专业/创业大赛的选拔，校外课程的补充以及与教师科研的对接，实现以课促创，以赛促创，以研促创。

1. 与课程结合

与"品牌营销""商业伦理""市场调查与预测"等专业课程融合，将体验店运营实践与案例分析，作为课堂教学的延伸和知识的拓展，有效地提高了学生的理论应用能力。另外还请隆盛泰公司的营销管理人员进入课堂，向学生讲授在面对更广阔市场时，该如何运营好终端门店。

2. 与竞赛结合

专创融合对于学生双创能力的提升是全方位的，还体现在与各类大赛的结合，以创业企业的线上运营平台和经营品牌作为研究对象，参与各项全国大学生赛事。主要参加了"新加坡全球品牌策划大赛""全国大学生互联网＋创业大赛""启明星"等赛事。"'悦容坊'微店与实体店线上线下运营营销方案"获得第十届全国大学生网络商务创新应用大赛特等奖，2017年作品"倍林斯牙膏商业计划书"、2018年作品"哈罗闪品牌策划书"先后获全球品牌策划大赛一、三等奖和第八届全国大学生电子商务竞赛优秀奖。

3. 与创新课程结合

首先，在课程创新方面，主要体现在与拥有多年服务知名企业、具有实战经验的新媒体行业教育机构合作，面向全院的大学生，以训练营的形式，提供"新媒体运营"内容的培训，旨在加强学生们在互联网飞速发展新形势下，营销思维和创新创业技能的不断提升。其次，以体验店代理各品牌为素材，全面设计新媒体传播方案，方案可操作性强，传播范围广。再次，覆盖专业以商务学院电子商务系营销专业学员为班底，连续3年开设"大学生创业（新媒体运营方向）训练营"，训练营为评选出来的获奖作品和优秀个人颁发店内产品。最后，学习内容中教授学生熟悉并基本掌握："微信公众号运营，精准营销策划，视频和H5制作"等一系列实用、前沿的基本思路和技能。

4. 与教师科研相结合

依托科研团队建立品牌研究中心，项目团队与合作企业隆盛泰健康科技有限公司建立长期、紧密科研合作；哈罗闪品牌系列研究实现横向课题到账经费近30万元。

（二）"N+U真实场景"创新创业项目

"N+U真实场景"双创项目是由北京联合大学商务学院同北京信息科技大学合作运营开设，高校合作、强强联合、学生团队、自主运营，项目主要蕴含四大特色。

第一，学生团队、自主运营。成立学生社团，学生自主经营，设立经营目标，并为达到目标而努力，充分发挥学生主观能动性，真正实现了学生自主运营的创新创业教育目标。

第二，数据真实、迁移课堂。项目涉及真实的销售数据和经验，作为真实的案例迁移到市场营销课堂上，力求学以致用。

第三，立足创新、鼓励创业。"实训＋团队＝一个逼真的微型企业"，为学生搭建学习企业运营管理的双创平台。

第四，设备先进、迎合时代。项目主要围绕自动售水机展开运营，并试运营筹备U小站，开启无人超市模式，迎合时代背景，走在前列。

1. 与专业课相结合

本项目包括智能U小站、"N+U工作室"、自动售水机。将项目运营融入专业课程教授中，主要通过把创业案例引进课堂教学，利用4台自动售货机真实销售数据，探索真实情景下的营销专业教育教学改革；在"市场营销案例分析""网络营销"等课程教学中，以"N+U"团队运营的自动售货机作为案例可以串联多个课程知识点进行教学，如市场调研与数据分析、产品销量预测、消费者偏好分析、市场细分与目标市场的选择、产品组合、产品渠道管理、促销策略的制定等；在"物流规划与设计""仓储管理"等课程教学中，对铺货与布局等知识点进行教学实践。

2. 与创新课堂相结合

注重项目与课堂教学方法创新相结合，力求做到学创结合、学以致用、课堂迁移、教学相长。通过学生自主学习机器运营知识，建立、管理项目公众号、微信群，提供优质服务，保障项目正常稳定运营；项目成员积极参与相关创业创新活动及比赛，活跃创新发展；自主整理并管理项目数据档案，形成项目成果数据库，为专业课知识学习贡献实际案例和真实数据。形成专业知识的迁移，利用所学到的市场营销学知识，进行相关市场调研和数据分析工作，进行专业层面上的分析，通过制作调查问卷、走访调查、交流座谈等方式，推出适应项目发展的经营策略和活动。

专业指导教师讲授相关市场营销学的知识理论，并加以指导，将现实的专业营销知识运用到项目研究发展之中。将项目真实案例引进课堂教学，利用4台自动售货机真实销售数据探索真实情景下的营销专业教育教学改革。学生利用所学专业知识进行市场调研和数据分析，制定项目发展战略；市场营销课上，专业教师用真实数据进行教学。

3. 与实践应用相结合

在最初销售情况不良的情况下，学生们利用所学知识，转变营销策略，通过对同学们购买货品时间的把控和后台数据整合分析，合理安排补货时间；考察各品种饮料的消费状况和受喜爱程度，合理安排货品种类，并抓住消费者心理设置合理的换货时间；通过新品置换，调整货品陈列与布局，及时更换货品，对货品摆放有所取舍；后台实时监测保障服务质量，最终在销量取得重大突破。

（三）"面向社区为老服务的智能协同"创新创业项目

在北京联合大学商务学院大学生创新创业孵化基地所创办的北京商创颐养科技服务有限责任公司运营的基础上，"面向社区为老服务的智能协同"

创新创业项目与北京市朝阳区六里屯街道办事处正在进行深度合作。该项目主要通过在社区设计、实现并完善为老服务智能终端，以及为老服务大数据收集、分析平台，构建了完善的为老服务档案，构建了区、街、居三级管理体系，实现了为老服务的智能协同管理。该项目的实施已为各级政府及主管部门提供了翔实的量化决策大数据，已有力地支撑了为老服务工作的开展及其体系的构建，实现了老年群体、为老服务驿站、社区管理、志愿组织等多级联动的智能协同业务受理体系，并具有如下特点。

第一，学生团队自主经营了北京商创颐养科技服务有限责任公司，在设立经营目标的基础上，充分发挥了多专业学习特点，实现了大学生创新创业实践目标。

第二，该项目立足于为老服务流程以及技术创新，为大学生构建了一个实践企业运营管理的双创平台。

第三，该项目积淀的为老服务大数据真实、有效，已作为实际案例，在预处理敏感数据的基础上，将其应用在专业课的教学中，已做到学以致用。

该项目指导教师团队成员以计算机科学与技术、管理学等学科及其专业为主，基于其研究领域，每位成员将前沿的学术理论应用于指导团队的创新创业过程中。该项目学生团队成员以计算机科学与技术、管理学等学科及其专业为主，基于其学习过程特点，每位成员将所学不同内容应用于创新创业过程中。在社会关注为老服务的大背景下，该项目创新性地实现了为老服务流程线上与线下的充分融合，实现了师生间、校企间的多方位、全面性创新发展，将其过程贯穿到教学与科研的各个环节中，通过对专业课程的导入，以及参加专业与创业大赛，实现了以课促创，以赛促创，以研促创。

1. 与专业课程的融合

该项目已与"大数据科学与技术""智能移动应用设计""大数据挖掘与应用""大数据分析与决策"等专业课程相融合，已将面向社区为老服务的智能协同实践与案例分析作为课堂教学的拓展与延伸，有效地提高了大学生的综合应用能力。此外，该项目还邀请了北京市朝阳区六里屯街道办事处的办事人员进入课堂，向大学生传授社会为老服务的痛点，以及如何做细面向社区的为老志愿服务。

2. 与专业竞赛的融合

以创业企业的线上管理平台与面向社区为老服务的智能协同品牌作为研究对象，在对该项目的推进过程中，已参加了全国大学生电子商务"创新、创业、创意"挑战赛、中国"互联网＋"大学生创新创业大赛、全国大学生网络商务应用大赛等。在参加的以往大赛中，该项目已多次取得了国家级特等奖、市级一等奖、校级一等奖。

3. 与创新课程的融合

该项目已与拥有多年为老服务经验的第三方知名企业合作，已面向全院大学生，以为老志愿服务的方式，提供了针对性培训，加强了大学生在互联网、大数据、云计算等应用技术飞速发展的新形势下，对服务理念、技术提升与创新创业技能等方向的不断提升。该项目已与"为老心理服务""为老智能服务""为老服务智能分析"等创新课程相融合，在该过程中，学生已掌握微信公众号运营、H5 设计、智能技术研发等实用、前沿的基本技能。

4. 与教师科研的融合

依托教师与学生构建的研究团队，该项目已申请了朝阳区居家养老动态管理体系构建与实践、"互联网＋"情境下的北京养老服务体系研究、基于供给侧改革的京台社区养老服务业比较研究等多项科学研究课题。

第三节　北京联合大学商务学院 "专创融合"的实践育人体系

一、实训实习

实践教学是理论教学的有效补充，是培养学生创新精神的有效抓手。依托学院北京市级经贸实践教学示范中心优势，以创意、创新、创业"三创"理念建设校内仿真、模拟实践、实训、实战实验室，同时加强校外创新实践教学基地建设，与行业企业合作建立了40余个"校外创新人才培养基地"，为学生在真实环境下的创新实践学习搭建了良好平台。组织学生参加了"CPA 中国注册会计师证书""ACCA 商务会计证书""电子商务师""信息管理师""跟单员""报关水平测试""剑桥商务英语"等全面职业资格认证考试。❶校企共建校外创新实验室、实训基地，孕育浓郁的校企合作办学文化，丰富了地方院校创新实践教育理论体系。

二、社团大赛

参加赛事是激发学生创新意识非常有效的途径。纵观国际国内不同类型的学科竞赛，其内容和形式虽不尽相同，但基本可以分为素质提高型、专业强化型及创新创业能力拓展型 3 种。几类竞赛对教学的反哺作用非常明显，其根本宗旨都是促进创新型人才的培养，而后两种竞赛对实践教学的影响和要求更为突出。学生利用课余时间参加各类创新创业挑战大赛、项目路演，既能激发学生的创新思维，又能提升对所学专业的兴趣，同时有利于提升团队建设、个人责任感和创新动力。学院组织学生参加与企业或行业合作的学科竞赛，提升商科人才市场竞争力；组建了创新创业社团和协会，定期举办国际商务谈判大赛、金融服务营销大赛、企业 ERP 经营模拟大赛、大学生科学研究计划项目等。仅 2016 年就获全国电子商务"创新、创意、创业"挑战赛北京地区一等奖，第三届电子商务大赛一等奖，北京市青年教师社会调研项目一等奖，高等教育学会优秀奖等。

三、校园孵化

学院非常重视创新创业人才培养工作，拿出空间、人力、财力对创新创业教育大力支持。建立大学生创新创业孵化基地，成立创新创业指导委员会，设立指导办公室。大学生创新创业项目直接入驻孵化基地，成立实体注册公司。同时，组建了一批支持双创的指导教师队伍，专门支持和指导大学生创新创业工作。投入建设近 500 平方米的创新创业孵化园，支持大学生在校实体创业，有效地改善、整合、优化了师资、场地、设备等人

---

❶　孙桂生，刘立国.创新创业型人才培养的探索与实践 [J]. 中国高校科技 . 2016
（12）：79–81.

才培育环境和条件，使原有办学资源潜能得到了更大程度释放。目前，学院已经培育了多个大学生实体创业项目，如学生创业成立的"绿植"公司已经经营两年并盈利，"校园 incoffee"实体店全程学生经营管理，在孵化基地注册的"跆拳道社"运营良好。

四、校企联动

为了打通校园孵化与社会创业园及创客空间的衔接通道，学院对孵化成型、具备盈利能力的大学生创业企业，通过辅助支持及时输送到社会创业园及创客空间精心拓展，助推壮大起飞。学院与中关村创业园、北京768 教育创客空间、中国普天科技创业园等多家创业科技园签署了战略合作协议，并且与多方创业种子基金和天使投资人建立了良好的合作对接关系。建立创新创业教育教学质量监控系统。建立在校和离校学生创业信息跟踪系统，收集反馈信息，建立数据库，把未来创业成功率和创业质量作为评价创新创业教育的重要指标，反馈指导学校的创新创业教育教学，建立有利于创新创业人才脱颖而出的教育实践实战体系。

参考文献

[1] 国务院办公厅.国务院办公厅关于深化高等学校创新创业教育改革的
实施意见.中国政府网.2015-05-13.

[2] 雷朝滋.2016年度全国创新创业50年典型经验高校经验汇编[M].北
京：北京航空航天大学出版社，2017.

[3] 石鹏建.2017年度全国创新创业50年典型经验高校经验汇编[M].北
京：北京航空航天大学出版社，2018.

[4] 石鹏建.2018年度全国创新创业50年典型经验高校经验汇编[M].北
京：北京航空航天大学出版社，2018.

[5] 中华人民共和国教育部高等教育司.高等学校创业教育经验汇编[M].
北京：高等教育大学出版社，2011.

[6] 赵军，焦磊.我国高校普及创新创业教育的困难、取向及路径[J].教
育发展研究，2018（11）.

[7] 史秋衡，王爱萍.应用型本科教育的专业特征[J].职业技术研究，
2018（28）.

[8] 郭姚旭，莫永生.刍议创新教育的内涵及特征[J].科学时代，2012
（25）.

[9] 王占仁.中国创业教育的演进历程与发展趋势研究[J].华东师范大学
学报（教育科学版），2016（03）.

[10] 史秋衡，王爱萍.应用型本科教育的专业特征[J].职业技术研究，
2018（28）.

[11] 梅伟惠，孟莹.中国高校创新创业教育：政府、高校和社会的角色定
位与行动策略[J].高等教育研究，2016（08）.

[12] 赵光锋. 专业教育中嵌入创新创业教育：原则、模式与机制 [J]. 继续教育研究，2016（02）.

[13] 张锦文. 创新创业教育与高校专业教育的融合发展机制研究 [J]. 黑龙江教育学院学报，2018（05）.

[14] 黄兆信，王志强. 论高校创业教育与专业教育的融合 [J]. 教育研究，2013（12）.

[15] 敖永春，张振卿. 提升高校教师对学生创新创业教育引导力研究 [J]. 理论建设，2018（03）.

[16] 钱骏. 高校创新创业教育与专业教育的互动模式研究 [J]. 教育探索，2016（11）.

[17] 王洪才. 创新创业教育必须树立的四个理念 [J]. 中国高等教育，2016（11）.

[18] 张绍丽，郑晓齐. 专业教育、创新教育与创业教育的分立与融合 [J]. 黑龙江高教研究，2017（06）.

[19] 袁博. 高校辅导员在大学生创新创业教育中的角色定位 [J]. 现代交际，2018（14）.

[20] 徐向龙，吕慧芳. 辅导员专业化视角下高校创新创业教育改革研究 [J]. 哈尔滨学院学报，2018（09）.

[21] 张吉玉. 辅导员在大学生创新创业教育中的角色定位 [J]. 山东农业工程学院学报，2017（04）.

[22] 包忠明，张静. 刍议高校创新创业教育与专业教育的有机融合 [J]. 高教论坛，2018（06）.

[23] 曹卉. 高职专业教育与创新创业教育融合的探讨 [J]. 河南广播电视大学学报，2015（10）.

[24] 舒喆醒，王俊玲，王悦等. 普通高校创新创业教育课程体系的构建 [J]. 创业与创业教育，2019（01）.

[25] 陈学军，周益发，邓卫权. 高校创新创业教师队伍建设现状及建设体系构建 [J]. 职教论坛，2017（11）.

[26] 朱颖婷，张敏，林德祺. "双创"时代背景下大学生创新创业教育课程体系探究 [J]. 科教导刊（下旬），2017（03）.

[27] 付丽."融入式"创新创业教育的经验与启示－以黑龙江大学为例 [J].奋斗，2017（06）.

[28] 黄兆信，曲小远，施永川，曾尔雷.以岗位创业为导向的高校就业模式—以温州大学为例 [J].高等教育研究，2014（08）.

[29] 孙桂生，刘立国.大学生创新创业孵化基地建设探讨—基于北京联合大学商务学院的案例分析 [J].中国高校科技，2018（02）.

[30] 孙桂生，刘立国.创新创业型人才培养的探索与实践—以北京联合大学商务学院为例 [J].中国高校科技，2016（12）.

[31] 高希，何蔚超，杨鑫.高校创新创业教育评价指标体系构建研究—基于国际创新型人才评价理论 [J].科教文汇，2015（12）上.

[32] 朱娴，陈琳琳，谢玲，韦伟.创新创业教育评价体系研究 [J].文化创新比较研究，2018（11）.

[33] 张淑梅，刘珍.基于 CIPP 的高职院校创新创业教育评价体系构建 [J].中国职业技术教育，2017（26）.

[34] 李婧，杨昱梅.基于 AHP 的高校创业教育质量综合评价研究 [J].中国教育学刊，2015（11）.

[35] 毛建国.职业学校创新教育与创业教育的关系 [J].教育发展研究，2001（03）.

[36] 李春玉，胥雅民.试析创新教育与创业教育的关系 [J].通化师范学院学报，2012（05）.

[37] 王毅，许一帆.财经类高校大学生创业的优劣势分析及能力提升研究 [J].教育理论与实践，2015（24）.

[38] 朱晓东，顾榕蓉，吴立保.基于 CDIO 理念的创新创业教育与专业融合发展研究 [J].江苏高校，2018（02）.

[39] 曹英慧.高职院校创新创业教育与专业教育融合研究 [J].教育与职业，2018（10）.

[40] 蒋德勤.高校创业教育需要正确处理四个关系 [J].中国高等教育，2012（04）.

[41] 李金地.试论免费师范生创业教育的内涵、特征及意义 [J].中国大学生就业，2015（09）.

[42] 牛长松，菅峰.创业教育的兴起、内涵及其特征 [J].中国高等农业，2007（01）.

[43] 段从宇.创业教育的内涵、要素及实现途径 [J].新疆师范大学报（哲学社会科学版），2016（06）.

[44] 卢淑静.创新创业教育嵌入专业教育的原则与机制 [J].求索，2015（02）.

[45] 朱泓，武超红，孔宇航.百森商学院创业教育人才培养体系特征及启示 [J].山东高等教育，2017（04）.

[46] 许楚楚.美国百森商学院的创业教育对我国高校的启示 [J].高等财经教育研究，2016（09）.

[47] 向东春，肖云龙.美国百森创业教育的特点及其启示 [J].现代大学教育，2003（04）.

[48] 陈彩彦."互联网+"西安大学生创新创业实践平台研究 [J].经济研究导刊，2017（01）.

[49] 刘冬梅.应用型本科院校专业教育与创新教育的融合发展 [J].教育与职业，2017（09）.

[50] 闫健，刘玉威，武海滨.高校创新创业教育与专业教育融合机制研究 [J].教育育人（高教论坛），2017（10）.

[51] 张清国，李莉，陈翔鹏.独立学院"四位一体"创业指导服务之探索 [J].闽西职业技术学院学报，2016（03）.

[52] 滑登红，吴艳东.新时代背景下大学生创业指导服务体系构建研究 [J].山西能源学院学报，2018（04）.

[53] 陈刚.分析如何完善高校创新创业教育政策保障体系 [J].智库时代，2018（10）.

[54] 戈娇，曲秀琴.高职院校创业教育教学方法研究 [J].职业，2012（03）.

[55] 胡金焱.创新创业教育：理念、制度与平台 [J].中国高教研究，2018（07）.

[56] 冯翔漪.经济管理类专业教育现状及发展趋势探究 [J].智库时代，2018（13）.

[57] 胡晓萍．财务管理专业人才培养的质量标准研究［J］．中国市场，2016（18）．

[58] 杜俊娟．基于 CDIO 的财务管理专业人才培养质量标准研究［J］．赤峰学院学报（自然科学版），2014（20）．

[59] 李莹，陶元磊，李阿姣．财务管理专业应用型创新人才培养模式研究［J］．商业会计，2014（11）．

[60] 朱欣欣，傅银芳，鲍依梅．关于大学本科财务管理专业人才应用能力培养的研究［J］．现代经济信息，2014（15）．

[61] 谭小芳，周显文．财务管理专业人才培养模式的现状与优化［J］．航海教育研究，2013（3）．

[62] 韩宇堃，徐霞，刘贤仕．财务管理专业"应用型"本科人才培养实践教学考核评价模式的探讨［J］．考试周刊，2012（25）．

[62] 刘亮军．地方普通本科高校应用型人才培养机制创新［J］．教育与职业，2017（14）．

[63] 俞金波．大学生创新 PRG 视野下的高校角色定位［J］．教育与职业，2012（36）．

[64] 郝宇，史艳翠．创新创业教育融入专业教学的探索与实践［J］．教育现代化，2018（35）．

[65] 黄茂．高校创业教育与专业教育的融合发展探析［J］．教育与职业，2010（15）．

[66] 董慧．校企协同创新创业人才培养体系研究［J］．中国高校科技，2016（11）．

[67] 付荣华．创新创业教育嵌入专业课程的教学改革路径分析［J］．科技创业月刊，2018（02）．

[68] 邓剑刚．大学生创新创业教育和指导服务体系建设研究［J］．教育教学论坛，2016（35）．

[69] 李大红，李伟．《数字出版物设计与制作》课程与创新创业教育融合发展研究［J］．广东印刷，2017（05）．

[70] 赵海，等．创新创业背景下应用型本科高校人才培养新模式构建研究［J］．沈阳工程学院学报（社会科学版），2019（01）．

[71] 闫国君. 工科类创业指导服务研究 [J]. 科技创新与生产力，2018（04）.

[72] 黄文琳. 创新创业教育评价的原则、主要方法与模式 [J]. 商情，2018（28）.

[73] 曾振中. 高校和行业协会结合培养创业人才的研究 [D]. 长沙：湖南大学教育科学研究院，2008.

[74] 鞠志宇，等. 应用型本科高校创新创业教育课程体系的构建 [J]. 创新与创业教育，2015（01）.

[75] 史秋衡，王爱萍. 应用型本科教育的基本特征 [J]. 发展教育研究，2008（21）.

[76] 巩丽霞. 应用型高校本科教育改革的思考 [J]. 国家教育行政学院学报，2011（09）.

[77] 袁照平. 应用型本科教育培养模式探析 [J]. 中国电力教育，2008（08）上.

[78] 王洋，王欣. 应用型高校培养人才的路径研究 [J]. 长春大学学报，2015（02）.

[79] 江玮璠，李文. 创新创业教育与专业教育互动分析 [J]. 科技经济市场，2014（10）.

[80] 陈相雨，邵悦. 素质教育和专业教育及创新创业教育之关系辨析 [J]. 中国集体经济，2018（11）.

[81] 徐萍. 应用型本科院校大学生创新创业教育现状及其对策研究 [J]. 创新创业理论研究与实践，2020（06）：74-75.

[82] 黄露赟，吴金蓉. 双创背景下应用型大学创新创业教育改革探究 [J]. 湖北第二师范学院学报，2019，36（11）：76-80.

[83] 颜培玉，刘丽杰，李珊珊. 地方应用型大学创新创业教育的研究探索 [J]. 黑龙江教育（理论与实践），2019（7-8）：46-47.